O SUPREMO TRIBUNAL FEDERAL
E A CONSTRUÇÃO DA CIDADANIA

FUNDAÇÃO EDITORA DA UNESP

Presidente do Conselho Curador
Marcos Macari

Diretor-Presidente
José Castilho Marques Neto

Editor Executivo
Jézio Hernani Bomfim Gutierre

Conselho Editorial Acadêmico
Antonio Celso Ferreira
Cláudio Antonio Rabello Coelho
Elizabeth Berwerth Stucchi
Kester Carrara
Maria do Rosário Longo Mortatti
Maria Encarnação Beltrão Sposito
Maria Heloísa Martins Dias
Mario Fernando Bolognesi
Paulo José Brando Santilli
Roberto André Kraenkel

Editores Assistentes
Anderson Nobara
Denise Katchuian Dognini
Dida Bessana

O SUPREMO TRIBUNAL FEDERAL E A CONSTRUÇÃO DA CIDADANIA

EMÍLIA VIOTTI DA COSTA

© 2006 Editora UNESP

Direitos de publicação reservados à:
Fundação Editora da UNESP (FEU)
Praça da Sé, 108 – CEP 01001-900 – São Paulo – SP
Tel.: (0xx11) 3242-7171 – Fax: (0xx11) 3242-7172
www.editoraunesp.com.br
feu@editora.unesp.br

CIP-Brasil. Catalogação na fonte
Sindicato Nacional dos Editores de Livros, RJ.

C871s
2.ed.

Costa, Emília Viotti da
   STF : O Supremo Tribunal Federal e a construção da cidadania /
Emília Viotti da Costa. - 2.ed. - São Paulo: Editora UNESP, 2006.
   Inclui bibliografia
   ISBN 85-7139-660-4

   1. Brasil. Supremo Tribunal Federal - História. 2. Cidadania. I. Título.

06-1974.   CDD 347.81035
                                                         CDU 347.991(81)

Dedico este livro a meus netos
Adriana, Carlos, Débora, Luiza, Leon, Felipe e Gabriela.

AGRADECIMENTOS

Este trabalho contou com a colaboração do ministro José Celso de Mello Filho, do Supremo Tribunal Federal, que amavelmente nos acolheu quando do início da pesquisa. Teve, também, o inestimável auxílio da doutora Altair Maria Damiani Costa, assim como dos responsáveis pelos serviços de arquivo e museu do Supremo Tribunal Federal.

Agradecemos também ao curador da seção relativa à América Latina da Universidade de Yale, que me assistiu na localização de algumas obras essenciais à elaboração deste trabalho.

Esta pesquisa não teria sido levada a cabo sem o apoio do doutor Fernando A. Albino de Oliveira, do Escritório de Advocacia Albino Advogados Associados, que se prontificou a dar toda a assistência necessária à publicação de sua primeira edição.

Essencial para a execução do livro foi a assistência da professora Ana Maria Camargo, do departamento de História da Universidade de São Paulo, que se incumbiu da revisão do texto da primeira edição, da seleção das ilustrações e comentários que as acompanham, bem como da elaboração de uma súmula biográfica dos ministros publicada na primeira edição, que, embora tivesse sido suprimida nesta segunda edição por razões editoriais, foi extremamente útil para a identificação dos ministros do Supremo Tribunal Federal nomeados pelo regime militar.

Finalmente, ficam aqui registrados nossos agradecimentos à equipe da Editora UNESP, que se incumbiu da produção desta segunda edição.

SUMÁRIO

11 Prefácio à segunda edição de *O Supremo Tribunal Federal e a construção da cidadania*

21 O Supremo Tribunal Federal e a construção da cidadania

23 A república oligárquica e o STF

65 Do modelo liberal ao autoritarismo: Revolução de 1930 e Estado Novo — os percalços do Supremo

105 A retomada do liberalismo e os limites da democracia

159 Do Estado autoritário à reabertura liberal-democrática O Supremo readquire seu poder

189 Fontes consultadas e bibliografia

PREFÁCIO À SEGUNDA EDIÇÃO DE *O SUPREMO TRIBUNAL FEDERAL E A CONSTRUÇÃO DA CIDADANIA*

Passaram-se cinco anos do lançamento deste livro em evento realizado no Supremo Tribunal Federal. A primeira edição, patrocinada por Fernando Antonio Albino de Oliveira e Albino Advogados Associados, publicada pelo Instituto de Estudos Jurídicos (IEJE), esgotou-se em pouco tempo, tendo sido liberada a publicação da segunda edição, que ora vem a público com algumas alterações que visam a tornar a obra mais acessível a todos os leitores.

O texto cobre o período que vai da Proclamação da República em 1889 e elaboração da primeira Constituição republicana em 1891 até 1988, quando a mais recente Constituição foi aprovada. Ficaram excluídos os debates e as emendas à Constituição que tiveram lugar a partir dessa data. A explicação é simples. Na época em que a obra foi escrita, entre 1998 e 2001, a Constituição, o cenário político brasileiro, o Judiciário e o Supremo, em particular, estavam em fluxo.

A redemocratização do país, iniciada com a eleição indireta do presidente José Sarney (1985-1990), foi lenta e difícil. As marcas de um governo militar que durara mais de vinte anos eram ainda visíveis na política e na sociedade. O Brasil, assoberbado por enorme dívida externa resultante dos anos anteriores, estava mergulhado em um processo inflacionário que se agravou ainda mais durante o período Sarney, a despeito dos esforços para detê-lo com o Plano Cruzado. Quando o novo presidente, Fernando Collor de Mello tomou posse em 1990, depois da primeira eleição direta em 29 anos, na qual derrotou o candidato das esquerdas, o líder sindical Luis Inácio Lula da Silva, a situação econômica era crítica e o país estava dividido. Na tentativa de deter o processo inflacionário, o presidente eleito recorreu a um confisco bancário que provocou enorme reação nas classes média e alta, as mais diretamente atingidas. Os protestos contra essas e outras arbitrariedades do governo ecoaram no Congresso. O resultado foi o *impeachment* do presidente em um clima de crescente mobilização popular. Durante esse período o Supremo Tribunal Federal foi levado a intervir. Quando o vice-presidente tomou posse a situação não era nada promissora. Itamar Franco, que governou de 1992 até 1995, conseguiu interromper o processo com a ajuda de Fernando Henrique Cardoso, então no Ministério da Fazenda, e conseguiu estabilizar a situação com a implementação do Plano Real. FHC foi eleito presidente nas eleições seguintes e tomou posse em 1995. Para surpresa de parte da esquerda que ajudara a elegê-lo, dada sua reputação de intelectual marxista, o presidente desencadeou um processo de abertura do mercado (iniciado no governo Collor) e de privatizações jamais visto no país. Durante esse período o Supremo Tribunal Federal foi chamado várias vezes a fim de determinar a constitucionalidade dos atos do Legislativo e do Executivo que eram postos em questão. Usando dos poderes que a Constituição lhes garantia, os ministros passaram a intervir mais freqüentemente nas decisões dos outros poderes. E a imprensa passou a dedicar maior atenção ao Supremo. Comentando essa situação, Fabiana Luci de Oliveira, em artigo que analisa a repercussão na imprensa do papel desempenhado pelo Supremo Tribunal Federal na transição democrática, observa que as notícias relativas ao período 1988-1995 deixam transparecer que o Supremo Tribunal Federal assumira "abertamente sua posição de ator político imprescindível" (Oliveira, 2004). Nesse período começara a revisão da Constituição e as primeiras emendas vinham à tona. Simultaneamente estavam em funcionamento várias CPI, como a do narcotráfico, dos precatórios e do Judiciário.

Quando da publicação deste livro não estavam claras quais reformas viriam a alterar os dispositivos constitucionais, embora já fosse possível observar que Executivo e Legislativo se preparavam para levar avante uma revisão profunda da recém-aprovada Carta Magna. Além da reforma do Judiciário, pretendia-se alterar outros aspectos da Constituição. Tais emendas certamente repercutiriam no Supremo, em virtude das novas funções que lhe foram atribuídas pela Constituição de 1988 e pela ampliação dos agentes credenciados a promover ação de inconstitucionalidade, inovações que, como previmos na época, possibilitariam ao Tribunal desempenhar um papel mais significativo na política e na administração do país.

De fato, as alterações da Constituição começaram a ser discutidas mais insistentemente a partir de 1993, cinco anos após sua aprovação, obedecendo a dispositivo das disposições transitórias que autorizavam a inclusão de modificações no texto apenas a partir dessa data. Desde a época conturbada do governo Fernando

Collor (1990-1992), no entanto, já se cogitava legislar de maneira a modificar os dispositivos constitucionais que contrariavam os interesses e as intenções de grupos decididos a ampliar a participação do capital estrangeiro e da iniciativa privada, reduzir o poder do Estado na economia e na sociedade, emancipar o capital financeiro da estreita fiscalização estatal que a Constituição lhe impusera, alterar a Justiça do Trabalho e diminuir as garantias concedidas pela Constituição a trabalhadores e funcionários públicos, tudo isso em nome da modernização e do progresso do país.

Essas tendências, acentuadas durante o governo de Fernando Henrique Cardoso (1995-2002), provocaram grande polêmica e muitos questionamentos. Mais uma vez, como vimos, o Supremo Tribunal Federal foi chamado a se manifestar.

Tratava-se de um conflito profundo, que se agravou nos próximos anos, prolongando-se até nossos dias, entre os que pretendiam preservar medidas típicas do Estado de Bem-estar (*Welfare State*) introduzidas no Brasil, depois da Revolução de 1930, pela Constituição de 1934 e ampliadas pelo presidente Getúlio Vargas e seus sucessores, muitas das quais foram mantidas na Constituição de 1988, e os que desejavam desmantelá-las e, ao mesmo tempo, ampliar as tendências liberalizantes que se haviam generalizado no mundo desde o governo de Margaret Thatcher (1979-1990) na Inglaterra, e Ronald Reagan nos Estados Unidos (1981-1989), culminando no chamado Consenso de Washington. Enquanto estes consideravam aquela legislação retrógrada e inibidora do desenvolvimento, aqueles argumentavam que as medidas neoliberais levariam à desnacionalização crescente, acentuariam a concentração de renda e as desigualdades sociais já existentes, aumentando a criminalidade e a insegurança do povo, como de fato aconteceu.

O debate mobilizou diversos setores da sociedade. O texto constitucional deu margem a discussões intermináveis e, como era inevitável, repercutiu na imprensa, no rádio e na televisão envolvendo o Supremo Tribunal Federal e seus ministros, que se viram alvo de ataques de deputados e senadores. Todas as vezes que o Supremo era chamado a intervir, em virtude de suas novas funções, choviam críticas ferozes e por vezes desrespeitosas sobre os ministros. Alegava-se que estavam exorbitando de suas funções, o que, tendo em vista os dispositivos constitucionais, não era verdade. Acusava-se os ministros de defender interesses corporativistas, expressão que passara a ser usada com sentido pejorativo por aqueles que na realidade pretendiam eliminar direitos garantidos a várias categorias sociais por sucessivas Constituições brasileiras e reiterados no texto constitucional de 1988. Dizia-se que o Judiciário estava invadindo as esferas do Executivo ou do Legislativo. Questionava-se o sistema de nomeação dos ministros do Supremo pelo Executivo. Tachava-se os ministros ora de populistas e demagogos, ora de reacionários (Oliveira, 2004). Passou-se a denunciar a judicialização da política e a politização do Judiciário (Castro, Carvalho, Koerner). O conflito deu forças à idéia da criação de um controle externo do Judiciário utilizada por alguns políticos como ameaça à autonomia do Supremo Tribunal Federal.

Entre 1992 e 2006 foram feitas numerosas emendas à Constituição, muitas das quais provocaram recursos ao Supremo Tribunal Federal de várias naturezas, desde *habeas corpus*, mandados de segurança, recursos extraordinários até ações diretas de inconstitucionalidade, ação declaratória de constitucionalidade e medidas cautelares. Arantes e Kerche observaram que entre 1989 e 1999 praticamente todas as intervenções econômicas do governo – aumento de impostos, bloqueio de recursos em conta bancária, reajustes salariais, privatização de empresas, desnacionalização, abertura de mercado – provocaram ações na Justiça (Bastos Arantes, Kerche). Igual efeito tiveram medidas privatizantes, como no caso da Companhia Vale do Rio Doce. Segundo esses autores, o Judiciário pode controlar a constitucionalidade e a legalidade de atividades normativas autônomas ou reguladoras do Executivo. Dessa forma, decretos da Presidência, portarias de Ministérios, resoluções do Banco Central ou do Conselho Monetário Nacional que não precisam de aprovação do Legislativo têm sido levados à aprovação do Supremo Tribunal Federal. Tal também sucedeu com Medidas Provisórias e Emendas Constitucionais que emanaram do Legislativo. Comissões Parlamentares de Inquérito também têm provocado numerosos processos no Supremo Tribunal Federal, levando-o a contrariar, às vezes, as decisões das comissões. Por sua vez Legislativo e Executivo procuram defender-se desrespeitando as decisões do Judiciário, emitindo Medidas Provisórias. A Medida Provisória 173, por exemplo, proibiu "a concessão de liminares em ações contrárias ao plano econômico do governo Collor". A MP 375, editada no governo Itamar Franco, constringiu "a concessão de liminares em julgamentos envolvendo interesses da União".

Em conseqüência dessa procura da Justiça o volume de processos chegados ao Supremo Tribunal Federal aumentou extraordinariamente. Uma consulta ao Banco Nacional de Dados do Poder Judiciário relativa ao número de processos no STF revela que entre 1990 e 1993 foram distribuídos 16.449 processos em 1990, 17.557 em 1991, 26.325 em 1992, 23.575 em 1993. Nos quatro anos seguintes os números oscilaram entre os 25 mil e os 35 mil. A partir de 1998, durante o governo de FHC, houve notável alta, tendo o número de processos distribuídos aumentado progressivamente, passando de 50.273 em 1998 para 54.437, em 1999, 90.839, em 2000, 89.574 em 2001, 87.213 em 2002. Durante o governo Lula da Silva 109.965 processos foram distribuídos em 2003, 69.171, em 2004, 79.577, em 2005 e até junho de 2006 já haviam sido distribuídos 40.158 processos. Entre 1985 e junho de 2006 foram distribuídas 3.741 ações diretas de inconstitucionalidade (Adi), das quais foram julgadas 2.684. No período anterior a 2003 haviam sido registradas

2.870, das quais 26,31% tinham sido requeridas por confederações sindicais ou entidades de classe (Rodrigues). De 1988 a 1998, 74% das ações diretas de inconstitucionalidade foram impetradas por partidos de oposição. Evidentemente esses números não indicam quantos processos foram causados, respectivamente, por emendas constitucionais, atos do Executivo ou do Legislativo. Demonstram, no entanto, a relevância cada vez maior do Judiciário e, em especial, do Supremo Tribunal Federal na sociedade brasileira. Isso tem levado a muitos conflitos entre os três poderes. A tensão é agravada pela falta de uma tradição verdadeiramente liberal e democrática no país.

Desde a Proclamação da República a nação tem vivido sob vários estados de sítio, diversos atos institucionais, golpes de estado, insurreições militares, o *impeachment* de um presidente e dois regimes ditatoriais com a suspensão de direitos constitucionais. A Constituição de 1988 foi elaborada por indivíduos que acabavam de sair de um regime militar que derrubara um governo legitimamente eleito e permanecera no poder por mais de vinte anos.

O clima na Constituinte era de satisfação pela volta da democracia. Nela estavam representados grupos novos, como os evangélicos, cujo número se multiplicara desde 1964, velhos políticos que haviam participado da revolução de 1964 e apoiado o governo militar, outros que tinham atuado na oposição, exilados que retornavam ao país e jovens que haviam crescido sob a ditadura e não conheciam nada melhor. O resultado foi uma Constituição que pretendia, entre outras coisas: impedir a volta de um regime autoritário, afirmar ampla gama de interesses, reforçar o poder do Judiciário, promover a democratização da sociedade, incorporar os excluídos, cujo número tinha aumentado nos últimos vinte anos, assegurar direitos adquiridos e ampliar seu rol.

As mudanças que haviam ocorrido no país e no mundo desde 1964, no entanto, tinham criado situações novas e novos grupos de interesse que não se achavam representados na Constituinte de forma suficiente. Estes não tardaram em expressar seu descontentamento. Um livro publicado em 1993, quando os debates a respeito das reformas constitucionais se exacerbava, ilustra bem as opiniões desses grupos. Os autores constituem um conjunto bem variado que inclui um ex-ministro da Educação, universitários de projeção nacional e internacional, juristas famosos, cientistas políticos, advogados e um empresário de prestígio. Não havia unanimidade entre eles, mas a ideologia que perpassa os ensaios é, em geral, favorável à livre iniciativa, à internacionalização do mercado, ao "enxugamento do Estado", à privatização das empresas estatais, à terceirização e à flexibilização do trabalho. Buscam conciliar o lucro das empresas privadas com os interesses públicos, alvo difícil, senão impossível, de ser atingido. Um dos autores recomenda enfaticamente a adoção de impostos sobre o consumo (que recaem sobre todos) em vez daqueles que oneram a produção e o investimento (que recaem apenas sobre o empresário, a não ser que este repasse o ônus para o consumidor, o que geralmente acontece). Outro autor descreve a Constituição como socializante, estatizante, nacionalista e corporativista, conceitos que considera ultrapassados. Condena ainda a "reserva de mercado" e as concessões aos operários, que lhe parecem exorbitantes.

Os dispositivos relativos à Justiça do Trabalho também são motivo de crítica. Criticam-se as Juntas de Conciliação e, em seu lugar, preconiza-se a livre negociação entre patrões e empregados. Condenam-se o "paternalismo" da Constituição e o papel providencialista do Estado. Todos parecem partilhar da idéia que se generalizou no Brasil de que tudo que é moderno é bom. Estes, em sua maior parte, encontram nas instituições norte-americanas sua inspiração (D'Àvila et al.). São cidadãos como esses que promoveram os debates nos órgãos de comunicação que acabaram por convencer grande número de brasileiros da necessidade de reescrever a Constituição.

O processo de revisão constitucional, no entanto, não foi indolor. Provocou muita discussão no plenário, gerou muito descontentamento, como bem demonstra a resistência a certas medidas que, emanadas do Executivo ou do Legislativo, acabaram sendo levadas à apreciação do Tribunal. Nessas condições foram aprovadas 48 emendas até o final de 2005 e o embate continua. O texto constitucional de 1988 foi transformado em um dos campos de batalha onde hoje se defrontam diferentes projetos de democracia no Brasil. Não é, pois, de admirar que o Supremo Tribunal Federal tenha-se tornado um centro de atenções, quer queiram ou não os ministros, os quais, pela natureza de suas funções, são os guardiões da Constituição.

O conjunto das emendas constitucionais representou uma verdadeira revolução silenciosa que veio transformar radicalmente itens fundamentais da Constituição original. Até o presente, os setores mais atingidos foram os relativos à Justiça do Trabalho, ao capital financeiro, aos monopólios estatais, seja em relação a recursos da União, seja em relação às atividades reservadas ao capital e ao trabalhador nacional. Afetados profundamente pelas mudanças também foram o funcionalismo público e a Previdência. Dispositivos referentes ao Judiciário foram igualmente alterados por várias emendas, destacando-se as de 1993, 1999 e 2004 com efeito sobre o Supremo.

A Emenda Constitucional nº 3, de 1993, incluiu uma inovação. Determinou que, além da ação direta de inconstitucionalidade, competeria ao Supremo Tribunal Federal processar e julgar a ação declaratória de constitucionalidade de lei ou de ato normativo federal. Essa emenda ampliou as responsabilidades do Supremo. Foram poucas, no entanto, as ações declaratórias de constitucionalidade que chegaram ao Tribunal desde esse período. Apenas doze foram distribuídas no Congresso de 1997 até 2006. Uma nova emenda de nº 23, de 1999, determinou que caberia também ao Supremo julgar as infrações penais de comandantes da Marinha, do Exército e da Aeronáutica, além de todos aqueles que a Constituição de 1988 estipulara. Finalmente, a emenda nº 45, de 2004, a mais extensa e a que mais afetou o Supremo até agora, criou o Conselho Nacional de Justiça. Determinou ainda que este Conselho, o Supremo Tribunal Federal e os Tribunais Superiores tenham sede na capital federal, assim como dispôs que os dois últimos tenham jurisdição em todo o território nacional. Permitiu ainda ao Supremo julgar válida lei local contestada em face de lei federal e incluiu, entre as atribuições do Tribunal, julgar as ações contra o Conselho Nacional de Justiça e contra o Conselho Nacional do Ministério Público. A mesma emenda determinou que as decisões em casos de ações diretas de inconstitucionalidade e nas declaratórias de constitucionalidade teriam efeito vinculante nos órgãos do Poder Judiciário e da administração pública, tanto nas esferas federais quanto nas estaduais e municipais. Estipulou ainda que, para que um recurso extraordinário seja admitido, o recorrente deverá mostrar que as questões constitucionais discutidas no caso têm repercussão geral, podendo o recurso ser rejeitado por dois terços dos ministros. Também por decisão de dois terços de seus membros e após reiteradas decisões sobre matéria constitucional, os membros do STF podem aprovar súmula que a partir de sua publicação pela imprensa oficial passará a ter efeito vinculante. Tal emenda estabeleceu que podem propor ação declaratória de constitucionalidade o presidente da República, a Mesa do Senado Federal, a Mesa da Câmara Federal, a Mesa das Assembléias Legislativa ou da Câmara Legislativa do Distrito Federal, o governador de estado ou do Distrito Federal, o procurador-geral da República, o Conselho Federal da Ordem dos Advogados do Brasil, partidos políticos com representação no Congresso Nacional, confederações sindicais, ou entidades de classe de âmbito nacional.

Em outros setores do Judiciário e na Constituição em geral, também houve várias mudanças que não cabem aqui examinar em detalhe. Basta lembrar que algumas emendas afetaram profundamente a Constituição. Na Justiça do Trabalho, por exemplo, foram introduzidas tantas modificações que ela ficou completamente desfigurada em relação aos propósitos originais que haviam norteado a maioria dos constituintes. Os juizes classistas e as Juntas de Conciliação, a paridade de representação de trabalhadores e empregadores foram eliminadas. Em seu lugar foram criados os juizes de trabalho. A emenda de 2004, em vez de Tribunais Regionais de Trabalho que deveriam existir em cada estado, criou as Varas de Trabalho. Boa parte da matéria que definia jurisdição, competência, garantias e condições de exercício da Justiça do Trabalho foi riscada da Constituição, passando a ser decidida por lei. Deixaram, portanto, de ser normas constitucionais para ficarem ao arbítrio de deputados. A Emenda Constitucional nº 45 de 2004 restituiu novamente os Tribunais Regionais do Trabalho, criou a Justiça Itinerante e as Câmaras Regionais.

Mudanças importantes também foram introduzidas nos artigos constitucionais relativos à fiscalização financeira, cujos termos foram alterados para fiscalização financeira da administração pública, que muda todo o sentido dado a esse item pela Constituição. Vários dispositivos constitucionais sobre essa matéria passaram a ser decididos por lei complementar. Igualmente significativo foi o tratamento dado pelas emendas a dispositivos que afirmavam o direito preferencial de empresas brasileiras ou aqueles que afirmavam o monopólio da União sobre certos recursos. Assim, por exemplo, o tratamento favorecendo "empresa brasileira de pequeno porte" (artigo 170, IX) foi alterado, passando a ser simplesmente "empresa de pequeno porte", omitindo-se a palavra "brasileira". Também o artigo 176 abriu aos estrangeiros a pesquisa e a lavra de recursos minerais pertencentes à União. A emenda nº 7 de 1995 que dispunha sobre transporte aéreo, aquático e terrestre fez alterações de mesmo teor. Os dispositivos constitucionais que estipulavam que proprietários, armadores e dois terços dos tripulantes deveriam ser brasileiros e reservavam a navegação de cabotagem aos nacionais, também foram substituídos por outros que não faziam tal exigência.

Quanto ao artigo 192, que versava sobre o Sistema Financeiro Nacional, foi inteiramente eliminado e substituído por outro. A Emenda Constitucional 30 de 2003 transferiu quase toda essa matéria para leis complementares. O texto indica que o assunto será regulado por leis complementares que disporão, até mesmo, sobre a participação de capital estrangeiro. O artigo 222, que garantia aos cidadãos brasileiros à propriedade de empresas jornalísticas e de radiodifusão, foi reescrito para abrir oportunidade a estrangeiros (Emenda Constitucional n° 36 de 2002).

Cada vez mais a Constituição de 1988 parece marcar o fim de uma época, não o começo de uma nova era. Estarão os ministros do Supremo Tribunal preparados para atuar nessa nova legislação? O modelo neoliberal servirá aos interesses do povo brasileiro, ou beneficiará apenas a classe dominante e seus aliados? O projeto democrático terá condições de sobreviver aos conflitos que dividem a sociedade brasileira? Ou mais uma vez o Supremo Tribunal Federal verá frustrar-se a tentativa de democratizar o país que parecia tão promissora no início do século XXI? A resposta a essas questões reside na capacidade do povo brasileiro de se organizar para fazer valer seus direitos, na habilidade dos três poderes para criar condições que permitam o funcionamento harmônico entre eles ditado pela Constituição e, finalmente, na habilidade dos ministros no desempenho de sua função de guardiões da Constituição.

Integram o Supremo Tribunal Federal os ministros: Ellen Gracie (presidente), Gilmar Mendes (vice-presidente), Sepulveda Pertence, Celso de Mello, Marco Aurélio, Cezar Peluso, Carlos Brito, Joaquim Barbosa, Eros Grau, Ricardo Lewandowski e Carmen Lúcia Antunes Rocha. Todos foram nomeados depois da aprovação da nova Constituição. Dois foram nomeados pelo presidente Sarney, em 1989, um por Fernando Collor, em 1990, dois por Fernando Henrique Cardoso, em 2000 e 2002. Os seis restantes foram nomeados pelo presidente Luis Inácio Lula da Silva, entre 2003 e 2006. A maioria dos ministros fez declarações para a imprensa que revelam sua intenção de garantir ao povo brasileiro os direitos que a Constituição lhes confere. O Supremo está hoje mais poderoso do que nunca, os ministros, mais próximos da sociedade brasileira do que jamais estiveram e, por isso mesmo, mais representativos do povo brasileiro em geral. Pela primeira vez na história do país, respondendo a pressões da opinião pública e dos movimentos sociais, duas mulheres e um negro integram o Supremo Tribunal Federal. A maioria dos ministros manifestou-se a favor da democratização da sociedade brasileira. Que tipo de democracia será essa dependerá da consciência e da mobilização do povo brasileiro.

BIBLIOGRAFIA DA APRESENTAÇÃO À SEGUNDA EDIÇÃO

Ávila, L. F. D. et al. "*As Constituições brasileiras análise histórica e propostas de mudanças*". São Paulo: Brasiliense, 1993.

Arantes, R. B.; Kerche, F. "Judiciário e Democracia no Brasil", *Novos Estudos CEBRAP*, 54. São Paulo, jul. 1999, p.27-42.

Bastos, M. T. "Reforma do Judiciário". *Revista CEJ*, 21, Brasília, abr./jun., 2003, p.87-91.

Carvalho, E. R. de. "Em busca da judicialização da política no Brasil: Apontamentos para uma nova abordagem". *Revista de Sociologia e Política*. Curitiba: 2006 p.1-17.

Castro, M. "O Supremo Tribunal Federal e a judicialização da política". *Revista Brasileira de Ciências Sociais*, 12, São Paulo, 1997, p.147-55.

Ferreira Filho, M. G. "Poder Judiciário na Constituição de 1988: judicialização da política e politização da justiça". *Revista de Direito Administrativo*, 198, São Paulo, out./dez. 1994, p.1-17.

Koerner, A. "O debate sobre a reforma judiciária". *Novos Estudos CEBRAP*, 54, São Paulo, jul. 1999, p.11-26.

MACIEL, D. A.; KOERNER, A. "O sentido da judicialização da política". Duas análises: Lua Nova, 57, 2002, p.113-33.

OLIVEIRA, F. L. DE. "O Supremo Tribunal Federal no Processo de Transição Democrática: Uma Análise de Conteúdos dos Jornais *Folha de S. Paulo* e *O Estado de S. Paulo*". Curitiba: *Revista de Sociologia Política*, 22, jun. 2004, p.101-17.

SADEK, M. T. A. "Poder Judiciário: Perspectivas de Reforma". *Opinião Pública*, X, 1, Campinas, maio 2004, p.1-52.

SADEK, M. T.; ARANTES, R. "A Crise do Judiciário e a Visão dos Juízes". *Revista da USP*, Dossiê Judiciário, 21, 1994.

DADOS EXTRAÍDOS DA INTERNET

Brasil Supremo Tribunal Federal, Banco Nacional de Dados do Judiciário, Ações Diretas de Inconstitucionalidade 1988-2004 Http://www.stf.gov.br/bndp/stf.ADIN.asp.
http://stf.gov.br/bndpj/stf/classepro.asp Supremo Tribunal Federal, Processos Registrados, Distribuídos e julgados por classe processual entre 1990 e 2006.
http://www.2.camara.gov.br.
http://www.culturabrasil.pro.br/Presidentes.htm
Constituição de 1988 e emendas constitucionais
http://www.planalto.gov.br/ccivil_03/constituição
http://stf.gov.br/institucional/acordãosignificativo

O SUPREMO TRIBUNAL FEDERAL E A CONSTRUÇÃO DA CIDADANIA

O sistema político adotado pela Constituição brasileira assenta-se em três poderes: o Executivo, o Legislativo e o Judiciário. Em termos ideais, a autonomia e o equilíbrio dos três poderes são requisitos essenciais para a construção de uma sociedade democrática. No entanto, quando a questão da democracia é discutida entre nós em debates públicos ou privados, a conversa gira sempre em torno do Executivo e do Legislativo. O Judiciário raramente é mencionado. O mesmo sucede nos manuais de história, que falam dos chefes de Estado e da *classe política* e, quando muito, se referem à vinculação da Justiça com os grupos dominantes, caracterizando-a quase sempre como uma força conservadora e omitindo o papel inovador das instituições judiciárias. Também a imprensa, que no início da Primeira República dedicava às decisões dos tribunais espaço significativo, devota hoje mais atenção ao que se passa na Câmara e no Senado ou no Palácio do Planalto do que no Supremo Tribunal Federal. Este aparece na mídia apenas nos momentos de confronto com o Legislativo ou com o Executivo, como, por exemplo, por ocasião do *impeachment* do presidente Collor.

A falta de visibilidade do Terceiro Poder reflete-se na ignorância do importante papel que ele desempenha na defesa dos direitos do cidadão e na construção da democracia e, ao mesmo tempo, é indicativa do descaso da grande maioria dos brasileiros pela justiça e pela lei. A expressão *lei, ora a lei* — atribuída ao presidente Getúlio Vargas — define de fato um comportamento coletivo que alimenta as tendências autoritárias das elites brasileiras e ajuda a perpetuar um regime antidemocrático e excludente. O resultado é que no Brasil, apesar de consagrarem o direito dos cidadãos, as leis freqüentemente permanecem letra morta ou, quando muito, são privilégio de uma minoria que possui os recursos necessários para fazer valer os seus direitos nos tribunais. Como não existe democracia sem normas legitimamente respeitadas por todos e instituições que as garantam, continuamos a viver em uma sociedade em que, em última análise, impera o arbítrio dos poderosos e a cidadania ampla é mera ficção. De pouco valem os dispositivos constitucionais que reconhecem a igualdade de todos perante a lei, se não existem cortes de justiça que garantam ao cidadão os seus direitos.

O Terceiro Poder tem, portanto, um papel essencial na construção da cidadania. Foram essas considerações que me levaram a rever a história da mais importante instituição do Judiciário em nosso país, o Supremo Tribunal Federal. Refletindo sobre o seu funcionamento e seus limites desde o momento em que foi criado até a edição de nossa última Carta Constitucional, em 1988, espero contribuir para a reavaliação do papel histórico que desempenhou e para melhor compreensão do processo político brasileiro.

A REPÚBLICA OLIGÁRQUICA E O STF

Caixa de ressonância

O Supremo Tribunal Federal tem mantido ao longo do tempo, com pequenas alterações, as características e funções que lhe foram atribuídas em 1890, quando foi criado. Como entre suas funções primordiais incluem-se as de decidir da constitucionalidade dos atos dos demais poderes, julgar litígios entre os Estados e a União e defender, na qualidade de última instância, os direitos dos cidadãos, sua história tem sido tumultuada.

Em um país onde as sublevações e os golpes de Estado se repetem, as constituições se sucedem e o estado de direito tem sido várias vezes interrompido por períodos de exceção; em um país em que o Executivo, de tempos em tempos, ignora dispositivos constitucionais, dissolve o Congresso, governa por decreto, emite a torto e a direito medidas provisórias que se perpetuam, cria atos institucionais que contrariam a Constituição, declara estado de sítio durante o qual ficam suspensas as garantias constitucionais, prende e desterra cidadãos sem nenhum processo; em um país cujos governantes se recusam às vezes a obedecer às decisões emanadas da mais alta Corte de Justiça, interferindo diretamente nela, desrespeitando a sua autonomia, negando-se a preencher vagas ou alterando o número de ministros — é de esperar que essa Corte funcione como uma caixa de ressonância que registra os ritmos agitados da história nacional. Sendo inevitavelmente levado a participar das lutas políticas que se travam à sua volta e sofrendo suas conseqüências, o Supremo Tribunal Federal é, ao mesmo tempo, agente e paciente dessa história.

Figura 1. Primeiro edifício ocupado pelo Supremo Tribunal Federal à rua do Lavradio, Rio de Janeiro.

Uma instituição republicana

A criação do Supremo Tribunal Federal data dos primeiros anos da República. Passada a convulsão política que derrubou a Monarquia e instalou o regime republicano no Brasil, o governo provisório tratou de criar instituições — entre elas as da Justiça — mais condizentes com a nova conjuntura. Na ausência da figura do imperador, era necessário definir a última instância para resolução de conflitos públicos e privados, uma vez que desaparecera com ele aquela função. O imperador, na verdade, já havia pensado em introduzir no Brasil uma instituição, similar à Suprema Corte dos Estados Unidos da América, que assumisse muitas das responsabilidades até então atribuídas a ele (Poder Moderador) e ao Conselho de Estado. Essa idéia, entretanto, só vingaria depois da queda da Monarquia. (Figura 1)

Nos projetos da Constituição republicana havia múltiplas definições do Supremo Tribunal de Justiça. A proposta vitoriosa na Constituinte estabeleceu a dualidade e a autonomia das instâncias estadual e federal; manteve a unidade do direito substantivo e a dualidade do direito processual; encarregou os Estados de organizar a justiça de primeira instância, reservando à União a responsabilidade pelos tribunais de apelação. Ao Supremo Tribunal, modelado na Suprema Corte norte-americana, cabia rever as decisões das cortes de apelação todas as vezes que houvesse violação de direito. Era também de sua alçada julgar conflitos que surgissem entre as autoridades judiciais e a administração federal, entre a União e os Estados, ou entre os próprios Estados. Foram transferidos para ele os poderes judiciais que, no Império, eram da alçada do Conselho de Estado. Com o tempo, a prática acabou por ampliar-lhe as atribuições iniciais. Suas decisões criaram jurisprudência. O Supremo Tribunal Federal tornou-se a instituição responsável pela avaliação da constitucionalidade dos atos do Legislativo e do Executivo, e pela garantia dos direitos constitucionais do cidadão. (Figura 2)

Pelo Decreto 510, de 22 de junho de 1890, que estabeleceu uma Constituição Provisória da República dos Estados Unidos do Brasil, o governo dispôs sobre a criação, composição e competência do Supremo Tribunal Federal. Essas disposições foram confirmadas pela Constituição, aprovada em 24 de fevereiro do ano seguinte. Quatro dias depois, no salão de sessões do antigo Supremo Tribunal de Justiça, inaugurou-se o recém-criado Supremo Tribunal Federal, sob

Figura 2. Primeira Constituição da República, de 24 de fevereiro de 1891.

a presidência interina do ministro João Evangelista de Negreiros Sayão Lobato, o visconde de Sabará.

Novas instituições, velhos ministros

O Tribunal era composto de quinze juízes, nomeados pelo presidente da República e aprovados pelo Senado, entre os cidadãos de *notável saber e reputação*, elegíveis para aquela casa do Congresso. Dos ministros que foram então nomeados, muitos pertenciam à geração que nascera na década da Independência. Eram homens experientes que tinham participado da vida política, da administração e da magistratura imperial. Muitos vinham dos quadros do extinto Supremo Tribunal de Justiça do Império, cujas funções tinham sido mais limitadas, à semelhança das Cortes de Cassação do modelo europeu. A grande maioria passava dos setenta anos de idade. O visconde de Sabará nascera em 1817, Luís Correia de Queirós Barros, no mesmo ano, Inácio José de Mendonça Uchoa, em 1820, Tristão de Alencar Araripe, em 1821. Outros beiravam os setenta: João Antônio de Araujo Freitas Henriques nascera em 1822, Antônio de Sousa Mendes, em 1823, João José de Andrade Pinto, em 1825, Joaquim Francisco de Faria, também em 1825, Luís Antônio Pereira Franco, em 1826. Quatro ministros que tomaram posse por ocasião da inauguração do Supremo Tribunal Federal usavam ainda títulos de nobreza que, embora extintos pela República, tinham se tornado uma segunda natureza e, como tal, continuavam a ser usados: eram eles o visconde de Sabará e os barões de Sobral, Pereira Franco e Lucena.

Quatro anos depois da instalação do Supremo Tribunal Federal, apenas três dos ministros que haviam sido nomeados inicialmente ainda estavam na instituição; os demais haviam falecido ou tinham sido aposentados. Em 1895, já no governo de Prudente de Morais, permaneciam no cargo:

Olegário Herculano de Aquino e Castro, paulista, nascido em 1828 e formado em São Paulo. Iniciara a carreira na magistratura, tendo sido deputado provincial e presidente de Província. Nomeado, em 1890, membro do Supremo Tribunal Federal, foi eleito seu presidente em 1894, cargo que ocupou até morrer, em 1906. (Figura 3)

Luís Antônio Pereira Franco, nascido em 1826, na Bahia, e formado em Olinda, fez inicialmente carreira na magistratura, para, em seguida, ocupar cargos de natureza política. Foi eleito várias vezes deputado à Assembléia Provincial de Pernambuco e à Assembléia Geral Legislativa. Ocupou a presidência da Província de Sergipe, foi ministro da Marinha

Figura 3. Ministro Olegário Herculano de Aquino e Castro. Tomou posse no STF em 1891.

Figura 4. Ministro Joaquim de Toledo Pisa e Almeida. Nasceu em 1842. Tomou posse no STF em 1891, vindo a falecer no cargo em 1908.

e da Guerra, desembargador da Relação da Corte e senador. Nomeado ministro do Supremo Tribunal Federal em 1891, aí permaneceu até seu falecimento, em 1902.

Nascido em São Paulo, em 1842, Joaquim de Toledo Pisa e Almeida, o mais novo entre eles, cuja carreira fora feita quase exclusivamente na magistratura, foi nomeado para o Supremo em 1890, elegeu-se seu presidente em 1906, permanecendo no cargo até 1908, quando faleceu. Foi o último representante da primeira geração de ministros do Supremo Tribunal Federal. (Figura 4)

Os membros do Tribunal eram vitalícios, mas tinham direito a aposentadoria aos dez anos de serviço, com vencimentos proporcionais ao tempo efetivamente cumprido, em caso de invalidez, e com todos os vencimentos, ao cabo de vinte anos. A invalidez era presumida quando o juiz federal atingisse 75 anos, o que resultava em certa rotatividade dos membros do Tribunal. Nos primeiros tempos ela foi bem maior porque muitos dos juízes que vieram do Império em idade avançada se aposentaram. Os ministros recebiam salários relativamente altos para a época. Em 1896 os vencimentos alcançavam a cifra de 24 contos anuais (Rodrigues, v.1).

Os ministros que tomaram posse em 1891 representavam várias regiões do Brasil, mas São Paulo era o Estado que tinha maior representação, condizente com o seu papel na conspiração republicana. Sete ministros eram originários de Estados do Nordeste: Ceará (dois), Pernambuco (dois), Alagoas (um), Maranhão (um) e Piauí (um). Dois eram baianos. Três eram nascidos em São Paulo, dois em Minas Gerais e dois no Rio de Janeiro. A constituição do Tribunal alterou-se com o tempo, mas a preferência por magistrados recrutados nos Estados mais importantes da Federação, ao que parece, foi uma constante durante a Primeira República. Segundo Koerner, entre 1900 e 1930, dos 33 nomeados para ministros do Supremo Tribunal Federal, catorze eram desembargadores de São Paulo, Minas Gerais, Rio Grande do Sul, Bahia e Distrito Federal. Os ministros oriundos de Estados menores eram, na sua maioria, políticos que tinham atuado no Congresso.

Os homens indicados para integrar a Primeira Turma do Tribunal cursaram as Faculdades de Direito de São Paulo ou de Olinda e Recife. Haviam feito carreira na magistratura e alguns tinham tido destacado desempenho na administração e na política do Império. José Júlio Albuquerque e Barros, o barão de Sobral, por exemplo, nasceu no Ceará, em 1841, bacharelou-se pela Faculdade de Direito do Recife em 1861 e recebeu o título de doutor pela Faculdade de Direito de São Paulo em 1870. Foi promotor público no Ceará, deputado à Assembléia Geral Legislativa, presidente das províncias do Ceará (1876-1880) e do Rio Grande do Sul (1883-1885) e diretor-geral da Secretaria de Estado dos Negócios da Justiça (1885-1890). Nomeado para o Supremo Tribunal Federal em 1890, faleceu no Rio de Janeiro em 1893. Não muito diferente dessa foi a carreira de João Antônio de Araujo Freitas Henriques. Nasceu na Bahia em 1822 e formou-se em Olinda em 1845. Começou na magistratura como juiz municipal e de órfãos em Sergipe e na Bahia. Foi chefe de polícia em Alagoas, na Paraíba e na Bahia; juiz de direito em Alagoas e Pernambuco; e desembargador da Relação do Maranhão em 1868. Nomeado para o Supremo Tribunal em novembro de 1890, quando beirava os setenta anos, foi eleito presidente da casa na sessão de instalação, em 1891. Aposentou-se em 1894. Uma longa carreira na magistratura, com exercício em várias províncias, foi característica da primeira geração de ministros que integrou o Tribunal.

Institucionalização do regime republicano: tensões políticas

Os ministros que atuaram nos primeiros anos de vida do Supremo Tribunal Federal foram chamados a desempenhar seu papel em um dos períodos mais agitados da Primeira República. Ao tomar posse, o governo provisório imediatamente se propôs a elaborar um novo projeto de Constituição a ser discutido e aprovado pelo Congresso e a promover reformas havia muito desejadas: a separação da Igreja em relação ao Estado; a grande naturalização, que automaticamente tornava brasileiro o estrangeiro residente no Brasil que não se manifestasse contrário à concessão da cidadania; o registro civil obrigatório; o casamento civil obrigatório e prévio ao religioso; a secularização dos cemitérios, que passariam a ser administrados pelo Estado; a mudança do sistema eleitoral, abolindo a qualificação baseada na renda e estabelecendo como critério a idade mínima de 21 anos; e a alfabetização do eleitor (às mulheres o direito de voto continuou negado até 1932). A tais reformas somavam-se a criação de um regime federal com maior autonomia dos Estados, a substituição do presidente de Província, antes nomeado pelo governo imperial, por um governador eleito e a reforma do Judiciário.

Os primeiros tempos da República foram anos marcados por conflitos entre o presidente eleito, marechal Deodoro da Fonseca, e o Legislativo, culminando com a dissolução do Congresso, em meio a intrigas políticas entre deodoristas e florianistas, agitações populares, levantes militares e movimentação da Marinha. Toda essa tensão política resultou na renúncia do presidente e sua substituição pelo vice-presidente Floriano Peixoto, que governou de novembro de 1891 até novembro de 1894, período durante o qual enfrentou a Revolução Federalista no Rio Grande do Sul e a Revolta da Armada, que momentaneamente chegou a pôr em risco o próprio regi-

Figura 5. A reação monarquista à República, encarnada por Ouro Preto, Andrade Figueira e Cândido de Oliveira, líderes monarquistas retratados em *O Malho*, Rio de Janeiro, 7 de janeiro de 1905.

me. Durante seu governo a agitação continuou: intervenções nos Estados, levantes sediciosos em várias partes do país, conflitos entre as oligarquias regionais, entre estas e o governo federal, entre republicanos e monarquistas, militares e civis, florianistas e deodoristas, Igreja e Estado, entre diferentes alas dos republicanos (os históricos e os adesistas, os positivistas autoritários e os liberais, os centralistas e os federalistas). (Figura 5)

A luta pelo poder nunca fora tão intensa e tão confusa. A imprensa entrava na liça e tomava partido. Jornais monarquistas, como a *Tribuna Liberal*, foram empastelados pelas turbas enfurecidas. Jornalistas eram perseguidos. Convocadas pelas facções em luta, as camadas populares urbanas e os estudantes das escolas militares também davam vazão ao seu descontentamento, que parecia crescer com o passar dos anos. No sertão, as nuvens da revolta também se adensavam. Canudos aparecia aos olhos de muitos como uma ameaça de restauração monarquista, um encontro da "civilização" com a "barbárie" e o "fanatismo". A resposta do governo a tudo isso era a repressão: o estado de sítio, as prisões arbitrárias, o desterro e o exílio dos adversários.

O difícil aprendizado

No meio desses confrontos múltiplos, o recém-criado Supremo Tribunal Federal era chamado a se manifestar, julgando pedidos de *habeas corpus*. As decisões eram examinadas pela imprensa e debatidas na Câmara. Os ministros tornavam-se alvo de críticas, de defesas e de ataques. As sessões eram concorridas. O Tribunal transformava-se em teatro para o gozo do público que lotava as galerias e se manifestava ruidosamente a favor e contra argumentos e decisões: vaiava, assobiava, aplaudia os discursos e os acórdãos, apesar das reiteradas advertências do presidente, que ameaçava os manifestantes de expulsão. Já nos primeiros casos de *habeas corpus* destacou-se a figura de Rui Barbosa, que arrogara a si a função de defensor das liberdades individuais e da Constituição. Sua retórica lúcida e apaixonada comovia multidões, dava lições de liberalismo e democracia e instruía os ministros sobre o funcionamento da Suprema Corte americana, matéria que muito poucos conheciam. (Figura 6)

No Tribunal as opiniões dividiam-se. Freqüentemente havia votos vencidos. No dia seguinte as folhas comentavam os votos dos ministros. Não raro os debates iniciados no Tribunal prosseguiam no Congresso e na imprensa, representando as várias linhas políticas e grupos de interesse que se entrechocavam. O clima de harmonia nem sempre estava presente entre os ministros, que, alvo de todas as atenções, não podiam evitar competir entre si. Esmeravam-se na justificativa dos votos e impressionavam o público com sua erudição. Rixas e ressentimentos pessoais afloravam nesses embates, mas o decoro, reforçado pelo ritual, era mantido. O viés político das decisões transparecia nos casos de *habeas corpus* ou nos de conflitos entre as oligarquias estaduais por ocasião das eleições, quando os ministros tinham de decidir entre as facções que lutavam pelo poder ou arbitrar nos embates entre União e Estado. Criaturas da patronagem que presidia as carreiras políticas no Império e na República, dificilmente os ministros escapavam das malhas das lealdades que haviam forjado ao longo da vida. O Supremo Tribunal politizava-se.

Figura 6. Rui Barbosa e o *habeas corpus*, um par constante.

No primeiro ano de funcionamento o Tribunal teve desempenho pouco visível. Suas sentenças nem sequer foram publicadas. Foi um período de aprendizado diante dos problemas novos que surgiam depois da Proclamação da República. Já no governo de Floriano, quando consultado sobre a legalidade da deposição do governador do Estado do Maranhão por uma junta governativa apoiada pelo governo federal, o Tribunal declarou-se incompetente, alegando ser a matéria de natureza meramente estadual. Recusava-se, assim, a julgar os atos do Executivo, que iniciara a deposição dos governadores que haviam apoiado o golpe de Deodoro. Com o tempo, a opinião dos ministros a esse respeito viria a se alterar. Também no que dizia respeito às garantias individuais sua atitude mudaria paulatinamente, firmando uma jurisprudência cada vez mais abrangente em casos de concessão de *habeas corpus*. Muitos viram nesse processo a formulação de uma teoria brasileira do *habeas corpus*. A expansão do conceito durou vários anos e a jurisprudência foi se afirmando em face da sucessão de golpes arbitrários do governo. O primeiro passo foi dado já no período de Floriano Peixoto.

Quando, em 1892, se fizeram ouvir protestos pelos atos do governo apoiando as deposições nos Estados e alguns generais manifestaram-se por meio da imprensa, exigindo novas eleições para a substituição de Deodoro, Floriano Peixoto, que, na qualidade de vice-presidente, assumira o poder, respondeu imediatamente, reformando os signatários do manifesto. Diante da agitação popular, mandou efetuar várias prisões. Decretou estado de sítio por três dias, suspendendo as garantias constitucionais. Nos dias que se seguiram as prisões continuaram. Entre os presos encontravam-se vários senadores, deputados, jornalistas e oficiais do Exército. Alguns foram presos antes da declaração do estado de sítio. Outros gozavam de imunidade parlamentar, mas, ainda assim, foram presos. Vários foram deportados para lugares remotos na Amazônia: Rio Branco, Tabatinga e Cucuí. Cessado o estado de sítio, os indivíduos que tinham sido presos continuavam nas prisões sem que contra eles se instaurasse processo.

A doutrina do *habeas corpus* e as ações de Rui Barbosa

O ato do governo levou Rui Barbosa a impetrar, em abril de 1892, *habeas corpus* em favor dos presos, o que, segundo consta, provocou a ira do presidente. Irritado, Floriano Peixoto teria dito na ocasião: *Se os juízes do Tribunal concederem o* habeas corpus *aos políticos, eu não sei quem amanhã lhes dará o* habeas corpus *de que, por sua vez, necessitarão*. Verdadeira ou não, a ameaça retratava fielmente a disposição do presidente. Talvez por isso os ministros tenham negado por dez votos contra um o *habeas corpus* tão brilhantemente defendido por Rui Barbosa diante do público que lotava a sala das sessões. Nas suas considerações, Rui afirmou que o *habeas corpus* deveria ser concedido porque o estado de sítio não respeitara as condições de constitucionalidade. Não houvera perigo iminente para a Nação (condição estabelecida pela Constituição para a declaração do estado de sítio). Argumentou ainda que, mesmo que o sítio tivesse obedecido àquelas condições, seus efeitos deveriam ter cessado tão logo fosse suspenso, mas os presos continuavam detidos sem processo. Afirmava também que competia ao Tribunal defender a liberdade pessoal contra as invasões do Executivo. Rui procurava firmar a competência do Tribunal para decidir sobre a constitucionalidade dos atos do Poder Executivo. Mas a maioria dos ministros decidiu que o Poder Judiciário não tinha competência para apreciar o caso antes da decisão do Congresso, a quem cabia aprovar ou desaprovar o estado de sítio declarado pelo presidente. Dessa forma, os ministros justificaram a denegação do *habeas corpus*, com um voto vencido do ministro Pisa e Almeida, que discordou da decisão por entender que ao Tribunal competia tomar conhecimento do recurso, porquanto o estado de sítio já tinha cessado e somente durante sua vigência poderiam os apelantes ser mantidos presos sem processo. Argumentava que a suspensão das garantias constitucionais por tempo indeterminado era uma violência e o remédio contra ela era o *habeas corpus*.

A questão debatida pela imprensa repercutiu na Câmara dos Deputados, onde o acórdão do Supremo Tribunal foi amplamente discutido. A Câmara acabou aprovando as medidas tomadas pelo presidente e, ao mesmo tempo, concedeu anistia aos presos. Em 1898, no entanto, em situação semelhante, o Supremo inverteria sua decisão e adotaria a doutrina defendida por Rui Barbosa seis anos antes.

Apesar de o acórdão de 1892 ter sido favorável ao presidente, a animosidade deste contra o Supremo cresceu a partir de então. Não faltariam ocasiões nesse período agitado para que o Supremo Tribunal Federal e o autoritário presidente viessem novamente a se chocar. A Revolução Federalista no Rio Grande do Sul ofereceu novo pretexto. Floriano Peixoto resolvera apoiar o positivista Júlio de Castilhos contra a facção do liberal Silveira Martins, que disputava a liderança do Rio Grande do Sul, desencadeando uma revolução no Estado. O almirante Wandenkolk embarcou no Rio de Janeiro em direção a Buenos Aires com a intenção de reforçar as tropas federalistas. Armou o navio mercante *Júpiter*, transformando-o em vaso de guerra, e atacou a barra do Rio Grande, sendo repelido por tropas governistas. Seguiu então para Santa Catarina, onde foi capturado e enviado preso para a fortaleza de Santa Cruz, no Rio de Janeiro. Rui Barbosa, alertado, impetrou três *habeas corpus* no Supremo Tribunal Federal em favor de Wandenkolk e demais presos. Ao mesmo tempo, na qualidade de senador, fez um requerimento solicitando informações do Executivo sobre a prisão, sem o consentimento do Senado, de um de seus membros (o almirante Wandenkolk), mas foi derrotado por 24 votos contra dezessete. Rui desencadeou então violenta campanha pelo *Jornal do Brasil*, condenando o Congresso e o Executivo. Embora sem procuração dos pacientes, decidiu impetrar *habeas corpus* em favor dos presos recolhidos às fortalezas de Santa Cruz e Laje. Na sessão de 2 de agosto de 1893, o Supremo Tribunal Federal, por sete votos contra três, reconheceu sua competência originária para julgar os pedidos de *habeas corpus*. A partir de então, ficava garantido que, nas prisões ordenadas por autoridades federais e não-judiciárias, o prejudicado teria o direito de requerer *habeas corpus* em quaisquer das instâncias da Justiça Federal.

Na data marcada para a apresentação dos presos, o público, alertado pela imprensa, compareceu em massa para assistir ao julgamento. Os pacientes que o governo se comprometera a apresentar não compareceram. Findo o período de espera, Rui levantou questão de ordem, propondo que os juízes deliberassem na ausência dos pacientes. A preliminar foi aprovada. Rui desenvolveu sua argumentação concluindo, sob os aplausos e gritos de *bravo* das galerias e os protestos do presidente do Tribunal e de alguns ministros, com uma frase típica de sua ardente retórica: "Ficai certos", disse ele, dirigindo-se aos juízes, "de que hoje sairá daqui a glorificação da liberdade constitucional ou o esquife da República". Dessa vez resolveu o Supremo Tribunal Federal conceder ordem de soltura em favor dos detidos, pois os fatos que lhes tinham sido imputados não constituíam crimes que os sujeitassem ao foro militar, segundo o qual haviam sido presos. Embora o governo acatasse a decisão, o ministro da Guerra enviou ao Tribunal um aviso manifestando sua desaprovação, o que provocou profunda irritação nos ministros, que consideraram inconstitucional a intervenção do Executivo nas decisões do Supremo. Depois de muita discussão, resolveram não tomar conhecimento do aviso. A 12 de agosto o Tribunal concedeu novo *habeas corpus*, requerido por Rui Barbosa, dessa vez em favor do imediato do Júpiter. Na mesma ocasião, Rui impetrou uma ordem de *habeas corpus* para o almirante Wandenkolk e outros, a despeito de ter sido objeto de intimidação por parte de pessoa ligada ao governo.

Nesse meio tempo, tendo o Senado autorizado o processo do senador Wandenkolk no foro civil, em vez de submetê-lo ao conselho de guerra, como queria o presidente da República, Rui entrou com nova petição de *habeas corpus* em favor dos pacientes, cuja apresentação foi determinada pelo Tribunal na mesma sessão. A 2 de setembro reuniram-se os ministros para o julgamento. A situação era tensa. O Tribunal estava ameaçado de dissolução, caso viesse a conceder a ordem de soltura. Repetia-se aqui uma cena que já se tornava corriqueira. Em uma sala onde o público se apinhava, Rui desenvolveu a defesa sob aplausos entusiásticos. No entanto, talvez receoso das conseqüências de seus atos, o Tribunal não concedeu o *habeas corpus*, concluindo que os pacientes estavam sujeitos à jurisdição militar. A decisão fez com que eles continuassem presos. Só no ano seguinte o caso voltou a ser discutido no Supremo, quando um *habeas corpus* foi concedido em favor do capitão-tenente reformado Huet Bacelar e outros, sob a alegação de que indivíduos reformados não estavam sujeitos à jurisdição militar. O governo dessa vez recusou-se a obedecer. Na mesma época, o Tribunal concedeu ordem de *habeas corpus* em favor do almirante Wandenkolk, que continuava preso sem ter sido iniciado nenhum processo.

Questões de poder: confrontos com o Executivo

Os confrontos entre o Tribunal e o Executivo multiplicaram-se durante todo o período Floriano Peixoto. O conflito era caracterizado pelos inimigos do presidente como uma luta entre a lei e a ditadura, e, pelos que o apoiavam, como um embate entre *um imaginário constitucionalismo mal pensado*, na opinião do senador governista Aristides Lobo, e o Executivo, *representante das garantias de todos os direitos e fiel intérprete da ordem e da segurança social*, de cujo fortalecimento dependia a *permanência da República*.

Desgostoso com o desempenho do Tribunal, Floriano tomou medidas retaliatórias, deixando de preencher as vagas que resultavam das aposentadorias. Ao findar o ano de 1893, o Supremo encontrava-se desfalcado de vários membros. Floriano nomeou o médico Barata Ribeiro e dois generais para preenchimento dos claros, o que provocou a desaprovação da magistratura e do Congresso, que se negou a ratificar o ato por faltar aos indicados o preparo jurídico necessário para o desempenho do cargo. Durante muito tempo o Supremo, sem quórum, não pôde realizar sessões. Finalmente, nos últimos meses de seu governo, vários ministros foram nomeados, entre os quais Hermínio Francisco do Espírito Santo, que permaneceu no Tribunal trinta anos, de 1894 a 1924. No quadriênio seguinte, já sob a presidência de Prudente de Morais, tantos foram os nomeados que o Tribunal quase se renovou por completo.

Outro problema com que o Tribunal se defrontou durante o período de Floriano Peixoto foi causado pela exigência de prestar juramento perante o chefe do Executivo, a que estavam submetidos o presidente e o vice-presidente do órgão. A cerimônia colocava o Tribunal à mercê do governo, que podia adiá-la indefinidamente, causando irritação entre os membros da instituição. Também o procurador-geral dependia do presidente da República para sua nomeação. Diante do impasse criado por Floriano Peixoto, os ministros resolveram reformar o regimento. Em novembro de 1894, ficou estabelecido que o presidente e o vice-presidente do Supremo passariam a prestar compromisso perante o próprio Tribunal e que ao primeiro caberia designar o procurador-geral da República. O Supremo ganhava, assim, uma relativa independência em relação ao Executivo.

Os choques com o Executivo, no entanto, não cessaram. A segurança pública continuava ameaçada por agitações promovidas pelos opositores do regime, o que dava a Floriano pretexto para medidas arbitrárias. A Revolta da Armada, de agosto de 1893 a junho de 1894, chefiada por Custódio de Melo, deu ensejo novamente a prisões e à decretação de estado de sítio, por dez dias, no Rio de Janeiro e em Niterói. A medida acabou estendendo-se a outros pontos do território nacional, perdurando por cerca de quatro meses. A revolta permitiu a Floriano adiar as eleições presidenciais de 20 de outubro de 1893 para 1º de março de 1894. Durante as agitações, muitos estrangeiros foram presos e deportados. Em vários *habeas corpus* então concedidos, o Supremo estabeleceu que o Executivo não tinha o direito de deportar estrangeiros em tempo de paz *por simples medida política e mera fórmula administrativa*, pois a Constituição lhes garantia, como residentes no país, a inviolabilidade dos direitos, a liberdade e a segurança. Além disso, reafirmava que ninguém poderia ser obrigado a fazer ou deixar de fazer alguma coisa, senão em virtude da lei. Os *habeas corpus*, no entanto, não foram cumpridos. Quando Prudente de Morais assumiu, em 15 de novembro de 1894, determinou a volta de todos os cidadãos que haviam sido deportados.

O novo governo não traria a pacificação esperada e o Supremo Tribunal continuou a decretar *habeas corpus* em casos de indivíduos presos ainda no período anterior. Em 1895, por exemplo, foi concedido *habeas corpus* ao coronel José Facundo da Silva Tavares, irmão do general Joca Tavares, um dos líderes federalistas do Rio Grande do Sul. O coronel estava preso desde 1892, quando da intervenção federal

Figura 7. Ministro Antônio Joaquim de Macedo Soares. Tomou posse no STF em 1891, vindo a falecer no cargo em 1905.

Figura 8. Ministro Hermínio Francisco do Espírito Santo (1841-1924). Tomou posse no STF em 1894. Presidiu o Tribunal de 1911 a 1924.

naquele Estado, em virtude da Revolução Federalista. Um articulista de *A Gazeta da Tarde* louvou a decisão do Tribunal, referindo-se a ele como *um baluarte da lei, um refúgio seguro para os perseguidos, um amparo para as vítimas da prepotência e arbitrariedade dos tiranos!* Data do mesmo ano o julgamento da apelação civil em que era interessado o marechal José de Almeida Barreto, reformado contra sua vontade por decreto do Executivo. O Tribunal mandou a Fazenda pagar a ele vencimentos e vantagens pecuniárias, enquanto perdurassem os efeitos desse ato ilegal. Anos mais tarde, a opinião expressa pelo ministro Macedo Soares (voto vencido naquela ocasião) em favor da reintegração e do pagamento de pensão foi incorporada à Constituição de 1946. Gradualmente se firmava o princípio da intervenção do Supremo em decisões do Executivo, quando este infringisse dispositivos constitucionais. Aos acórdãos criavam jurisprudência. Assim, em novembro de 1895, o Tribunal anulou ato do Executivo que demitira um substituto efetivo da Escola Militar, determinando à Fazenda Nacional que lhe pagasse os vencimentos devidos desde a data da demissão até que cessassem os efeitos dos atos ilegais. O ministro Espírito Santo, em voto vencido, discordou da decisão, argumentando que aquele procedimento do Tribunal feria a independência do Executivo. Foi imediatamente contestado por um de seus colegas, que lembrou que *a independência do Poder, seja esta qual for, não vai a ponto de autorizá-lo a rasgar a Constituição.* Ficava assim, mais uma vez, reiterado o direito do Supremo de examinar a constitucionalidade dos atos do Executivo e garantir a supremacia da Constituição. (Figuras 7 e 8)

Conflitos com o Legislativo

A luta do Tribunal em defesa da Constituição levou-o também a se confrontar várias vezes com o Legislativo, tanto em nível federal como estadual. Algumas de suas decisões iniciais foram mais tarde revistas. Em novembro de 1894, por exemplo, o Supremo Tribunal Federal declarou inconstitucional a Lei de 25 de agosto de 1892, do Estado da Bahia, que criara um imposto de importação estadual sobre mercadorias estrangeiras já tributadas pela União. Um ano e meio mais tarde, voltou a declarar inconstitucionais as leis orçamentárias que estabeleciam imposto de exportação sobre as mercadorias nacionais saídas daquele Estado para outros. Em 1896, no entanto, o Congresso, pela Lei 410, reconheceu aos Estados o poder de tributar as exportações, o que levou o Tribunal a alterar sua jurisprudência.

O papel mais importante da instituição nos primeiros cinco anos da República foi a defesa das liberdades civis e o estabelecimento de jurisprudência. O Supremo defendeu o direito de indenização aos proprietários em casos de desapropriação; manteve aposentadorias decretadas a bem do serviço público, bem como a demissão de funcionários federais em certos casos; defendeu direitos de imigrantes; afirmou a incompetência da Justiça Militar para o julgamento de civis; garantiu à Igreja a posse dos edifícios de culto; declarou ilegal a prisão a que estavam sujeitos os pacientes recrutados à força para o Exército; defendeu a imunidade parlamentar; definiu os limites do estado de sítio; e determinou a libertação de presos ilegalmente detidos.

O Supremo Tribunal Federal, os monarquistas e os jacobinos

As decisões do Tribunal, no entanto, revelaram, nos primeiros anos da República, um viés antimonarquista por parte da maioria dos ministros, assim como mais tarde iriam deixar clara sua pouca simpatia pelos socialistas e pelos anarquistas. Mas, mesmo nessas circunstâncias, houve quem divergisse e colocasse as garantias constitucionais acima dos preconceitos ideológicos, afirmando e garantindo o direito de reunião, a liberdade de imprensa e a livre manifestação do pensamento. Em 1897, João Mendes de Almeida entrava com um pedido de *habeas corpus* em favor do Centro Monarquista de São Paulo, que fora intimado pela polícia a fechar as suas portas. O procurador da República se opôs, argumentando que os monarquistas queriam garantias do governo para conspirar contra ele. O Supremo Tribunal negou o *habeas corpus* por sete votos contra cinco. O ministro Macedo Soares, voto vencido, declarou na ocasião que seria *ridículo, impolítico, incurial e injurídico* que os monarquistas tivessem na República menos liberdade e direitos do que os republicanos no Império (Janotti, 1986).

A hostilidade aos monarquistas recrudesceu quando, em março de 1897, chegou ao Rio a notícia da derrota da expedição comandada por Moreira César contra Canudos, considerado por muitos foco de um movimento em favor da Monarquia. As redações dos jornais monarquistas *Gazeta da Tarde* e *O Apostolo* foram atacadas e incendiadas. O diretor de *O Apostolo*, Gentil de Castro, foi assassinado e o visconde de Ouro Preto, conhecido monarquista, sofreu perseguição. Em São Paulo, populares empastelaram o periódico *O Commercio de São Paulo*. A polícia a tudo assistiu sem intervir e os crimes contra monarquistas ficaram impunes. Prudente demitiu o chefe da polícia do Rio, que fora nomeado pelo vice-presidente Manuel Vitorino. Jornais da oposição foram fechados. Os alunos da Escola Militar da Praia Vermelha rebelaram-se. O florianismo ressurgiu com virulência. O Partido Republicano Federal dividiu-se em duas alas: os que estavam com o presidente e os que estavam contra ele. O Exército também estava dividido entre as duas facções. Em 5 novembro de 1897, quando as tropas do governo que haviam destruído Canudos chegaram ao Rio de Janeiro, o presidente, que fora recebê-las, foi alvo de um atentado no qual acabou morrendo o ministro da Guerra. Novos assaltos aos jornais oposicionistas ocorreram. *A Republica*, a *Folha da Tarde* e *O Jacobino* foram invadidos, as impressoras e os móveis, destruídos. Mais uma vez o governo recorreu à decretação do estado de sítio, aprovado pelo Congresso em 12 de novembro. Acusados de envolvimento em uma conspiração contra o presidente da República, foram presos vários militares e civis, entre os quais o senador João Cordeiro e os deputados Barbosa Lima e Alcindo Guanabara. Todos foram removidos para o presídio de Fernando de Noronha (Queiroz, 1986).

Vários recursos ao Supremo foram encaminhados em favor dos presos, inclusive um em que Rui Barbosa denunciava a ilegalidade de se prorrogar o desterro, cessado o estado de sítio, e reclamava a reintegração das garantias de liberdade, que deveria ser absoluta naquela condição. Mais uma vez o Supremo Tribunal foi palco de demonstração popular a favor dos presos. Diante da sala apinhada de homens e mulheres que ostentavam medalhas de prata com a efígie do falecido Floriano Peixoto, em uma afirmação simbólica de lealdade ao ex-presidente e aos jacobinos, Rui defendeu os envolvidos, seus adversários políticos, com o mesmo vigor com que no passado defendera outros que lhe eram simpáticos. Mais uma vez, a despeito de sua eloqüência, o Tribunal negou a ordem em favor dos presos sob a alegação de que os efeitos do estado de sítio não cessavam, em relação às pessoas por ele atingidas, senão depois de o Congresso tomar conhecimento dos atos praticados pelo chefe do Poder Executivo. O acórdão, no entanto, reafirmou a competência do Poder Judiciário para manter a inviolabilidade da Constituição, reservando, assim, ao Tribunal o direito de intervir após manifestação do Congresso. Nova ordem em favor dos mesmos pacientes foi impetrada e, no dia 16 de abril, em uma reversão de sua decisão anterior, o Tribunal concedeu a ordem para *que cessasse o constrangimento ilegal em que se achavam os pacientes*. O acórdão afirmava que deputados e senadores, uma vez diplomados, não podiam ser presos, a não ser no caso de flagrância em crime inafiançável, o que não tinha ocorrido. Afirmava ainda que, se fosse dado ao Poder Executivo o direito de remover de sua cadeira deputados e senadores, o Legislativo ficaria à mercê de seu arbítrio, anulando-se, assim, a independência que a Constituição lhe conferia. Nessas circunstâncias, o estado de sítio convertia-se em um instrumento de opressão. Considerava ainda que, se a garantia de *habeas corpus* ficasse suspensa enquanto o Congresso se manifestava sobre o estado de sítio, as liberdades dos indivíduos também seriam suspensas por tempo indeterminado, ficando, dessa forma, mutilada a mais nobre função do Judiciário. Além disso, os pacientes achavam-se em prisão destinada a réus comuns, o que contrariava a Constituição. Finalmente, estabelecia que, com o fim do estado de sítio, cessavam todas as medidas de repressão tomadas durante a sua vigência pelo Poder Executivo, assertiva firmada por Rui Barbosa desde os primeiros casos em que advogara no Tribunal, em 1892.

Em trabalho publicado na *Revista de Jurisprudência*, Rui referiu-se ao acórdão de 16 de abril como o "fruto de seis anos de campanha liberal, que tinha o brilho e a solidez e a força dos grandes arestos, que valem mais para a liberdade dos povos do que as constituições escritas" (Costa, 1964, v.1,). Contra os protestos dos que julgaram que a decisão contrariava o aresto, argumentou o ministro Macedo Soares (que votara favoravelmente à concessão da ordem) que o Tribunal era novo e fora chamado a decidir sobre o estado de sítio em três períodos: 1892, quando do manifesto dos generais; 1894, por ocasião da Revolta da Armada; e em 1897. Poucos tinham sido os *habeas corpus* impetrados. As decisões do Tribunal não podiam, portanto, ser caracterizadas como arestos. O ministro Ribeiro de Almeida, em voto vencido, questionou a concessão de *habeas corpus* quando já havia uma decisão a respeito. Citando a prática da Corte dos Estados Unidos, considerava ele que uma segunda concessão de *habeas corpus* violava o caso julgado.

Dilemas da transição

A decisão do Tribunal teve grande repercussão na imprensa e na Câmara. Aparentemente, quando Prudente de Morais fora afastado da presidência por motivo de saúde, no final de 1896, Manuel Vitorino, então vice-presidente e chefe dos oposicionistas, nomeara três novos ministros do Supremo Tribunal Federal, constituindo dessa forma uma maioria favorável à oposição, responsável pela concessão do referido *habeas corpus*. O presidente da República, em mensagem ao Congresso, criticou o acórdão, afirmando que abalara a harmonia entre os poderes e anulara providências repressivas tidas pelo Executivo como necessárias à manutenção da ordem. Alegava ainda que os perturbadores da ordem tinham voltado em conseqüência da decisão do Supremo Tribunal. O comentário ofendeu alguns ministros. Um deles, Lúcio de Mendonça, leu no Tribunal um protesto contra a mensagem presidencial, assinado por ele e outros três ministros, mas o ato foi rejeitado pelos demais, que provavelmente acharam mais prudente silenciar sobre o caso.

Informada do incidente, a imprensa governista atacou os juízes, acusando-os de jacobinos. Essa afirmação fundava-se no fato de Lúcio de Mendonça, um dos ministros do Supremo Tribunal Federal, ter sido visto visitando Alcindo Guanabara na sede do jornal *A Tribuna*. Os jornais mais virulentos, *O Debate* e *A Cidade do Rio*, eram acompanhados nos ataques aos ministros pela *Gazeta de Noticias* e pelo *Jornal do Commercio*. Tomaram partido contrário *A Tribuna* e *O Paiz*. O caso repercutiu no Congresso, onde os governistas continuaram a criticar o Tribunal. Rui tomou sua defesa. Argumentou que não cabia ao Executivo julgar as sentenças do Supremo Tribunal Federal, pois esse comportamento o colocaria acima do Judiciário, contrariando o espírito da Constituição.

Provavelmente com a intenção de neutralizar as decisões do Tribunal, o governo apresentou um projeto para reformar a instituição, determinando a criação de cinco cargos de juízes substitutos. Mas não conseguiu aprovação do Congresso. (Essa prática, aliás, não foi uma invenção brasileira; foi utilizada por presidentes norte-americanos quando enfrentaram uma corte hostil e, como aqui, nem sempre conseguiram a aprovação do Congresso.) O Senado também rejeitou o projeto, que restringia vantagens nas aposentadorias e privilégios pecuniários dos magistrados.

No caminho da independência

Ao encerrar-se o governo Prudente de Morais, o Supremo Tribunal Federal podia considerar-se vitorioso. Dez anos haviam decorrido desde a Proclamação da República e, durante esse agitado período de nossa história, ele deixara de ser um poder subordinado, como fora no Império, para transformar-se em um poder independente. Havia conseguido firmar-se como Terceiro Poder, cuja função era julgar a constitucionalidade dos atos do Executivo e do Legislativo e defender os direitos dos cidadãos. Seus acórdãos, sistematicamente publicados desde 1897 na *Revista de Jurisprudência*, passaram a constituir um referencial para julgamentos posteriores. Segundo Leda Boechat Rodrigues, se nessa primeira fase de profundas agitações políticas o papel mais importante do Supremo fora a defesa das liberdades civis, iniciava-se então um período em que enfrentaria problemas ligados à prática do federalismo no Brasil. O Tribunal seria chamado a resolver questões de limites entre Estados, litígios entre a União e os Estados ou dos Estados entre si sobre cobrança de impostos e questões relativas à propriedade de áreas produtivas. Também foi necessária a ação do Supremo para solucionar questões referentes à dualidade de assembléias e à conseqüente intervenção do governo federal nos Estados. Teve ainda que julgar questões motivadas pela separação entre Igreja e Estado, além de continuar exercendo seu importante papel na concessão de *habeas corpus* a presos políticos ou outras vítimas da violência policial.

Apesar de o jacobinismo ter arrefecido após o atentado a Prudente de Morais, os monarquistas, freqüentemente aliados a facções republicanas descontentes, prosseguiam em seu sonho de derrubar o governo e restabelecer a Monarquia, dando margem a novas ondas de repressão que ecoavam no Supremo Tribunal Federal sob a forma de pedidos de *habeas corpus*. A esses problemas somaram-se outros, decorrentes da crise econômica provocada pela política deflacionária de Campos Sales e da reforma urbana implementada durante o governo Rodrigues Alves, com violenta reação popular e protestos de vários grupos. Finalmente, começaram a aparecer com maior freqüência no Tribunal casos de operários anarquistas e socialistas presos por ordem do governo e ameaçados de deportação.

Em 15 de novembro de 1898, Prudente de Morais deixou o governo e Campos Sales assumiu a Presidência da República. Sob o pretexto de garantir a pacificação do país, Campos Sales criou a *política dos governadores*, consolidando o poder das oligarquias regionais que passaram a contar com o apoio do governo federal em troca do apoio que estas lhe dariam. Em decorrência dessa política, o presidente defendia o princípio da não-intervenção e afirmava o respeito do poder federal pela soberania dos Estados. Essa linha que o presidente adotou provocaria conflitos com o Supremo Tribunal Federal, que sempre repudiara as tendências federalistas extremadas, defendendo a supremacia da União sobre os Estados. A posição do Tribunal manifestou-se em várias decisões. Na tentativa de obter recursos, os Estados taxaram o comércio interestadual, criando obstáculos à livre circulação dos produtos. O Tribunal declarou a nulidade de leis e decretos estaduais em matéria de barreiras alfandegárias e afirmou a competência de juízes federais para conceder mandados de manutenção de posse a fim de obstar a cobrança de impostos ilegais entre os Estados, e, por meio de vários *habeas corpus*, corrigiu as ilegalidades cometidas.

A questão social

Ao assumir o poder, Campos Sales adotara uma política deflacionária na tentativa de debelar a crise financeira que assolava o país e de satisfazer as demandas de credores. A deflação, como era de prever, provocou alta do custo de vida, crise industrial e comercial em 1900, além de desemprego. A isso somavam-se o aumento de impostos e o encarecimento dos produtos importados. O descontentamento popular traduziu-se em janeiro de 1900 em uma greve de cocheiros. Naquela ocasião foi preso e posteriormente deportado para Gênova o português Antônio da

Costa Borlido, acusado de organizar a greve dos condutores de veículos do Rio de Janeiro. Conseguindo voltar a Portugal, Borlido apelou para o Supremo Tribunal, invocando o fato de ser residente no Brasil desde 1860, de ser beneficiário da grande naturalização de 1891 e de ter-se alistado como eleitor. Sua deportação seria, portanto, ilegal, já que aos residentes eram garantidos direitos comuns a todos os cidadãos brasileiros. Borlido teve a ordem de *habeas corpus* a seu favor indeferida e, antes que o Supremo pudesse manifestar-se quanto ao recurso interposto, o governo revogou a condenação, declarando não mais subsistirem os motivos da deportação. Diante disso, seu pedido de *habeas corpus* foi considerado prejudicado. Entretanto, quando Borlido voltou ao Brasil, moveu ação contra a União por perdas e danos. A ação foi negada em primeira instância. Rui Barbosa, o eterno defensor dos injustiçados, assumiu então gratuitamente sua defesa perante o Supremo. Alegou que Borlido fora privado da liberdade, da família, do trabalho, da gerência de interesses e bens pessoais, do exercício da profissão e até mesmo de sua pátria. Argumentava ele que a prisão arbitrária, o seqüestro violento e a deportação ilegal que Borlido sofrera envolviam dano positivo. Portanto, ele merecia satisfação. Apesar da brilhante argumentação desenvolvida, Rui não conseguiu convencer o Supremo Tribunal, que confirmou a sentença anterior. Os embargos opostos ao acórdão só foram julgados em 1908, quando Borlido já estava morto e não podia provar o montante de seus prejuízos!

Sorte semelhante tiveram muitos indivíduos de origem modesta que, desde os primeiros anos da República, presos pela polícia, foram mantidos durante meses sem nenhum processo nas cadeias do Rio de Janeiro, acusados de subversão. Quando requeriam um *habeas corpus*, ou não encontravam quem os representasse, ou por ignorância apelavam diretamente para o Supremo Tribunal, que não tomava conhecimento da petição por ser originária. Esse foi o caso, por exemplo, de alguns operários espanhóis presos em 1893 que, acusados de anarquistas, enviaram petição ao Supremo sob os auspícios do Partido Operário Federal, organização cujo lema era *O trabalho para todos e o seu fruto para quem o produzir*. O Tribunal resolveu não tomar conhecimento da petição, por ser originária. Em outro caso, envolvendo Manuel Tavares Pinho, um português preso durante o estado de sítio como *suspeito de crime político de certa gravidade*, o Supremo negou a ordem de soltura diante da informação do chefe de polícia de que o português fora detido por crime político. Igual sorte coube ao jovem estudante Jônatas Ascaign, em setembro de 1893, posto na cadeia com criminosos comuns, o que era ilegal. Na sua petição, o jovem alegou que viera da Bélgica, onde estivera estudando, para atender à morte do pai. Afirmou que jamais externara idéias políticas. O Supremo não tomou conhecimento, por ser a petição originária e por ter sido a prisão decretada pelo chefe de polícia. Tal aconteceu também com o pedido de *habeas corpus* de

Rosário Botelho, bagageiro da Central do Brasil, preso sem saber por quê. Esses e muitos outros indivíduos, nacionais e estrangeiros, na grande maioria pertencentes às camadas sociais mais modestas, foram os grandes ignorados pelo Supremo Tribunal Federal, permanecendo à mercê do arbítrio da polícia. (Arquivo do STF)

Os monarquistas voltam a atacar

Durante o governo Campos Sales persistiram as manifestações populares e os protestos pela imprensa contra a alta do custo de vida, dos aluguéis e do imposto sobre o consumo. Era esse descontentamento popular que os conspiradores tentavam manipular contra o governo. Um golpe foi tramado contra o presidente. Entre os conspiradores estavam conhecidos monarquistas, como Alfredo Correia de Oliveira, Andrade Figueira e o visconde de Ouro Preto. A eles se uniram setores militares. No planejamento do golpe, previa-se uma greve geral, com a paralisação do sistema de transportes. Operários armados ajudariam a tomada dos pontos centrais da Capital. O presidente da República e o ministro da Guerra seriam aprisionados e uma junta seria criada para governar o país. Frustrado o golpe, a polícia determinou a prisão de Andrade Figueira. Impetrado e negado o *habeas corpus* a seu favor pelo Tribunal de Apelação, ele recorreu ao Supremo, também sem êxito. O mesmo ocorreria com os *habeas corpus* impetrados em favor de outros monarquistas, o que provocou novo debate pela imprensa e renovados ataques ao Supremo Tribunal Federal, com insinuações de corrupção contra alguns dos ministros.

A questão monarquista voltaria a assombrar os republicanos no governo Rodrigues Alves (1902-1906). Em 1902, ocorreu novo atentado monarquista, dessa vez em São Paulo. Instigados pela dissidência republicana, os monarquistas esperavam contar com o apoio popular. A eles vieram juntar-se militares descontentes. O Clube Militar, fechado em 1897 por ocasião do atentado a Prudente de Morais, fora reaberto em agosto de 1901. O presidente do clube e vários outros militares de renome, aliados a altas patentes da Marinha, aproximaram-se de Prudente de Morais com o intuito de organizar uma campanha contra Rodrigues Alves. O movimento, que supostamente teria ramificações em outros Estados, eclodiu no interior de São Paulo, mas foi reprimido em poucos dias com um número considerável de prisões.

Em janeiro de 1903, o Supremo Tribunal julgou um pedido de *habeas corpus* em favor da família real, que havia sido banida. O banimento judicial fora excluído da Constituição, embora membros da dinastia continuassem privados das liberdades civis e dos direitos políticos, bem como da liberdade de entrar e permanecer no Brasil. O Tribunal julgou não haver provas de que membros da família real tivessem sido impedidos de voltar ou de que não poderiam fazê-lo, caso tentassem. Desqualificou, portanto, o pedido. O caso voltou a ser discutido quando o Príncipe D. Luis de Orleans e Bragança, filho da Princesa Isabel, pretendeu desembarcar no Brasil. Em reunião no escritório do visconde de Ouro Preto, os monarquistas discutiram o problema e resolveram pedir uma ordem de *habeas corpus* preventivo ao Supremo. Este negou o pedido e o Senado, consultado, também considerou vigente o ato de banimento. Diante dessas circunstâncias, o príncipe foi proibido de desembarcar.

No ano seguinte, a imposição da vacina obrigatória por Osvaldo Cruz, então diretor da Saúde Pública, e a reforma urbana implantada pelo prefeito Pereira Passos provocaram manifestações populares de desagrado, que ficaram conhecidas como a *Revolta da Vacina*. Mais uma vez os monarquistas, aliados a outros grupos civis e militares igualmente descontentes com os rumos tomados pela República, aproveitaram-se do clima de agitação para tramar a deposição do presidente e a restauração da Monarquia.

A Revolta da Vacina

Com os recursos obtidos graças à política financeira dos governos anteriores, que haviam acertado com os Rothschild o *Funding Loan*, o presidente Rodrigues Alves iniciara uma série de projetos de obras públicas: a modernização do porto do Rio de Janeiro e a contratação dos portos do Ceará, da Bahia e do Rio Grande do Sul; a construção dos prédios do Teatro Municipal, da Biblioteca Municipal e do Palácio Monroe, no Rio de Janeiro; a edificação das Faculdades de Direito em Recife e de Medicina em São Paulo e Salvador; melhorias na estrada de ferro Central do Brasil; construção da Fortaleza de Laje, no Rio de Janeiro. O projeto de maior efeito, entretanto, foi o de remodelação e saneamento da cidade do Rio de Janeiro. Na opinião do presidente e dos que o cercavam, era preciso dar à República uma capital moderna, que indicasse desenvolvimento e progresso, dotada de amplas avenidas e praças, cercadas de edifícios majestosos; uma cidade que lembrasse Paris, a capital cultural do mundo de então; uma cidade saneada, livre de epidemias. Para isso, era necessário derrubar casas velhas, demolir cortiços, alargar ruas, arrasar morros. Para erradicar as epidemias de febre amarela que tinham assolado a cidade em ondas sucessivas em 1889-1891, 1892, 1894 e 1896, e combater a peste bubônica e a varíola, era preciso eliminar mosquitos e ratos, inspecionar casas, melhorar a limpeza pública, vacinar as pessoas.

Figura 9. O Supremo Tribunal Federal "enforca" o regulamento sanitário. Na caricatura aparecem Osvaldo Cruz, J. J. Seabra e os ministros Epitácio Pessoa e Lúcio de Mendonça.

Figura 10. A vacina obrigatória no contexto político-eleitoral.

A vacina contra a varíola não era uma invenção nova. Já no Império várias iniciativas haviam sido tomadas nesse sentido. Em 1884, um decreto do governo estendera a obrigatoriedade da vacina a todos os cidadãos. Na República, outras tentativas haviam sido feitas sem muito resultado. O que era novo era a intervenção agressiva do Estado na vida dos cidadãos. Brigadas sanitárias acompanhadas de policiais *percorriam as ruas e visitavam casas, desinfetando, limpando, exigindo reformas, interditando prédios, removendo doentes* (Carvalho, 1987). O governo baixou portarias proibindo cães vadios e vacas nas ruas, mandando recolher a asilos os mendigos, proibindo a cultura de hortaliças e a criação de porcos na zona urbana. Essas medidas irritaram a população. Os agentes do governo agiam com o que parecia, aos olhos da população, um zelo excessivo na execução do programa. Por toda parte onde apareciam provocavam protestos. (Figuras 9 e 10)

Foi nessas condições que o governo decretou a obrigatoriedade da vacina contra a varíola e passou a exigir um atestado de vacina para tudo, desde matrícula na escola até emprego, viagem, casamento e voto, com multa para os recalcitrantes. O projeto encontrou no Congresso a resistência dos positivistas. No Senado, o tenente-coronel Lauro Sodré liderou a oposição, o mesmo ocorrendo na Câmara, com o major Barbosa Lima. Ambos eram conhecidos agitadores, florianistas e positivistas. Ambos vinham sistematicamente se opondo ao governo, por eles considerado corrupto e oligárquico. Suas críticas e as de outros positivistas encontravam eco na imprensa, sobretudo no *Correio da Manhã* e no *O Commercio do Brasil*. Várias petições foram enviadas ao Congresso contra a obrigatoriedade da vacina, entre elas duas organizadas pelo Centro das Classes Operárias. O historiador José Murilo de Carvalho calcula que aproximadamente dez mil operários assinaram essas petições. A eles se juntavam militares e alunos da Escola Militar. As manifestações de rua não tardaram, com a derrubada e o incêndio de bondes, a destrui-

Figura 11. Sob o olhar galhofeiro do Zé Povo, Rui Barbosa discute o caso "Lauro Sodré" com Glicério, Barbosa Lima e Pinheiro Machado.

Figura 12. Manuel Murtinho, Barbosa Lima, Aquino e Castro, Epitácio Pessoa e Pindaíba discutem a votação do *habeas corpus* de Lauro Sodré. A imagem é do famoso caricaturista Ângelo Agostini.

ção de combustores de gás e o corte de fios de iluminação. Barricadas foram construídas no meio das ruas, algumas fábricas foram assaltadas e os choques com a polícia multiplicavam-se. Tropas do Exército e da Marinha foram chamadas a intervir. Revoltou-se a Escola Militar da Praia Vermelha. A situação parecia tão grave que o presidente foi aconselhado a procurar asilo em um navio de guerra, sugestão que ele recusou. Mais uma vez foi decretado o estado de sítio. Segundo o chefe de polícia, foram detidas 945 pessoas, das quais 461 desterradas. Militares de altas patentes foram presos, assim como alunos da Escola Militar. Entre eles estava Lauro Sodré, apesar de sua imunidade parlamentar. O estado de sítio foi prorrogado até 15 de fevereiro de 1905. Os prisioneiros foram remetidos para vários pontos do território nacional. (Figuras 11 e 12)

O *habeas corpus* impetrado em favor de Lauro Sodré foi negado, alegando-se que ele teria renunciado à imunidade parlamentar quando admitira ser preso. Argumentou-se ainda que, como era militar, deveria ser julgado em foro próprio. O pedido foi rejeitado por cinco votos contra três, entre os quais os de Manuel Murtinho e Alberto Torres. Também a favor dos desterrados para o Acre foi requerido *habeas corpus* ao Supremo Tribunal Federal, que o denegou unanimemente, alegando novamente que as medidas tomadas pelo governo federal durante o estado de sítio não podiam ser apreciadas pelo Judiciário. A 2 de setembro de 1905 o Congresso anistiou todos os civis e militares participantes dos acontecimentos de novembro de 1904 e de ocorrências anteriores ou posteriores

Figura 13. Zé Povo dá as boas-vindas a Lauro Sodré,
— observados por Moreira da Silva, Rui Barbosa
e Barata Ribeiro.

a eles relacionadas. No mesmo dia o ato do Congresso foi aprovado pelo presidente da República. Solto, Lauro Sodré foi alvo de grandes manifestações de júbilo em frente à sede do *Correio da Manhã*. (Figura 13)

Com exceção de um caso isolado em 1905, quando foi concedido *habeas corpus* preventivo para garantir o paciente contra a entrada em sua casa das autoridades sanitárias encarregadas da profilaxia contra a febre amarela, o Supremo Federal negou os demais recursos, dando, assim, força ao governo. Os ministros na sua maioria consideravam antiquado opor-se aos preceitos higiênicos e justificaram a competência da autoridade sanitária administrativa para interditar prédios, excluindo assim a possibilidade de expedição de mandados proibitórios contra seus atos. Anos mais tarde, em 1908, Pedro Lessa, então ministro do Supremo Tribunal Federal, em um estudo sobre a intervenção oficial em matéria de higiene pública, argumentava que o Estado não somente podia como devia

> obrigar, pelo emprego da força material, ao cumprimento do preceito higiênico, eficaz e inócuo, àqueles que por ignorância, por preconceito ou por qualquer outro motivo inadmissível não satisfizessem esse dever moral.

No ano seguinte, o Tribunal endossava tal princípio, afirmando que a autoridade sanitária era competente para interditar prédios, não podendo ser expedidos mandados proibitórios contra seus atos (Rodrigues, v.2).

Outros casos julgados na mesma época viriam confirmar essa interpretação, que reforçava o poder estatal sobre o cidadão, o bem público sobre o bem privado, conferindo ao Estado o direito de fiscalizar, por exemplo, o abate de animais para o consumo da carne. Essa questão deu origem a um famoso debate no Congresso, em junho de 1902. O caso fora provocado por decisão de um juiz do Juízo Seccional do Distrito Federal, em dezembro de 1901, favorável a um pedido de manutenção requerido pelo barão de Mesquita com o objetivo de descarregar carnes verdes, fazê-las transportar para os açougues e expô-las à venda. A decisão contrariava lei municipal que proibia o abate de gado não examinado pelas autoridades sanitárias. A municipalidade contestou a ação. Passados meses sem que a questão fosse decidida, as autoridades municipais começaram a apreender e destruir as carnes. Populares aproveitaram-se da situação para invadir açougues e retirar as carnes, sem que a polícia interviesse. Finalmente a questão chegou ao Supremo Tribunal Federal, que reformou a sentença do juiz seccional declarando que

> a ação de manutenção era meio hábil para se manutenir um cidadão na posse de uma certa quantidade de mercadoria que pretende revender, mas não o é para manuteni-lo na posse de mercadorias que diariamente adquirir para seu comércio; esta manutenção importaria em manutenir o direito pessoal de exercer o comércio. (Rodrigues, v.2)

No mesmo sentido, quatro anos mais tarde, o Supremo Tribunal Federal afirmaria que, sendo a regulamentação do abastecimento — bem como o fornecimento de água, luz e esgoto — serviço fiscalizado pelo Estado, eram lícitas as restrições opostas à liberdade de profissão.

Renovação do Tribunal

Entre 1903 e 1906 um terço do Tribunal foi renovado: cinco ministros foram nomeados para preencher vagas deixadas por aposentadoria ou falecimento. Américo Lobo foi substituído por Pedro Antônio de Oliveira Ribeiro em outubro de 1903 e Joaquim Xavier Guimarães Natal substituiu o falecido ministro Macedo Soares em setembro de 1905; Amaro Cavalcanti foi nomeado em maio de 1906 no lugar de João Barbalho, que se aposentara; e para o lugar do ministro Aquino e Castro, igualmente falecido em 1906, foi nomeado Manuel José Espínola.

Quando Rodrigues Alves entregou o governo a Afonso Pena, em 1906, o Supremo Tribunal Federal, se bem que totalmente renovado, não era muito diferente daquele que tomara posse quinze anos antes. Ainda lá estava o ministro Hermínio

Francisco do Espírito Santo, que, nomeado em 1894, permaneceria no posto durante quase toda a Primeira República (até 1924). Como seus colegas, pertencia à geração que fizera carreira durante o Segundo Reinado. Quando se instalou a República tinha 48 anos. Nascera e estudara em Recife, formando-se pela Faculdade de Direito. Iniciou carreira na magistratura como juiz no Rio Grande do Sul e no Maranhão. Foi chefe de polícia em várias Províncias, além de desembargador e juiz federal. Nomeado para o Supremo Tribunal, veio a falecer no Rio de Janeiro, vinte anos depois. Eduardo Pindaíba de Matos, também nomeado em 1894, foi aposentado por decreto de 1910. Era o mais velho dos ministros, pois nascera em 1831 no Maranhão. Formado em Olinda, fez carreira como juiz e chefe de polícia. Foi vice-presidente das Províncias do Espírito Santo e Rio de Janeiro e desembargador da Relação do Ceará, de onde foi removido para a Corte de Apelação do Distrito Federal. Antônio Augusto Ribeiro de Almeida, natural do Rio de Janeiro, nasceu em 1838, em pleno período regencial. Formado pela Faculdade de Direito de São Paulo, fez carreira típica: promotor, juiz municipal, juiz de direito, chefe de polícia, desembargador da Relação da Corte e da Corte de Apelação do Distrito Federal. Nomeado para o Supremo Tribunal Federal em 1896, permaneceu no cargo até 1913, quando foi aposentado aos 75 anos. Outro que ainda estava no Tribunal quando Rodrigues Alves passou o governo para Afonso Pena era João Pedro Belfort Vieira, nomeado para o Tribunal em 1897 e falecido em 1910. Nascido no Maranhão em 1846, cursou a Faculdade de Direito de Recife, foi juiz de direito e delegado de polícia na Corte e presidente da Província do Piauí. Tornou-se catedrático da Faculdade Livre de Direito do Rio de Janeiro e senador pelo Maranhão.

Lúcio de Mendonça era irmão de Salvador de Mendonça, embaixador do Brasil em Washington e amigo pessoal do imperador. Nomeado em 1895, permaneceu no Tribunal até 1907, quando se aposentou em estado avançado de cegueira. Nasceu no Rio de Janeiro, em 1854 e, depois de formado pela Faculdade de Direito de São Paulo, foi promotor público, advogado, secretário do ministro da Justiça, curador das massas falidas no Rio de Janeiro e diretor-geral da Secretaria da Justiça, antes de ser nomeado para o Supremo Tribunal Federal. Entre os nomeados na gestão de Campos Sales ou Rodrigues Alves e que ainda permaneciam no Supremo ao começar o governo Afonso Pena, incluíam-se: Alberto Torres, Epitácio Pessoa, Pedro Antônio de Oliveira Ribeiro, Joaquim Xavier Guimarães Natal e Amaro Cavalcanti.

Já não se encontravam entre os ministros membros da nobreza imperial. A maioria era recrutada ainda entre as classes dominantes. Uma das exceções era Amaro Cavalcanti, filho de mestre-escola do interior do Rio Grande do Norte. Apesar da relativa uniformidade dos ministros, eles divergiam nos seus votos, chegando às vezes a sérios desentendimentos pessoais, como o ocorrido entre

Epitácio Pessoa e Pedro Lessa, relatado por Leda Boechat Rodrigues. A animosidade entre os dois decorrera de uma citação errada de autor norte-americano que Epitácio fizera em apoio a uma tese que defendia. Pedro Lessa interrompeu, dizendo que o autor citado afirmara exatamente o oposto. Como prova, mandou buscar o volume na biblioteca do Tribunal. Epitácio nunca lhe perdoou a humilhação. O incidente criou tanto mal-estar entre os dois que passaram anos sem se cumprimentar.

Além de divergências ideológicas e conflitos pessoais entre seus membros, o Tribunal também se ressentiu da freqüente falta de quórum. Os ministros ausentavam-se por motivo de saúde, viagens, ou a fim de cuidar de questões de interesse particular, deixando o Tribunal desfalcado. Essa situação dava origem a problemas, principalmente quando as decisões eram tomadas sem que fosse respeitado o quórum mínimo exigido. A demora nos julgamentos também gerava protestos. À medida que aumentou o trabalho do Supremo, a situação ficou mais grave.

Novas questões chegaram ao Tribunal com o aumento da inversão de capitais estrangeiros e sua participação no fornecimento de energia elétrica, na construção de ferrovias, nos portos, nas rodovias, na agricultura e na indústria. Da mesma forma, a crescente organização operária e o aumento dos estrangeiros no país geraram novos conflitos, resultando na intervenção do governo e na expulsão dos imigrantes socialistas, anarquistas e comunistas. Novas leis repressoras foram aprovadas, novas prisões decretadas. Nos vários setores da sociedade aumentava a intervenção do Estado e os conflitos de interesse multiplicavam-se em escala crescente. Tudo isso acarretava o acúmulo de processos no Tribunal.

A posse de Hermes da Fonseca, em 1910, acirrou os confrontos oligárquicos. As sucessivas intervenções do governo federal nos Estados, as chamadas "salvações nacionais", a fraude eleitoral e o renovado choque entre facções políticas rivais, que recorriam à Justiça para garantir o resultado das eleições, mantiveram os ministros do Supremo Tribunal Federal constantemente ocupados na tentativa de decidir qual das facções em litígio tinha o direito de governar. Por meio da concessão de *habeas corpus*, o Supremo garantiu a posse de governadores, senadores, deputados, vereadores e juízes. As questões de limites entre os Estados e a constitucionalidade das leis estaduais continuaram a ocupar a atenção dos ministros. O Supremo também foi chamado a decidir problemas relativos ao funcionalismo público e à responsabilidade civil do Estado em relação ao setor privado. A constante expansão do poder do Estado sobre o indivíduo, o recrutamento forçado e outras medidas igualmente intrusivas na liberdade individual provocavam numerosos protestos, que extravasavam em revoltas das populações urbanas e em novas prisões e pedidos de *habeas corpus*.

O Exército e a Marinha continuaram, durante toda a Primeira República, sendo focos de agitação que eram violentamente reprimidos pela polícia. Freqüentemente os presos recorriam à Justiça. A imprensa tomava partido, seus jornalistas eram presos e os jornais sofriam empastelamento, resultando em novos pedidos de *habeas corpus*. Os debates reproduziam-se no Congresso, onde os revoltosos encontravam simpatia entre alguns deputados e senadores e animosidade em outros. Quando revoltas militares ocorriam era comum encontrar civis envolvidos nas conspirações. O Supremo Tribunal era constantemente chamado a defender imunidades parlamentares. A suspensão de garantias constitucionais pelos renovados estados de sítio permitia ao Executivo ampliar sua área de arbítrio. A polícia agia por conta própria, sem nenhum respeito pelos procedimentos legais. Em vez de estabilidade, a República trouxera instabilidade e novos problemas que exigiam um trabalho incessante do Tribunal.

Figura 14. O Supremo Tribunal transfere-se em 3 de abril de 1909 para o palácio construído para o Arcebispado e cedido pelo governo Afonso Pena, à avenida Central (atual Rio Branco, 243), onde funcionou de 1909 a 1960.

Apesar da freqüente falta de quórum, do visível partidarismo político de seus membros, do inevitável caráter classista do Tribunal e do desrespeito do Executivo a algumas das decisões do Supremo, não se pode negar que este tenha desempenhado papel importante na construção das instituições republicanas e na defesa das garantias constitucionais e dos direitos dos cidadãos. É de admirar que um Tribunal de Justiça pudesse funcionar, com uma relativa isenção, em um período em que o país viveu a maior parte do tempo em estado de sítio, com todas as garantias constitucionais suspensas. Esse fato também explica a amplitude dada ao conceito de *habeas corpus*. (Figuras 14 e 15)

Tempos agitados

Os vinte anos entre a posse de Hermes da Fonseca, em 1910, e a queda de Washington Luís, em 1930, foram de crescente agitação. O governo teve de enfrentar, logo de início, uma rebelião de marinheiros que ficou conhecida como a *Revolta da Chibata*. Descontentes com os castigos excessivos, a má alimentação e a precariedade das condições a que estavam submetidos, os insurretos apossaram-se de navios, mataram oficiais e companheiros que se opuseram à revolta e ameaçaram bombardear a cidade do Rio de Janeiro caso suas queixas não fossem atendidas. Depois de alguns confrontos com forças do governo, apelaram ao presidente da República, esperando que este

Figura 15. Vitral da sala do plenário representando a Justiça.

não só atendesse a suas reivindicações como também lhes concedesse anistia. A represália não tardou. Hermes decretou estado de sítio, com a anuência do Congresso. Repetia-se o quadro de sempre. Sucederam-se numerosas prisões e deportações. Mais de mil marinheiros foram exonerados. Os trágicos acontecimentos, envolvendo a morte de prisioneiros por asfixia em uma masmorra superlotada do quartel-general do Exército, prenunciavam um tempo de violência e arbítrio semelhante ao dos primeiros anos da República.

De fato, o governo Hermes da Fonseca foi pontilhado por intervenções federais nos Estados e constantes decretações de estado de sítio. As fraudes eleitorais e a violência das lutas políticas nos Estados, com a conseqüente dualidade de assembléias legislativas, deram origem a grande número de pedidos de *habeas corpus*, muitos dos quais chegaram ao Supremo Tribunal Federal. Na Bahia, no Ceará, em Pernambuco, em Alagoas e no Amazonas, grupos dissidentes apoiados pelo governo federal desafiaram as oligarquias dominantes. As guarnições do Exército sediadas nos Estados participaram da deposição de governadores eleitos que, afastados de seus cargos, apelavam para os juízes federais. Quando havia recurso de qualquer das partes interessadas contra a decisão dos juízes, o caso ia parar no Supremo Tribunal. Nem sempre juízes e ministros mantinham estrita imparcialidade nos julgamentos. Muitas vezes acompanhavam as posições dos chefes políticos aos quais estavam ligados (Koerner, 1998). O *Jornal do Commercio* de 15 de julho de 1910 fazia críticas ao Supremo por não hesitar "em sacrificar a justiça e a lei à influência nefasta dos interesses e dos empenhos". A politização do Supremo Tribunal Federal era evidente na concessão de *habeas corpus* em casos de conflito entre as facções rivais das oligarquias estaduais, por ocasião das eleições. O comprometimento político dos ministros derivavam menos de posições ideológicas distintas entre liberais e conservadores do que do sistema de patronagem e lealdade pessoal que continuava a imperar na República e ao qual poucos escapavam.

As decisões do Supremo, entretanto, nem sempre foram obedecidas pelo Executivo. Foi o que se deu no caso dos intendentes do Distrito Federal, quando o Supremo deu provimento a pedido de *habeas corpus* impetrado por uma das facções, que alegava estar o governador impedindo a entrada no edifício onde deveriam exercer suas funções. Uma vez obtido o *habeas corpus*, surgiram conflitos entre intendentes e prefeito, dando origem a outros pedidos semelhantes. O grupo beneficiado pela decisão do Supremo continuou a exercer suas funções e votou o orçamento, em flagrante desafio ao prefeito. Este vetou o orçamento, sendo seu veto confirmado pelo Senado. Diante do impasse, o presidente da República resolveu intervir, decretando novas eleições. Os prejudicados novamente apelaram para o Supremo, que lhes concedeu *habeas corpus* para que pudessem entrar no edifício do Conselho Municipal, e exercer suas funções até a expiração do prazo do mandato, ficando proibido qualquer constrangimento que pudesse resultar do decreto do Poder Executivo Federal, contra o qual foi pedida esta ordem de *habeas corpus*. (Costa, 1964, v.1)

A resposta do governo não se fez esperar. Hermes deixou de cumprir a ordem judicial, alegando que o Supremo exorbitara de suas atribuições, delimitadas pela Constituição e pelas leis.

Alguns meses depois, no fim de 1910, uma duplicação de assembléias legislativas no Estado do Rio de Janeiro resultou na eleição de dois presidentes de Estado, pertencentes a facções rivais. Os componentes de uma delas impetraram no Supremo Tribunal Federal ordem de *habeas corpus*, alegando que foram impedidos pela força pública federal de entrar no edifício onde se realizavam as sessões para dar posse ao novo presidente. Mais uma vez foi concedida a ordem, por pequena maioria de votos. Pouco depois, o Supremo Tribunal foi informado pelo ministro da Justiça de que o governo federal negava a existência de coação, não obstante a cidade estar sob estado de sítio. O presidente resolvera reconhecer o grupo desautorizado pelo acórdão do Supremo. A despeito de vozes dissidentes denunciarem a ilegalidade do ato, o presidente conseguiu aprová-lo no Senado Federal e na Câmara. A medida deixou o Supremo Tribunal Federal em uma posição extremamente difícil, obrigando-o a reconsiderar sua decisão original. Esse episódio talvez explique o comportamento cauteloso do Tribunal quando instado depois a julgar casos semelhantes.

A situação repetiu-se em 1911, quando das eleições para o governo da Bahia, que resultaram na costumeira dualidade de assembléias decorrentes de fraude eleitoral. Enfrentaram-se duas facções, uma que apoiava Rodolfo Dantas e outra favorável a J. J. Seabra, candidato de Hermes da Fonseca. O governador em exercício convocou extraordinariamente a Assembléia Geral, designando a cidade de Jequié como capital temporária do Estado, sob a alegação de que Salvador não oferecia, naquele momento, condições de segurança. Uma das facções obteve mandado a fim de funcionar na sede da Assembléia. Seus opositores requereram ao juiz da Vara Cível mandado de manutenção de posse, que, entretanto, não teve seguimento. Impedidos pela força policial de entrar no prédio, os deputados oposicionistas encaminharam pedido de *habeas corpus* ao juiz federal. Concedida a ordem, o governador em exercício negou-se a acatá-la. Diante disso, o juiz federal telegrafou ao ministro da Justiça, que ordenou ao responsável pela Região Militar que garantisse o cumprimento da decisão judicial. Como o governador se recusasse a retirar a força policial que havia mobilizado, o comandante da Região Militar bombardeou o palácio, forçando o governador a abandoná-lo.

Figura 16. *Numa e a ninfa*, romance de Lima Barreto publicado em 1915 pelo jornal *A Noite*, no Rio de Janeiro, reproduz de forma crítica o clima em que se deu o governo do marechal Hermes da Fonseca, retratado no personagem Bentes.

O incidente teve grande repercussão nacional. Rui Barbosa impetrou *habeas corpus* no Supremo em favor do governador em exercício e dos deputados e senadores, membros da Assembléia Legislativa reunidos na cidade de Jequié. A iniciativa, segundo ele, visava a proteger os pacientes contra a opressão, as ilegalidades e o arbítrio a que estavam expostos, e forçar o presidente da República a respeitar o livre e legítimo exercício dos respectivos cargos. Assim posto, ficava claro que uma concessão de *habeas corpus* pelo Supremo seria inevitavelmente interpretada como desafio ao presidente. Profundamente dividido, o Tribunal considerou o pedido prejudicado por sete votos contra seis (Rodrigues, v.3, e Costa, v.1). Também no caso da intervenção federal no Ceará, o Tribunal considerou o pedido de *habeas corpus* em favor do governador e de membros da Assembléia Legislativa que alegavam ter o governo federal praticado atos de violência e coação contra os representantes do governo cearense. Tratava-se de mais uma das "salvações nacionais" decretadas por Hermes e ironizadas na obra *Numa e a ninfa*, do escritor Lima Barreto. Por seis votos contra dois, o acórdão determinou que o pedido estava prejudicado por estar fora da alçada do Tribunal, em virtude da intervenção federal. (Figura 16)

A freqüência com que o Supremo foi chamado a decidir em questões resultantes de rivalidades políticas e disputas eleitorais acabou levando os políticos a reconhecer a necessidade da criação de uma Justiça Eleitoral, o que, no entanto, só se concretizou com a Revolução de 1930. O mesmo ocorreu com a Justiça do Trabalho, também criada após 1930 para resolver problemas trabalhistas que se multiplicavam com a expansão industrial.

Muitos outros assuntos ocupavam o Tribunal: defesa de imunidades parlamentares, liberdade de culto, liberdade de expressão, liberdade de reunião, liberdade profissional, constitucionalidade dos atos do Executivo e do Legislativo, limites entre Estados, responsabilidades e limites dos monopólios concedidos a empresas estrangeiras e nacionais, questões relativas a impostos, funcionalismo público etc. As decisões eram freqüentemente controversas, dentro e fora do Tribunal, repercutindo, como sempre, na imprensa e no Congresso.

Liberdade de imprensa e manifestação do pensamento

Em maio de 1914, por exemplo, Rui Barbosa impetrou no Supremo Tribunal Federal um pedido de *habeas corpus* a fim de *poder exercer um dos direitos essen-*

ciais e desempenhar um dos principais deveres que seu cargo no Senado lhe impunha. O caso surgira quando Rui Barbosa forneceu ao jornal *O Imparcial* cópia de um discurso que fizera no Congresso criticando o governo por prorrogar o estado de sítio. O jornal fora impedido pelo chefe de polícia de publicá-lo. Ao pedir *habeas corpus*, Rui argumentava que a proibição restringia os debates do Congresso Nacional à publicidade oficial, inacessível ao povo, além de atentar contra os direitos do Poder Legislativo e de cada um de seus membros. A ordem foi concedida, com o voto contra de apenas um ministro. Na mesma ocasião, Rui impetrava *habeas corpus* em favor de vários jornais para garantir a liberdade de imprensa durante o estado de sítio. Nesse caso, no entanto, o Supremo Tribunal negou a ordem, alegando questões técnicas.

Figura 17. A censura na concepção de J. Carlos (1920).

A constitucionalidade do estado de sítio voltou várias vezes a ser discutida durante a Primeira República, mas, na maioria dos casos, o Supremo decidiu por sua falta de competência para julgá-la. Também o direito de livre manifestação de pensamento voltou à baila várias vezes. Em 1919, por exemplo, um *habeas corpus* foi impetrado por Rui em favor de Baltazar Mendonça, jornalista de Alagoas que alegava ter sofrido coação da polícia. No acórdão, os ministros afirmaram que a nenhuma autoridade era lícito ofender a liberdade de imprensa, traçando normas referentes aos assuntos a que os diretores de jornais deveriam dar publicidade, responsabilizando-se pelos abusos cometidos. Ficava proibida a censura prévia. Nas informações prestadas, o governo de Alagoas confessara ter chamado o paciente ao palácio para trocar idéias, a fim de suspender temporariamente notícias alarmantes sobre a conflagração européia. O Tribunal concedeu a ordem impetrada, considerando ilegal o ato do Executivo. Também no caso que envolveu um jornal de Belém do Pará, a decisão foi favorável aos redatores do jornal e contrária ao chefe de polícia do Estado, responsável pela medida de censura. A autoridade policial havia intimado o jornal a submeter-se à censura e, ante a recusa, cercara a sede do jornal para impedir sua circulação. O Supremo Tribunal, no entanto, sustentou, na mesma ocasião, o direito do governo de suspender as garantias constitucionais, entre as quais a liberdade de imprensa, em caso de estado de sítio. Durante toda a Primeira República, a constante intromissão da polícia nas atividades da imprensa e a perseguição a jornalistas deram margem a discussões no Supremo

Figura 18. E na concepção de Tom (1921).

Tribunal Federal e a novos acórdãos visando a garantir a liberdade de imprensa. (Figuras 17 e 18)

O direito de reunião e de livre manifestação do pensamento e a localização dos comícios também foram alvo de discussões e debates acalorados. Em um *habeas corpus* impetrado por Rui em 1919, o acórdão do Supremo Tribunal Federal reafirmou a inviolabilidade dos direitos constitucionais de reunião e livre manifestação do pensamento pela imprensa ou tribuna, sem dependência de censura; salientou também que à polícia não assistia nenhum direito de localizar *meetings* ou comícios, pois para a realização destes não era necessária licença prévia de autoridade policial. Sua proibição só se justificaria em caso de suspensão das garantias constitucionais. Na mesma ocasião, o Tribunal reiterava caber ao Poder Judiciário decidir da procedência dos motivos alegados pela polícia para proibir a realização de *meetings*, quando havia receio de que fosse perturbada a ordem pública ou quando seu objetivo fosse manifestamente criminoso. Tais disposições abriam a porta a toda sorte de abusos da polícia, que só o recurso ao Judiciário poderia sustar. A liberalidade do Supremo, no entanto, tinha limites. Às vezes, principalmente quando se tratava da proibição de *meetings* operários, como veremos adiante, o Tribunal daria razão à polícia.

Questões de limites territoriais

Outro problema que continuou a requerer a intervenção do Supremo Tribunal Federal foi a questão de limites entre os Estados, dos quais o mais famoso foi o caso da disputa entre Santa Catarina e Paraná em torno da região conhecida como *do Contestado*. A questão foi motivada pela competição entre várias companhias de colonização que disputavam a área e acabaram expulsando os habitantes que nela viviam, provocando um movimento messiânico de amplas proporções: a Guerra do Contestado, como ficou conhecida, que só foi reprimida no governo Venceslau Brás, graças à intervenção federal. O acordo encaminhado ao Senado foi finalmente aprovado em 1917 e, no ano seguinte, o Supremo considerou que o processo perdera o seu objetivo. Uma disputa entre Rio Grande do Norte e Ceará também resultou em apelação ao Supremo Tribunal, com decisão favorável ao Rio Grande do Norte.

A despeito dos seus limites, o desempenho do Supremo Tribunal Federal na avaliação da constitucionalidade dos atos do Legislativo e do Executivo, bem como na garantia dos direitos do cidadão em um período de extrema instabilidade política, foi essencial para criar os fundamentos da democracia no Brasil, constantemente violada pelas ações de congressistas, militares, policiais e governantes, além de ameaçada pelos percalços da economia.

Instabilidade política, crise econômica e social: os desafios da construção da democracia

Os últimos anos do quadriênio Hermes foram marcados pela crise econômica de 1913 e 1914, por desemprego, inflação galopante, alta no custo de vida, sucessivas renovações do estado de sítio e prisões arbitrárias de opositores do regime. Em 1914, o governo recorreu mais uma vez aos empréstimos estrangeiros para atender ao pagamento das dívidas externas e cobrir as despesas do Estado. Um novo *Funding Loan* foi contratado com os banqueiros ingleses Rothschild, pelo prazo de 63 anos, com juros de 5% garantidos pela renda das alfândegas, consolidando as dívidas decorrentes dos empréstimos de 1883, 1889, 1895, 1903, 1908, 1911 e 1913 (Sodré, 1976). Com as emissões, inflação e queda do câmbio, o índice de preços subiu de 100, em 1914, para 184, em 1922. Tudo isso contribuiu para aumentar o descontentamento e a agitação popular, acarretando novas manifestações, seguidas de prisões e atos arbitrários por parte do Executivo. Repetiam-se assim, a cada passo, os recursos ao Supremo Tribunal Federal. O número de processos crescia, dificultando o seu funcionamento. (Figura 19)

A partir da Primeira Guerra Mundial, em 1914, a crise social intensificou-se. Quando Venceslau Brás tomou posse, em 15 de novembro de 1914, o país parecia estar prestes a uma convulsão social. Civis e escalões inferiores do Exército, tenentes e sargentos conspiravam contra o governo. As prisões não intimidavam os rebeldes e a agitação continuava. Na Bahia, no Rio de Janeiro e em São Paulo, movimentos populares contra a carestia, promovidos

Figura 19. Um tema constante: a carestia (1917).

pelo Partido Socialista, eram violentamente reprimidos. Outros movimentos populares organizavam-se nos grandes centros urbanos contra os transportes deficientes, o monopólio dos bondes pela *Light*, o pagamento das contas de luz ou em favor da construção de casas operárias. As greves operárias sucediam-se, sempre mais numerosas. Quando, em 1917, o Brasil finalmente entrou na guerra, foi mais uma vez instaurado o estado de sítio, que durou até o restabelecimento da paz. Ironicamente, pouco antes o governo concedera anistia a todos os revoltosos de 1889 a 1915, com exceção dos envolvidos na *Revolta dos Sargentos*. Daí por diante, no entanto, a repressão continuou em ascensão.

O STF e a questão social: limites

A inquietação entre os militares somava-se à dos trabalhadores. A Revolução Russa de 1917 teve grande repercussão no movimento operário. As greves de 1917, 1918 e 1919 e as demonstrações operárias nas ruas de São Paulo, por onde eles desfilaram cantando a Internacional, preocupavam o governo. Em 1919, fundava-se o Partido Comunista Anarquista e, em 1922, o Partido Comunista Brasileiro, de tendências marxistas, congregando vários grupos radicais. As passeatas, greves e agitação revolucionária desencadearam nova onda repressiva, novas prisões e deportações e novos pedidos de *habeas corpus* em favor de presos políticos.

Os ministros do Supremo Tribunal, defensores da liberdade do cidadão, revelavam pouca simpatia pelos movimentos operários, principalmente quando organizados por socialistas, anarquistas ou comunistas. Em 1917, um *habeas corpus* em favor de operários desejosos de promover um *meeting* proibido pela polícia foi negado por unanimidade. O Tribunal considerou constitucional a atitude dos órgãos de segurança. Alegava-se no acórdão que as manifestações de liberdade estavam limitadas pelo interesse coletivo e que a polícia tinha o direito de intervir em caso de ameaça à ordem pública ou quando o objetivo do *meeting* fosse claramente criminoso. Considerou-se, ainda, que as manifestações programadas eram duplamente criminosas, porque destinadas a fazer propaganda do anarquismo e tentar impedir trabalhadores de trabalhar. Não foi essa a primeira nem a última vez que o Supremo Tribunal se manifestou contra os defensores do anarquismo, definido no acórdão como a mais subversiva das doutrinas anti-sociais. O horror ao anarquismo e, mais tarde, ao comunismo levava o Tribunal a criar perigoso antecedente, pondo em risco a liberdade democrática ao permitir à polícia interferir em reuniões políticas, sob pretexto de impedir movimentos sediciosos. Embora, ocasionalmente, algum ministro mais liberal frisasse que a simples propaganda de idéias contrárias à organização social vigente, sem incentivo a atos de violência contra pessoas ou contra a propriedade, não podia ser considerada criminosa, a maioria dos casos de *habeas corpus* impetrados nesse período em favor de anarquistas foi negada.

Efeitos da Primeira Guerra Mundial

Durante a guerra, a situação agravou-se. A legislação referente a estrangeiros, até então relativamente liberal, tornou-se mais restritiva, principalmente quando envolvia estrangeiros ligados ao movimento operário. Mesmo com o fim do conflito, o clima de repressão contra operários continuou, então reforçado pelo temor à Revolução Russa, considerada grave ameaça pelos grupos dominantes. O Tribunal foi chamado a julgar vários casos de deportação de estrangeiros. Um dos casos mais conhecidos envolveu Everardo Dias, brasileiro naturalizado, residente no Brasil havia mais de vinte anos, casado com mulher brasileira, pai de seis filhos, preso por distribuir o jornal *A Plebe* e, em seguida, expulso do Brasil. Tendo sido impetrado *habeas corpus* para que fosse ordenado o seu regresso, o Tribunal negou provimento ao recurso. (Figura 20)

Figura 20. O empastelamento do jornal *A Plebe*, em São Paulo (1919).

Havia, no entanto, um manifesto receio por parte da maioria dos ministros de que essas decisões viessem a infringir um direito essencial ao funcionamento democrático: o da liberdade de opinião e da livre manifestação do pensamento. Por várias vezes, ministros como Enéias Galvão, Pedro Lessa, Edmundo Lins e Pedro Mibielli foram votos vencidos por considerar a interpretação que vinha sendo dada à Constituição perigosa para a liberdade de pensamento. Que essa liberdade estava ameaçada ficou provado em 1921, quando o Congresso aprovou duas leis autorizando a expulsão de estrangeiros e considerando ilegal a propaganda contra "a ordem social" vigente. Com a revisão da Constituição em 1926, durante o governo de Artur Bernardes, a lei concedeu exclusivamente ao Executivo a decisão sobre expulsão de estrangeiros tidos como perigosos à ordem pública, retirando assim do Supremo Tribunal o poder de exame e decisão sobre a legalidade da medida e deixando os acusados à mercê das ações policiais. Tratava-se de mais um ataque à doutrina brasileira do *habeas corpus* que, por meio de sucessivos acórdãos, expandira sua interpretação original. Os constrangimentos às garantias democráticas intensificaram-se daí por diante, ampliando o grupo de descontentes que expressavam abertamente suas críticas à República e conspiravam contra ela.

O falecimento do presidente eleito, Rodrigues Alves, em 1919, exigiu nova eleição, assumindo o poder Epitácio Pessoa, membro de família importante da Paraíba. Nos anos seguintes a sua posse, o governo continuou a enfrentar dificuldades financeiras e a recorrer aos empréstimos estrangeiros, solução adotada desde o tempo do Império. As lutas oligárquicas pelo poder persistiam, provocando intervenções do governo federal nos Estados, às vezes por solicitação de governos incapazes de resolver problemas internos, como no caso da Bahia. As intervenções federais nos Estados continuaram a provocar debates no Congresso e na imprensa e a repercutir na Justiça.

O conflito entre uma facção de militares e a presidência agravou-se no início do governo de Epitácio Pessoa, que nomeara um civil, Pandiá Calógeras, para a pasta do Exército. Os militares que criticaram o governo no Clube Militar foram presos por atentado à disciplina. Começaram as punições e transferências. O clima de insegurança agravou-se em 1921, quando foi lançada a candidatura de Artur Bernardes para a sucessão de Epitácio Pessoa. Naquela ocasião, foram publicadas cartas atribuídas a Artur Bernardes e endereçadas a Raul Soares, contendo passagens ofensivas ao marechal Hermes da Fonseca, que, desde 1920, vinha criticando duramente o governo. Os documentos divulgados pela imprensa provocaram grande escândalo e foram amplamente debatidos no Congresso. Artur Bernardes negou a autoria. O presidente do Clube Militar nomeou uma comissão para verificar a autenticidade das cartas. A comissão, embora reconhecesse serem elas de autoria de Artur Bernardes, entregou o julgamento à Nação. Nesse ínterim, o marechal Hermes da Fonseca foi preso por ter feito declarações contra a intervenção do governo federal em Pernambuco. A tensão cresceu entre grupos de oposição no Exército e o governo. No Distrito Federal, tramou-se uma revolta militar. O Forte de Copacabana rebelou-se, assim como a Escola Militar do Realengo. A revolta alastrou-se, atingindo tropas em Niterói e Mato Grosso.

Diante da rebelião, Epitácio requereu estado de sítio por um mês para o Rio de Janeiro e para o Distrito Federal. Passado esse período, o estado de sítio foi prorrogado de 5 de agosto a 31 de dezembro de 1922. As revoltas foram finalmente reprimidas e os revoltosos, presos. O governo pediu permissão para processar os deputados Mário Hermes da Fonseca, filho do ex-presidente, e José Eduardo de Macedo Soares; enquanto isso, o marechal Hermes continuava preso. O *Correio da Manhã* foi fechado e seu redator detido. O governo apresentou ao Senado a famosa Lei da Imprensa, que seria aprovada já no governo de Artur Bernardes. Este foi empossado a 15 de novembro de 1922.

A revolta do Forte de Copacabana e a repressão que se seguiu motivaram vários processos. Em um *habeas corpus* em favor do editor do *Correio da Manhã*, Edmundo Bittencourt, preso havia vários meses, o ministro Hermenegildo de Barros pediu e recebeu autorização do Tribunal para publicar seu voto vencido no *Diário Oficial*. Argumentava que o estado de sítio não justificaria a prisão dos pacientes, por mais de três meses, sem processo. Ponderava, ainda, que, se o Poder Executivo pudesse prender cidadãos inocentes e conservá-los nessa condição por tempo indefinido, sem culpa provada, e se, em virtude do estado de sítio, o Executivo pudesse fazer o que bem lhe aprouvesse em prejuízo da liberdade do cidadão, sem que o Poder Judiciário pudesse intervir em defesa da liberdade e contra o arbítrio e a prepotência do governo, em vez de um país de brasileiros livres teríamos um país de escravizados a uma única vontade: a do presidente da República. De fato, tinha o ministro razão quando alertava a nação para o perigo do despotismo. Não tardou para que a reforma constitucional aprovada durante o governo Artur Bernardes viesse diminuir o escopo do *habeas corpus*, fazendo-o voltar à forma original e restringindo a autoridade do Supremo. As conquistas realizadas com a criação da doutrina brasileira de *habeas corpus* ficavam assim temporariamente anuladas, até que se legislasse novamente sobre a matéria depois da Revolução de 1930. (Figura 21)

Figura 21. Ministro Hermenegildo Rodrigues de Barros (1866-1955). Tomou posse no STF em 1919 e se aposentou em 1937.

Enquanto os poderes da justiça eram restritos, a polícia continuava a agir sem impedimentos. Podia deter e manter presos ou soltar indivíduos sem nenhuma intervenção judicial. Em São Paulo, o efetivo policial aumentou cinco vezes entre 1890 e 1926. Comparando-se as despesas da polícia com as do Judiciário nesse Estado, verifica-se que aquelas foram sete vezes maiores, o que, na opinião de um observador, parece evidenciar a preferência das elites por resolver os problemas por meios policiais (Koerner, 1998). Tais tendências ficaram mais do que nunca evidentes durante o governo de Artur Bernardes, marcado pelas medidas discricionárias e pela violência do Estado contra seus inimigos políticos.

As revoltas tenentistas e as ações do Supremo

Bernardes governou a maior parte do tempo em estado de sítio, autorizado pelo Congresso. Seu governo conseguiu firmar-se na base da repressão. A nova Lei da Imprensa, aprovada em 1923, foi usada para reprimir jornais e jornalistas. O *Jornal do Brasil*, *A Gazeta de Notícias* e *O Imparcial* tiveram as redações invadidas e seus jornais apreendidos. Derrotadas por Bernardes, as oligarquias oposicionistas articularam-se com os militares. A revolta grassava nos quartéis, onde o general Isidoro Dias Lopes conspirava, ao lado de Juarez e Joaquim Távora, com oficiais de São

Figura 22. A revolta em São Paulo.

Paulo, do Mato Grosso, do Rio de Janeiro e do sul do país, incitando-os a aderir à revolução. Falhou a tentativa de articulação com a oposição civil paulista, mas a conspiração prosseguiu entre os militares. A revolução finalmente eclodiu em 5 de julho de 1924. Aderiu a ela um grande número de tenentes, que já havia algum tempo vinham manifestando sua insatisfação com o governo da República. Destacaram-se entre eles Miguel Costa, Estillac Leal, Juarez e Joaquim Távora, Eduardo Gomes e Custódio de Oliveira. Enquanto a luta ocorria na cidade de São Paulo, tropas revolucionárias ocupavam cidades do interior paulista e partiam para o Paraná. Os rebeldes encontraram-se com a Coluna Prestes, que saíra do Rio Grande do Sul. A revolução alastrou-se por outros Estados. Apareceram núcleos revolucionários no Mato Grosso, em Sergipe, no Pará, no Amazonas e no Rio Grande do Sul. (Figura 22)

Na expectativa de uma insurreição geral, Bernardes requereu e obteve do Congresso a prorrogação e a ampliação do estado de sítio, determinando a prisão dos revoltosos. No Estado de São Paulo, o número de presos chegou a mais de dez mil, entre eles indivíduos suspeitos de colaborar com os tenentes. Personagens ilustres, como Júlio de Mesquita, José Carlos de Macedo Soares e outros representantes da elite paulista sofreram processo. Alguns permaneceram detidos por muito tempo, como Maurício de Lacerda, que ficou três anos na prisão. Entre 1924 e 1927, a Coluna comandada por Luís Carlos Prestes percorreu o país com o objetivo de conscientizar a população. Durante todo esse período, o Supremo Tribunal foi chamado a julgar vários pedidos de *habeas corpus*, que vieram a se juntar aos pedidos derivados das insurreições anteriores, a começar com a revolta do Forte de Copacabana (Costa, 1964, .v.1). Em 25 de agosto de 1924, chegou ao Supremo um pedido de *habeas corpus* em favor do então tenente Eduardo Gomes, para que cessasse o constrangimento ilegal que sofria por achar-se preso e incomunicável em um cubículo da Casa de Correção, destinada a réus de crimes comuns, em flagrante violação da Constituição e das prerrogativas inerentes à sua patente de oficial do Exército. Considerado um dos responsáveis pelo movimento de 1922, Eduardo Gomes escapara, mas envolvera-se novamente na Revolução de 1924, sendo preso em Florianópolis e remetido à Casa de Correção. Naquela ocasião, o país estava em estado de sítio. Feitas as diligências de praxe, os ministros do Tribunal foram informados de que o paciente não só confessara, como se achava detido provisoriamente em um espaço especial designado para presos políticos na Casa de Correção — por estarem as prisões abarrotadas, assim que fosse possível seria transferido para prisão adequada a seu *status*.

O debate entre os ministros revelou opiniões bastante divididas. Alguns invocaram a gravidade do envolvimento do paciente nas revoltas de 1922 e 1924 para negar o pedido de *habeas corpus*. Outros aceitaram as alegações apresentadas pela polícia e pelos ministros da Justiça e da Guerra, negando o pedido. Outros ainda invocaram o estado de sítio, que lhes parecia justificar as medidas tomadas pelo governo. Houve até quem argumentasse que a prática era costumeira e tinha sido estabelecida desde a época de Floriano Peixoto. O Tribunal acabou negando a ordem, contra os votos dos ministros Guimarães Natal, Leoni Ramos, Pedro Mibielli e Hermenegildo de Barros.

Poucos meses depois, no entanto, estando ausentes Viveiros de Castro e Edmundo Lins, os ministros concederam *habeas corpus* requeridos por numerosos oficiais do Exército recolhidos à mesma prisão, por

> ser ilegal a prisão por motivo de ordem política decorrente de estado de sítio, em lugar destinado a réus de crime comum, muito embora tenha havido decreto do Poder Executivo separando uma parte da prisão para reservá-la aos presos políticos. (Costa, 1964, v.1)

Entre os pacientes encontravam-se alguns nomes que reapareceriam com freqüência na cena política brasileira, como Odílio Denys e Riograndino Kruel.

No julgamento do *habeas corpus* impetrado por Edmundo Bittencourt, sócio principal do *Correio da Manhã*, também preso e desterrado, a decisão do tribunal foi contrária novamente, com os votos vencidos de Hermenegildo de Barros e Guimarães Natal. Os demais pacientes, profissionais proibidos de entrar na sede do jornal para continuar a sua publicação, também tiveram negados seus pedidos de *habeas corpus*, sendo mais uma vez votos vencidos os ministros Hermenegildo de Barros, Pedro Mibielli, Leoni Ramos e Guimarães Natal. O debate travado no Tribunal girou em torno da questão dos limites constitucionais do Poder Executivo durante o estado de sítio e da competência do Supremo para julgá-lo. O ministro

Hermenegildo de Barros, na sua brilhante justificativa, apoiando-se na jurisprudência firmada por Rui Barbosa e defendida por outros ministros liberais ao longo do tempo, reafirmou a competência do Poder Judiciário para defender um direito individual ameaçado pelos demais poderes, pois a Constituição tinha autoridade soberana e suprema e os direitos nela declarados haviam sido confiados à guarda da Justiça. (Figura 23)

Figura 23. Ministro Carolino de Leoni Ramos (1857-1931). Tomou posse em 1926, vindo a falecer no exercício do cargo.

Os processos resultantes das revoltas de 1922 e 1924 deram origem a numerosos recursos ao Supremo Tribunal. A maioria deles envolvia militares. Numa importante decisão, refutando a alegação dos pacientes de que não existira crime, pois se tratava de reação coletiva a ordens ilegais cometidas pelo governo, o Tribunal argumentou que "contra os excessos porventura criminosos dos governos havia nas leis o corretivo necessário. Para desagravarem a honra e os brios militares, estes dispunham ... das leis e dos tribunais".

Não cabia ao Exército, e muito menos a uma parcela dele, resguardar a Constituição e as leis (Costa, 1961).

Diversos embargos e recursos relativos às revoluções de 1922 e 1924 continuaram em debate no Tribunal até 1930. Em acórdão de 28 de abril de 1926, o Tribunal negou provimento ao recurso, interposto pelo procurador da República e por vários acusados de participação no movimento, contra despacho de pronúncia que considerara culpados, por participação na Revolução de 1924, dezenove dos denunciados, como cabeças, e cem, como co-autores, além de isentar de culpa 569 indivíduos. Entre os indiciados destacavam-se Juarez Távora, Estillac Leal, Eduardo Gomes, Miguel Costa, Filinto Müller, Nelson de Melo e João Cabanas. Há quem diga que as decisões em relação aos tenentes explicam a animosidade contra o Supremo Tribunal Federal demonstrada pelo governo provisório, depois da Revolução de 1930, quando foram aposentados compulsoriamente vários ministros.

Em 17 de setembro de 1930, decorridos mais de oito anos da revolta de 1922, o Supremo Tribunal Federal, *recebendo os embargos oferecidos por vários dos réus condenados*, julgou finalmente prescrita a ação contra eles intentada, relativa ao movimento revolucionário de 4, 5 e 6 de julho de 1922. Entre os embargantes beneficiados pela decisão, todos eles militares, destacavam-se o capitão Euclides Hermes da Fonseca e os tenentes Eduardo Gomes, Odílio Denys, Juarez Távora, Albuquerque Lima, Canrobert Pereira da Costa e Edmundo de Macedo Soares. Processos referentes à Revolução de 1924 continuaram subindo ao Tribunal até a Revolução de 1930 (Costa, 1964, v.1).

Foi tal a tensão política durante o governo Artur Bernardes que a eleição de Washington Luís e sua posse em 15 de novembro de 1926 foram recebidas com alívio por muitos. Vários presos políticos foram soltos, tendo sido suspenso o estado de sítio na maioria dos Estados (alguns o mantiveram até março de 1927). Mas a ilusão de abertura foi logo dissipada. Apesar dos movimentos em prol da anistia promovidos por organizações femininas e estudantis, os processos se prolongavam. Continuavam presos ou exilados mais de mil homens da Coluna Prestes, que se somaram aos presos da Revolução de 1924, aos marinheiros do encouraçado São Paulo e aos diversos grupos dissidentes do Rio Grande do Sul, exilados na Argentina e no Uruguai desde 1920.

O famoso projeto Aníbal Toledo provocava greves e protestos, pois ofendia a minoria parlamentar e elementos mais liberais da sociedade. Apesar da oposição, o projeto converteu-se em lei, apelidada pelos seus críticos de *Lei Celerada*. O movimento comunista, legalizado em janeiro de 1927, foi novamente proscrito e o controle sobre a imprensa aumentou.

DO MODELO LIBERAL AO AUTORITARISMO: REVOLUÇÃO DE 1930 E ESTADO NOVO – OS PERCALÇOS DO SUPREMO

A crise do poder oligárquico

O tenentismo permanecia ativo. Os tenentes continuavam a conspirar contra o regime. Fundado em São Paulo, em fevereiro de 1926, o Partido Democrático, que conseguira eleger três deputados na eleição de 1927, sofria uma derrota total em 1928. Acusações de corrupção e fraude eleitoral cresciam. Elementos descontentes do partido aproximaram-se do grupo dissidente no Rio Grande do Sul, chefiado por Assis Brasil. A campanha sucessória desencadeou a crise. Getúlio Vargas, ministro de Washington Luís, eleito governador do Rio Grande do Sul, foi empossado em 25 de janeiro de 1928. Em Minas Gerais, Antônio Carlos Ribeiro de Andrada, eleito governador, preparava-se para restabelecer a *Política do Café com Leite*, com a alternância entre São Paulo e Minas Gerais na presidência, característica de boa parte da Primeira República. No entanto, desrespeitando a tradição, o presidente Washington Luís indicou Júlio Prestes como candidato à sua sucessão. Antônio Carlos aproximou-se, então, do governo do Rio Grande do Sul, na tentativa de articular outra candidatura. Em 17 de junho de 1929, formava-se a Aliança Liberal. Vargas, depois de tergiversar e de comunicar a Washington Luís seu apoio, voltava atrás e o notificava de sua decisão de ser candidato. A apresentação de nomes aglutinou forças da oposição. Mas, apesar dos esforços, a Aliança Liberal perdeu as eleições. (Figuras 24 e 25)

Figura 24. Cartaz de propaganda da candidatura de Júlio Prestes à Presidência da República.

Figura 25. Cartaz de propaganda da Aliança Liberal.

Figura 26. Os três Estados líderes da Revolução de 1930, São Paulo, Minas Gerais e Paraíba.

A crise de 1929 teve efeitos imediatos no Brasil, onde os problemas políticos se agravavam. O Partido Democrático de São Paulo aproximou-se dos revolucionários exilados no Uruguai e na Argentina, mas o entendimento não se deu. Apenas uma parte dos tenentes — Isidoro Dias Lopes, Miguel Costa, Eduardo Gomes, Cordeiro de Farias, Estillac Leal, Siqueira Campos — e alguns outros apoiaram a dissidência do Partido Democrático. Prestes, refugiado em Buenos Aires, entrou em contato com Vargas, mas do encontro nada resultou. Em um documento dessa época reproduzido por Edgard Carone, Prestes manifestou sua descrença na eficiência das campanhas eleitorais e declarou seu desinteresse pelas competições oligárquicas, bem como por alianças incompatíveis com as aspirações revolucionárias. Ao mesmo tempo, conclamava os verdadeiros revolucionários a agitar a opinião pública em torno de "nossos ideais e princípios, independentes das situações dominantes". Em manifesto de maio de 1930 ele ia além: repudiava o programa da Aliança Liberal como anódino e apelava para um governo baseado nos conselhos de trabalhadores das cidades e do campo, soldados e marinheiros. Proclamava, ainda, a revolução agrária e antiimperialista; pregava o confisco, a nacionalização e a divisão das terras entre os que nelas trabalhavam, o confisco e a nacionalização de empresas estrangeiras, latifúndios, concessões, vias de comunicação, serviços públicos, minas, bancos, além da anulação das dívidas externas. Era um verdadeiro manifesto revolucionário (Carone, 1970a). (Figura 26)

A 3 de outubro eclodia uma revolta nos estados do Rio Grande do Sul, de Minas Gerais, do Paraná e de Santa Catarina. O movimento alastrou-se pelo Nordeste.

Figura 27. Os gaúchos amarram cavalos no obelisco da avenida Rio Branco em 1930.

Enquanto isso, tramava-se no Estado-Maior do Exército uma conspiração para depor o presidente. Finalmente, graças à intervenção do cardeal Leme, Washington Luís entregou o poder e Getúlio Vargas chegava à capital federal, sendo recebido com manifestações populares de alegria e empossado chefe do governo provisório em 4 de novembro. Terminava assim a Primeira República. (Figura 27)

De 1889 a 1930 a população do Brasil crescera de catorze para 30 milhões e 500 mil habitantes. O poder concentrara-se cada vez mais nos estados do Sul. Os produtos básicos — café, açúcar e borracha, cuja exportação sustentava a nação — achavam-se em crise. A indústria, que se vinha desenvolvendo lentamente, ganhara impulso durante a Primeira Guerra Mundial. A política fiscal dos governos, sempre carentes de recursos, favorecera indiretamente o desenvolvimento industrial. O capital estrangeiro também fizera grandes avanços, não só no setor de exportação e importação, transportes, utilidades públicas e extração de minérios, como também na exploração agrícola e nas atividades bancárias.

A primeira especulação com o dólar ocorreu em 1920, ano do primeiro déficit na balança comercial com os Estados Unidos, provocando o agravamento da crise. Os bancos adquiriram todas as reservas disponíveis para especular. A cotação do dólar subiu, com graves repercussões para o custo de vida. Com o desequilíbrio da balança comercial, em virtude da diminuição dos valores da exportação, a queda do câmbio e o encarecimento da importação, sucederam-se os déficits orçamentários, e o Brasil obteve empréstimo dos Estados Unidos em 1921-22 e em 1926-27, chegando ao *Funding Loan* de 1931. Também a dívida pública aumentara de

Figura 28. Uma nova fase da República brasileira, na perspectiva de E. Gagni.

1900 a 1931. O endividamento permanente inibia o esforço de acumulação de capital. Os empréstimos no exterior sucediam-se, para amortização das dívidas, supressão dos déficits da balança de pagamentos e, mais raramente, para investimento em obras públicas. Apenas uma pequena parcela do dinheiro era destinada diretamente à produção. De 1891 a 1930 as dívidas municipais, estaduais e federais cresceram. A crise de 1929 atingiu profundamente a economia brasileira, com a diminuição do consumo e do crédito estrangeiro, provocando uma queda de 30% no valor das exportações. O capital estrangeiro retraiu-se. Tudo isso contribuiu para o aumento do déficit (Sodré, 1976).

A Revolução de 1930 abriria um novo período na turbulenta história da democracia no Brasil. Entre 1930 e 1945, o Supremo Tribunal Federal viveria um dos mais difíceis períodos de sua história, quando foi obrigado a assistir passivamente à demissão de ministros, à alteração de seu funcionamento e à invasão de suas prerrogativas pelo Executivo. (Figura 28)

Abalos no estado de direito: primeiro período da Era Vargas

Os homens que tomaram o poder em 1930 constituíam um grupo heterogêneo. Não dispunham de um plano único para guiá-los na organização da nova ordem. Não havia unidade sequer entre os revolucionários de 1922 e 1924, os chamados tenentes, que tiveram papel importante nos primeiros anos do governo provisório. Entre eles havia alguns, como Luís Carlos Prestes, que cortejavam a esquerda. Outros, como Juarez Távora, sonhavam com um liberalismo despido de seus vícios. Finalmente, havia os que aspiravam a um governo forte e autoritário nos moldes positivistas ou fascistas, como Severino Sombra. Entre os civis não havia maior unidade de pensamento. Setores das elites, marginalizadas durante a Primeira República pelas práticas abusivas das oligarquias dominantes, viram na revolução vitoriosa a sua grande oportunidade de assumir o poder. As classes médias e populares, condenadas ao ostracismo político, também almejavam uma mudança, mas se encontravam tão divididas quanto os tenentes. A luta pelo poder entre os vários grupos agitaria a República de 1930 a 1937, culminando na vitória de Vargas e seus seguidores e no advento do Estado Novo. Nesse processo foi-se forjando um conceito novo de Estado e de nação. (Figura 29 e 30)

Figura 29. A genealogia da Revolução de 1930, segundo desenho da época.

Figura 30. Getúlio Vargas assina o decreto de nomeação de seus ministros, em 3 de novembro de 1930.

Durante os quinze anos que se seguiram à revolução, o país assistiu a mudanças na arquitetura político-administrativa do Estado, com profundos efeitos sobre o funcionamento do Supremo Tribunal Federal. O Decreto de 11 de novembro de 1930 instituía o governo provisório e lhe conferia não só as funções do Poder Executivo como também do Legislativo, até que fosse eleita a Assembléia Constituinte e estabelecida a reorganização constitucional do país. Na mesma ocasião, foram dissolvidos o Congresso Nacional, as Assembléias Legislativas dos Estados e as Câmaras Municipais. Os governadores foram substituídos por interventores, incumbidos da indicação de prefeitos. Foram suspensas as garantias constitucionais e excluídos da apreciação judicial os decretos e atos do governo provisório e dos interventores. O Poder Judiciário continuou a ser exercido em conformidade com as leis vigentes, submetidas a eventuais modificações. Ao mesmo tempo, criava-se um tribunal especial para o julgamento de crimes políticos e funcionais. Dessa forma, desde o início esboçava-se uma estrutura autoritária que seria responsável pela organização do país em novas bases. A Constituição de 1934 e a Carta Constitucional de 1937 estabeleceram normas novas para o funcionamento do Supremo Tribunal Federal e redefiniram algumas de suas funções.

O caráter autoritário do governo Vargas e as reformas por ele introduzidas colocaram freqüentemente os ministros do Supremo Tribunal Federal em posição difícil. Novas práticas e instituições foram adotadas, entre elas a criação da Delegacia Especial de Segurança Pública e Social (1933), da Justiça Eleitoral (1932), do Tribunal de Segurança Nacional (1936), da Justiça do Trabalho (1939), a abolição da Justiça Federal, a partir de 1937, a criação do Conselho Federal em substituição ao Senado, o fechamento do Congresso e a proliferação de decretos-leis, além da decretação do estado de emergência e do estado de guerra, com a suspensão de garantias constitucionais; houve a criação de novos impostos, a centralização do poder nas mãos do presidente da República depois de 1937, a criação de novos órgãos do governo e a nacionalização de empresas estrangeiras. Todas essas medidas geravam conflitos que iriam ecoar no Supremo.

Em homenagem ao ministro Laudo de Camargo, em 10 de junho de 1952, o ministro Prado Kelly caracterizou a situação.

> Naquela fase de muitas decepções e renúncias, disse ele, era excepcionalmente difícil o exercício da judicatura, sobretudo da que encarnava toda organização judicial, cujos alicerces a aluíam. Nem os acórdãos estavam imunes do desrespeito ou do desacato, nem os que os subscreviam tinham como evitar a exoneração ou aposentadoria arbitrárias, a não ser confiando na força imanente dos princípios, a qual se rende, sem o querer, a vontade soberana. O Supremo Tribunal sofria a pior condenação — de viver cerceado em um mundo de ficções remanescentes, em derredor dele, haviam ruído todas as colunas da sociedade livre. Dentro das contingências em que passou a operar, cada ministro possuía apenas o escudo de sua consciência para opor ao mando incontrastável e triunfante. Resguardar a dignidade, a fim de acudir, ao menos, a dignidade alheia; manter a independência, para não se anular na submissão geral, desempenhar uma função diminuída para que os restos dela também não desaparecessem; dar um mínimo de satisfação aos que aspiravam ao máximo de amparo, de modo que não lhes faltasse tudo; zelar o seu ministério, ainda que fosse para negócios privados, não colidentes com o interesse político de maneira que não se destruísse de todo o instrumento civilizador do direito — tal a missão que as circunstâncias haviam traçado aos membros da mais alta congregação judiciária. (Reis, 1968)

De fato, nem bem chegara ao poder, Vargas deixou clara sua intenção de intervir no Supremo. No decreto que instituía o governo provisório, alguns artigos eram alusivos ao Judiciário. Foi criado o Tribunal Especial para processo e julgamento dos crimes políticos e outros que seriam discriminados na lei de sua organização. Dois meses depois, em 3 de fevereiro de 1931, outro decreto reduzia o número de ministros do Supremo Tribunal Federal de quinze para onze e estabelecia regras para abreviar os julgamentos. O Tribunal foi dividido em duas turmas de cinco juízes cada uma. Foi determinado, ainda, que os relatórios, discussões e votos seriam taquigrafados. Pelo mesmo decreto, proibiu-se aos magistrados o exercício de qualquer cargo por eleição, nomeação ou comissão, mesmo que gratuito, ou qualquer outra função pública, salvo o magistério. Dias depois, Vargas aposentou compulsoriamente seis membros do Supremo Tribunal Federal: o procurador-geral da República, Antônio Joaquim Pires de Carvalho e Albuquerque, e os ministros Edmundo Muniz Barreto, Pedro Afonso Mibielli,

Godofredo Cunha, Geminiano da Franca e Pedro Joaquim dos Santos, nomeando dois novos ministros: João Martins de Carvalho Mourão, mineiro, bacharel em Ciências Jurídicas e Sociais pela Faculdade de Direito de São Paulo em 1892, e Plínio Casado, então interventor do Estado do Rio de Janeiro. Este fora um dos fundadores da Faculdade de Direito de Porto Alegre, onde regera a cadeira de Direito Público e Constitucional por vinte anos. Fora também líder da oposição durante os governos de Artur Bernardes e Washington Luís, o que o tornava particularmente qualificado para o cargo. (Figura 31)

O ato de aposentadoria dos ministros do Supremo Tribunal foi interpretado por alguns como vingança, em virtude de terem eles votado contra os revolucionários de 1922, 23 e 24. Essa interpretação é difícil de ser comprovada. No entanto, analisando-se o desempenho dos ministros por meio dos julgados, observa-se que não só eles haviam negado vários *habeas corpus* impetrados em favor dos tenentes, como também, com exceção talvez de Mibielli, constituíram um bloco ultraconservador no Supremo Tribunal Federal.

Figura 31. Ministro Pedro Afonso Mibielli (1866-1945). Tomou posse no STF em 1912 e se aposentou em 1931.

A remoção de ministros por ato do Executivo, fato jamais visto durante a história da República, constituía uma ameaça à independência do órgão supremo do Poder Judiciário. Em sessão extraordinária do Tribunal, o ministro Hermenegildo de Barros deixou registrado seu protesto pela aposentadoria dos colegas. Mencionando que dois dos aposentados não mantinham relações pessoais com ele, pois nem sequer o cumprimentavam, disse o ministro, naquela ocasião, que não protestava por sentimento de coleguismo, mas por sentimento de classe.

> "É a morte do Poder Judiciário no Brasil", declarou. "Nenhum ministro poderá se considerar garantido na situação em que se encontra presentemente o Supremo Tribunal Federal, que não pode ter independência e viverá exclusivamente da magnanimidade do Governo Provisório. Pela minha parte", acrescentou, "não tenho honra nenhuma em fazer parte desse Tribunal, assim desprestigiado, vilipendiado, humilhado, e é com vexame e constrangimento que ocupo esta cadeira de espinhos para a qual estarão voltadas as vistas dos assistentes, na dúvida de que aqui esteja um juiz independente, capaz de cumprir com sacrifício o seu dever".

Seu discurso testemunhava o estado de espírito que tomou conta dos ministros. Deveriam eles se aposentar, em sinal de protesto, ou continuar em seus postos, na tentativa de exercer suas funções da melhor maneira possível? Apesar do constrangimento, todos permaneceram em seus cargos.

Daquela data em diante, a ameaça de aposentadoria forçada não voltou a se concretizar. Conta-se que o ministro Otávio Kelly, cuja atuação tornava-se cada vez mais oposta ao governo, recebeu, em 1940, um aviso de Francisco Campos, então ministro da Justiça, conhecido por suas convicções autoritárias, sugerindo que ele pedisse aposentadoria, caso contrário seria aposentado pelo governo. A ameaça não surtiu resultado. O ministro Kelly não pediu aposentadoria, nem mudou sua linha de conduta. Só se aposentou dois anos mais tarde, quando Francisco Campos saiu do Ministério da Justiça (Oliveira, 2).

Nos primeiros meses que se seguiram à tomada do poder, a investida de Vargas contra o Tribunal não se limitou às aposentadorias. A 13 de junho de 1931, foi reorganizado o Supremo Tribunal Federal nas bases estipuladas pela Constituição de 1891, com os adendos feitos até então pelo governo provisório. O decreto dispunha ainda que a irredutibilidade de vencimentos de membros da magistratura não os eximia de impostos, taxas e contribuições de caráter geral, o que iria provocar grande polêmica. Os ministros viam assim diminuírem seus privilégios. A partir da Constituição de 1934, os ministros, que eram vitalícios, podendo exercer o cargo durante o tempo que lhes aprouvesse, ficaram obrigados à aposentadoria compulsória aos 75 anos. A Carta Constitucional de 1937 reduziria o limite de idade para 68 anos.

A Constituição de 1934 manteve a estrutura do Tribunal, mas mudou sua denominação para Corte Suprema. Três anos depois, a nova Carta Constitucional restabeleceria a designação anterior de Supremo Tribunal Federal, introduzindo importantes modificações no seu funcionamento e limitando sua atuação, ao mesmo tempo que extinguia a Justiça Federal. A autonomia do Tribunal mais uma vez foi desrespeitada quando o presidente e o vice-presidente do Supremo Tribunal Federal, até então eleitos por seus pares, passaram a ser nomeados pelo presidente da República.

A Carta de 1937 estabeleceu que os ministros do Supremo Tribunal Federal seriam nomeados pelo presidente da República com a aprovação do Conselho Federal (órgão que, durante o Estado Novo, substituiu o Senado Federal), entre brasileiros natos, de notável saber jurídico e reputação ilibada, com mais de 35 e menos de 58 anos. Cabia ao Supremo Tribunal Federal processar e julgar originariamente: os ministros, o procurador-geral da República e os juízes das instâncias superiores; as causas e os conflitos entre a União e os Estados, ou entre estes; os litígios entre nações estrangeiras e a União ou os Estados; os conflitos de jurisdição entre juízes de diferentes tribunais; os *habeas corpus*, em certas circunstâncias; a execução de sentenças, nas causas de sua competência originária. A essas atribuições somavam-se a capacidade de julgar as ações rescisórias e seus acórdãos e, em recurso ordinário, as causas em que a União fosse autora ou ré, assim como as decisões de última instância denegatórias de *habeas corpus*.

Era também da competência do Supremo Tribunal Federal julgar, em recurso extraordinário, as causas decididas pelas justiças locais em única ou última instância; quando a decisão fosse contra a letra de tratado ou lei federal sobre cuja aplicação houvesse dúvida; quando se questionasse a vigência ou validade de lei federal em face da Constituição e a decisão do tribunal local negasse a aplicação da lei; quando se contestasse a validade de lei ou o ato dos governos locais em face da Constituição, ou da lei federal e o tribunal local julgasse válida a lei ou o ato impugnado; finalmente, julgar quando decisões dos Tribunais de Apelação dessem interpretações diferentes da lei federal.

Dessa forma, apesar das alterações introduzidas, continuava o Supremo Tribunal Federal como árbitro máximo da interpretação da constitucionalidade, embora ficasse reduzida a competência que tivera durante a Primeira República de julgar a constitucionalidade das leis emanadas da Câmara dos Deputados e dos atos do Executivo.

A Carta Constitucional de 1937 incorporou os dispositivos da Constituição de 1934 relativos ao Ministério Público Federal e ao procurador-geral da República. Este deixou de sair dos quadros do Supremo e passou a ser de livre nomeação e demissão pelo presidente da República, sendo escolhido entre juristas que tivessem qualificação semelhante à requerida para ministro do Supremo Tribunal Federal, embora fosse estranho a este. Com a queda do Estado Novo, em 1945, o cargo de procurador foi, às vezes, degrau para o Supremo Tribunal Federal, como no caso, por exemplo, dos ministros Hahnemann Guimarães e Luís Gallotti.

A renovação dos ministros

Durante os dezoito anos em que esteve no poder (1930 a 1945 e 1951 a 1954), Vargas nomeou três procuradores e 21 ministros do Supremo Tribunal Federal. Com isso, conseguiu renovar totalmente o Tribunal. Aqueles cujas nomeações datavam da Primeira República, como o ministro Edmundo Pereira Lins (empossado em 1917, aposentado em 1937), aposentaram-se antes da implantação do Estado Novo. Hermenegildo de Barros, que ingressara em 1919, também se aposentou em 1937. Artur Ribeiro de Oliveira, nomeado ministro do Supremo Tribunal em 1923, faleceu em 1936; José Soriano de Sousa Filho tomou posse em 1927 e se aposentou em 1932. Francisco Cardoso Ribeiro, também nomeado por Washington Luís em 1927, faleceu em 1932. Firmino da Silva Whitaker Filho foi nomeado para o Supremo em 1927, aposentando-se em 1934. Rodrigo Otávio Landgaard Meneses, famoso jurista e escritor, tomou posse em 1929 e pediu aposentadoria em 1934. Assim, ao iniciar o Estado Novo, Vargas teria um Supremo Tribunal do qual estavam praticamente ausentes os ministros nomeados durante a Primeira República. (Figura 32)

Figura 32. Antônio Bento de Faria (1876-1959). Tomou posse no STF em 1925 e se aposentou em 1945.

Figura 33. Ministro do STF por ocasião da posse de Eduardo Espínola como presidente, em 11 de abril de 1940.

Antônio Bento de Faria, nomeado por Artur Bernardes em 1925, foi dos poucos ministros da Primeira República que permaneceram no Supremo Tribunal até o fim do Estado Novo. Os demais tomaram posse a partir de 1930 e foram nomeados por Vargas: Eduardo Espínola, em 1931, aposentou-se em 1945; Plínio de Castro Casado, em 1931, aposentou-se em 1938; Laudo Ferreira de Camargo, em 1932, aposentou-se em 1951; e Manuel da Costa Manso, que tomara posse em 1933, aposentou-se em 1939.

Seguindo o exemplo de Costa Manso, outros ministros nomeados por Vargas permaneceram no Supremo Tribunal Federal por pouco tempo: Otávio Kelly, de 1934 a 1942; Ataulfo de Paiva (que, contrariando as normas, foi nomeado aos 69 anos de idade), de 1934 a 1937; Armando de Alencar, de 1937 a 1941; Francisco Tavares da Cunha Melo, de 1937 a 1942; Carlos Maximiliano Pereira dos Santos, de 1936 a 1941; Washington Osório de Oliveira, de 1938 a 1940. (Figura 33)

Dos ministros nomeados por Vargas durante a vigência do Estado Novo que permaneceram até sua saída do poder, em 1945, contam-se, além dos mencionados anteriormente: José Linhares, que foi ministro de 1937 a 1956; Frederico de Barros Barreto, de 1939 a 1963; Aníbal Freire da Fonseca, de 1940 a 1951; José de Castro Nunes, de 1940 a 1949; Orosimbo Nonato da Silva, de 1941 a 1960; Álvaro Goulart de Oliveira, de 1942 a 1950, ano de seu falecimento; e José Filadelfo de Barros e Azevedo, o último ministro nomeado por Vargas durante o Estado Novo, de 1942 a 1946.

Diante desse rol de ministros que ocuparam lugar no Supremo Tribunal Federal graças à indicação do presidente Vargas, é possível concluir: ou era ele mais liberal do que se tem dito e tolerava uma relativa diversidade de opiniões, ou os ministros partilhavam até certo ponto de suas idéias, ou pelo menos estavam dispostos a atuar dentro das limitações que lhes foram impostas durante o Estado Novo. Por meio de várias medidas, Vargas reduzira a competência do Supremo, transformando-o, de certo modo, em um instrumento do regime.

Como na Primeira República, os ministros viveram tempos agitados por uma série de movimentos considerados "subversivos", com muitas prisões e inúmeros recursos ao Supremo Tribunal Federal. As perseguições políticas já se tinham tornado tradição no país. Faziam parte da cultura política brasileira, autoritária e pouco tolerante com os dissidentes. Com o passar do tempo, apenas mudavam os pacientes e a natureza dos crimes de que eram acusados. Os monarquistas e anarquistas de outrora foram substituídos pelos comunistas e seus aliados, pelos liberais abertamente contrários aos métodos autoritários do presidente da República ou, ainda, por integralistas, protagonistas de tentativa de um golpe de direita em 1938. A esses pacientes somaram-se muitos outros, vítimas de atos arbitrários cometidos pelas autoridades a serviço das novas instituições, ou simplesmente descontentes com os novos controles que o governo queria impor à agricultura, à indústria, aos trabalhadores, às relações de trabalho, aos bancos e a outras instituições financeiras, aos meios de transporte, às companhias de seguro e às empresas voltadas à exploração de minas e energia. A proverbial violência dos policiais e o seu desrespeito às leis vigentes persistiam, reforçados pela latitude que lhes conferiam as medidas de exceção decretadas pelo Poder Executivo.

Limites da competência do STF no Estado Novo

Contrariamente aos seus predecessores, os ministros do Supremo Tribunal Federal não dispunham da mesma liberdade de concessão de *habeas corpus*, cujo conceito, como vimos anteriormente, fora se expandindo ao longo da Primeira República, chegando a criar a chamada doutrina brasileira do *habeas corpus*. O alcance da medida fora reduzido com a reforma constitucional promovida por Artur Bernardes em 1926, deixando sem guarida, no Supremo e nos demais tribunais, os pedidos de resguardo judicial contra ilegalidades e abusos de poder, exceto nos casos de atentado à liberdade física do paciente (Baleeiro,1968). Nem mesmo a instituição do mandado de segurança pela Constituição de 1934, regulamentado em 1936 para criar instrumento legal capaz de garantir os direitos do cidadão contra a presença abusiva do Estado e de preencher a lacuna deixada pelas restrições impostas por Artur Bernardes à doutrina brasileira do *habeas corpus*, foi suficiente para devolver ao Supremo Tribunal a importante função de defesa dos direitos dos cidadãos que tivera no passado.

A Lei 191, de 1936, regulou o processo do mandado de segurança. Especificou que este seria dado

> para defesa de direito certo e incontestável, ameaçado, ou violado, por ato manifestamente inconstitucional, ou ilegal, de qualquer autoridade, competindo julgá-lo originariamente: a Corte Suprema contra atos do presidente da República, de ministros de Estado ou de seu presidente; os tribunais ou juízes federais de 1ª instância contra atos de quaisquer outras autoridades federais, inclusive legislativas, e de entidades autárquicas; contra ato de juiz ou tribunal federal, ou de seu presidente — ao mesmo

juiz ou tribunal pleno —; nos casos de competência da Justiça Eleitoral, aos tribunais e juízes designados nas leis de sua organização —; nos casos de competência da Justiça local — à Corte de Apelação, contra atos das autoridades determinadas na Lei de Organização Judiciária; sendo o ato da mesma Corte, de alguma das suas Câmaras ou de seu presidente ou de outro juiz —, o tribunal que a Lei de Organização Judiciária determinar; nos demais casos — ao juiz competente do civil. (Costa, 1961)

A 10 de setembro de 1934, a Corte Suprema julgou o primeiro mandado de segurança. Foi requerido por um ex-praça do Corpo de Marinheiros Nacionais contra ato do ministro da Marinha, que o excluíra do serviço da Armada. O Tribunal indeferiu o pedido, denegando o mandado, sob a alegação de que os atos praticados pelos delegados do governo provisório estavam, pela Constituição, excluídos de qualquer apreciação judiciária. Durante todo o período, até o fim do Estado Novo, o Supremo Tribunal Federal negou grande número de mandados de segurança em termos semelhantes. Aceitava, assim, a restrição que lhe fora imposta pelo governo provisório. Com isso, ficavam os cidadãos à mercê das autoridades governamentais.

Embora a Carta Constitucional de 1937 não mencionasse o mandado de segurança, esse instrumento legal continuou vigorando com base na sua existência anterior. Entretanto, o Código de Processo impôs-lhe sérias limitações, ficando a resguardo deste as autoridades mais poderosas: presidente da República, ministros de Estado, governadores e interventores. Segundo a Carta de 1937, ficava também vedado ao Poder Judiciário conhecer questões exclusivamente políticas, expressão vaga e de difícil definição, que dava margem a interpretações arbitrárias. Os ministros do Supremo Tribunal Federal também tiveram restringida sua ação nos casos de dualidade de Assembléias Legislativas, Câmaras de Vereadores, ou que envolvessem governadores e prefeitos — casos que durante a Primeira República haviam ocupado boa parte de seu tempo. A suspensão das eleições a partir de 1937 tornou essa ação desnecessária. O cargo de presidente do Tribunal Eleitoral, criado em 1932 e exercido pelo vice-presidente do Supremo Tribunal Federal, deixaria de existir em 1937. A partir daí, a presidência da Corte Eleitoral se confundiria com a do próprio Supremo.

Desde os primeiros dias do governo provisório, com a deposição de governadores, o fechamento das Assembléias Legislativas Estaduais e a nomeação de interventores, ficou excluído da jurisdição do Supremo Tribunal Federal o julgamento das questões relativas à constitucionalidade das intervenções do governo federal nos Estados. Em 1936, por exemplo, considerando o ato como de natureza exclusivamente política, a Corte Suprema não tomou conhecimento do mandado de segurança impetrado pelo governador do Maranhão contra a intervenção federal naquele Estado. Em 1937, a Corte indeferiu, por se tratar também de questão exclusivamente política, o pedido de mandado de segurança impetrado pelos vereadores da Câmara Municipal do Distrito Federal, eleitos e empossados para a legislatura de 1935 a 1939, contra ato do presidente da República que ali decretara intervenção federal. Ficavam, assim, legitimadas pela Corte Suprema as intervenções federais nas esferas estadual e municipal.

O Supremo também não tomou conhecimento de pedidos de intervenção provenientes de Estados, a exemplo do que ocorreu em 13 de abril de 1938, quando o Tribunal de Apelação de Sergipe pediu ao Supremo que requeresse ao presidente da República intervenção federal, nos termos do artigo 9º da Constituição, contra ato do próprio interventor. O Tribunal entendeu que não tinha competência para requisitar ao presidente providências contra atos de interventor federal, que, como representante ou preposto do presidente, exercia em nome deste os poderes de que se achava investido. Decisões semelhantes tornaram-se comuns, até que ficou claro que não adiantava recorrer ao Tribunal em tais casos, porque escapavam à sua jurisdição (Lopes, 1944).

Outra competência que o Supremo Tribunal tivera durante a Primeira República, e que foi eliminada pela Carta de 1937, foi a de decidir sobre as questões de limites entre Estados. O artigo 184 declarou que os Estados continuariam na posse dos territórios onde exercessem jurisdição, ficando vedadas quaisquer reivindicações territoriais entre eles. No seu parágrafo 1º, determinava que ficavam extintas as questões de limites entre os Estados, ainda que em andamento ou pendentes de sentença no Supremo Tribunal ou em juízo arbitral.

A Carta de 1937 restringiu mais ainda o controle da constitucionalidade exercido pelo Supremo Tribunal Federal, permitindo ao Executivo, sempre que aquele órgão declarasse a inconstitucionalidade de uma lei que, a juízo do presidente, fosse necessária ao *bem-estar do povo* ou à promoção do *interesse nacional*, submetê-la novamente ao exame do Congresso. Se este a confirmasse por dois terços de votos de cada uma das Câmaras, ficaria sem efeito a decisão do Tribunal. Essa prerrogativa, entretanto, teria efeito sobretudo simbólico, pois a partir de 1937 o Congresso foi dissolvido e Vargas passou a governar por decretos. Daí por diante, coube ao presidente confirmar dispositivo de decreto-lei declarado inconstitucional pelo Supremo Tribunal. De fato, Vargas faria uso desse direito para anular decisões do Supremo.

O caso de maior repercussão foi provocado por vários mandados de segurança, confirmados pelo Supremo Tribunal Federal, contra a exigência de cobrança de imposto de renda sobre proventos pagos pelos cofres públicos a magistrados e funcionários. Em Decreto-Lei de 5 de setembro de 1939, Vargas reiterou sua posição a favor do pagamento do imposto pelos magistrados e funcionários públicos, considerando que a decisão do Supremo Tribunal não respeitava o interesse nacional nem o princípio da divisão eqüitativa do ônus do imposto de renda. Não era a primeira vez na história da República que uma decisão do Supremo era desrespeitada pelo Executivo, mas era a primeira vez que um acórdão do Supremo era cassado por decreto-lei do Executivo.

O ato do presidente tem sido freqüentemente apontado como exemplo de abuso de autoridade durante o Estado Novo e de flagrante desrespeito às decisões do Tribunal, reforçando a imagem de "ditador" criada pelos adversários políticos de Vargas. O ato não se compara, no entanto, aos do presidente Floriano Peixoto, que, como vimos anteriormente, descontente com as decisões do Tribunal durante seu governo, não só deixara de prover sete vagas existentes no Supremo Tribunal Federal, como também de designar o procurador-geral da República, recusando-se, ainda, a marcar data para a posse do novo presidente do Supremo, prejudicando, dessa forma, os trabalhos da Corte. Ademais, contrariamente a Floriano Peixoto, que chegou a indicar dois generais e um médico para ministros do Supremo Tribunal Federal, rejeitados pelo Senado por lhes faltar competência jurídica, Vargas sempre nomeou indivíduos de notório saber jurídico. As circunstâncias várias resultantes de seu governo, no entanto, reservaram ao Supremo Tribunal um papel secundário, senão subordinado.

O poder do Supremo Tribunal ficava ainda mais restrito pelo artigo 186 das Disposições Transitórias da Carta de 1937, que declarou estado de emergência em todo o país, o qual foi mantido durante todo o Estado Novo, revogado apenas em 30 de novembro de 1945. O estado de emergência dependia exclusivamente de decisão do presidente e lhe conferia o poder de decidir sobre: detenção em edifício ou local não destinados a réus de crime comum; desterro para outros pontos do território nacional ou residência forçada em determinadas localidades do mesmo território, com privação da liberdade de ir e vir; censura da correspondência e de todas as comunicações orais e escritas; suspensão da liberdade de reunião e, finalmente, busca e apreensão em domicílio. A Carta de 1937 conferia à Câmara dos Deputados o direito de questionar a medida e desaprovar o presidente, mas, nesse caso, a Câmara era passível de dissolução, devendo ser convocadas novas eleições. Esse dispositivo, entretanto, nunca seria utilizado, pois a Câmara dos Deputados não chegou a ser convocada. O estado de emergência ficou, portanto, na alçada exclusiva do presidente da República.

O Supremo Tribunal Federal, que ao longo da Primeira República conquistara paulatinamente e a duras penas o seu papel de Terceiro Poder, ao qual cabia decidir da constitucionalidade dos atos do Executivo e do Legislativo, viu ruir boa parte do trabalho realizado desde a sua criação, em 1891. Além disso, se durante a Primeira República a freqüente renovação do estado de sítio inibira muitas vezes sua atuação, dando margem a toda sorte de abusos contra os cidadãos, que não dispunham da menor garantia e podiam ser presos e assim permanecerem sem a existência de processo por meses, sem que o Tribunal pudesse agir em seu favor, a situação ficou ainda mais grave depois da inclusão, pelas Constituições de 1934 e 1937, respectivamente, dos estados de emergência e de guerra, com a suspensão das garantias constitucionais. A utilização reiterada desse instrumento pelo governo Vargas paralisou a ação que o Supremo Tribunal Federal desempenhara, bem ou mal, durante a Primeira República, em defesa da liberdade dos cidadãos.

Da mesma forma, a introdução da censura, no artigo 122, parágrafo 15, da Carta de 1937, restringiu a atuação do Supremo Tribunal Federal em favor de liberdade da imprensa. O referido artigo determinava que a lei podia prescrever

> com o fim de garantir a paz, a ordem e a segurança pública, a censura prévia da imprensa, do teatro, do cinematógrafo, da rádio-difusão, facultando a autoridade competente proibir a circulação, a difusão ou a representação. Autorizava, ainda, medidas repressivas para impedir manifestações contrárias à moralidade pública e aos bons costumes,

e outras, destinadas à proteção da infância e da juventude e "do interesse público, bem-estar do povo e segurança do Estado" (Senado Federal, 1986, v.1).

Com o controle dos meios de comunicação, desapareceram da imprensa as controvérsias originadas por decisões do Supremo Tribunal Federal, tão comuns durante a Primeira República. No próprio Tribunal, já não se ouviam os exercícios de retórica e erudição, nem as acaloradas discussões que no passado atraíam multidões às suas sessões. O clima político não era propício à eloqüência de um Rui Barbosa. Durante o Estado Novo, raros foram os advogados, como Sobral Pinto, capazes de desafiar as limitações impostas pelas condições vigentes. Embora tivesse tido sua função limitada e redefinida no sistema político criado por Vargas em 1937, o Supremo Tribunal Federal continuou a exercer poderosa influência na garantia da precária ordem constitucional.

O abandono do modelo liberal

Para compreender o papel do Supremo Tribunal a partir da Revolução de 1930 e as transformações que sofreu até 1945, com o fim do Estado Novo, é necessário considerar os acontecimentos políticos que levaram ao abandono do modelo liberal, formalmente em vigor desde 1891. Não há dúvida de que a crise de 1929 apenas viera acelerar um processo de crescente desilusão, que se instaurara desde os primeiros anos do regime republicano. Com o passar do tempo, o número dos desiludidos da República aumentara visivelmente. As fraudes eleitorais, a falta de representatividade do Legislativo, o domínio arbitrário das oligarquias, a marginalização de amplos setores da sociedade, a exploração e o abandono em que viviam as classes subalternas, o desrespeito às leis, a freqüente renovação do estado de sítio, com a suspensão das garantias constitucionais, os desmandos da polícia, as perseguições políticas, tudo isso fora motivo de constante crítica e mobilização de setores civis e militares durante a Primeira República. O descontentamento explodira em tentativas de golpes e manifestações populares contra os donos do poder.

O tenso clima político era agravado pela crise que afetara os tradicionais produtos de exportação: o açúcar, o algodão, a borracha e o café. Os sucessivos empréstimos do exterior resultavam em uma dívida que consumia boa parte das reservas do país. A crise de 1929 veio demonstrar a inviabilidade da economia brasileira. O país estava preparado para uma insurreição.

A Revolução de 1930 continha uma promessa de mudança. Se alguns continuavam apegados ao modelo liberal e desejavam eliminar os problemas tidos como obstáculos ao seu bom funcionamento, com a introdução do voto secreto, por exemplo, outros, desiludidos da utopia liberal, procuravam novos caminhos. A crise do liberalismo não era um fenômeno apenas brasileiro. A Revolução de 1917 na Rússia oferecia uma proposta nova de organização do Estado, estimulando, por toda parte, a arregimentação das esquerdas, que, embora divergissem quanto às estratégias a serem utilizadas e aos fins a serem atingidos, sentiram-se revitalizadas pela promessa de criação de uma sociedade mais justa. Na Itália, na Alemanha, na Espanha e em Portugal, anarquistas, socialistas e comunistas digladiavam não apenas entre si, mas também com os liberais e com os fascistas e nazistas defensores de um estado centralizado e forte, nos moldes prometidos por Mussolini, Hitler, Franco e Salazar.

O crescimento do que se convencionou chamar de esquerda e de direita deixava poucas perspectivas para os liberais, que, na maioria dos países, diante da ameaça comunista, acabaram batendo em retirada e aceitando um governo autoritário — como na Alemanha com Hitler, na Itália com Mussolini, na Espanha com Franco e em Portugal com Salazar — ou social-democrata, como nos países bálticos. Nos Estados Unidos, o compromisso levou ao estado de bem-estar social ou *Welfare State*. O que ocorreu no Brasil foi, portanto, a expressão local de um fenômeno muito mais amplo, que teve repercussões também em outras partes da América Latina. As diferentes configurações dos regimes nos vários países dependeram da correlação de forças locais, da relativa eficácia das instituições existentes, da maior ou menor adaptabilidade das elites dirigentes às reformas necessárias, da cultura política da população, do grau de hegemonia conseguido pelos grupos que assumiram o poder e, em última instância, do seu poderio militar.

No Brasil, Vargas assumira o poder apoiado por grupos que possuíam projetos contraditórios. Unia-os apenas a insatisfação em relação à ordem existente. Cedo surgiram conflitos entre eles. O primeiro embate ocorreu entre Vargas e a oligarquia paulista, que, em nome do liberalismo constitucional, conseguiu mobilizar, em 1932, setores da sociedade local, na tentativa frustrada de recuperar o poder perdido. O apoio de governadores de outros Estados falhou à última hora, abandonando São Paulo à sua própria sorte. Com a vitória do governo Vargas começaram as prisões, o exílio e as deportações de elementos das elites identificadas com a insurreição. Estes tiveram direitos políticos cassados por três anos, mas acabaram sendo anistiados entre novembro de 1933 e abril de 1934.

Com a adesão de grande número de militares, Vargas prosseguiu no seu intento de reformar o país. Além das mudanças já descritas, que afetaram o Supremo Tribunal Federal, ele se lançou ao trabalho de criação de instituições com o fito de aumentar o poder do Estado e restringir o das oligarquias. Em novembro de 1930, como vimos, o governo provisório dissolveu o Congresso Nacional e os legislativos estaduais e municipais; demitiu governadores, substituindo-os por interventores de sua confiança, subordinados ao poder central. Ao mesmo tempo, limitou a autonomia dos Estados, proibindo-os de contrair empréstimos externos sem autorização expressa do governo federal. Da mesma época foi a criação de um tribunal especial para julgar a corrupção do governo anterior. Foram criados, ainda em 1930, o Ministério de Educação e Saúde e o Ministério do Trabalho, Indústria e Comércio, sob a direção de Lindolfo Collor. Logo a seguir, o governo provisório emitiu uma série de decretos-leis de proteção aos trabalhadores; criou as Juntas de Conciliação, para arbitrar conflitos entre empregadores e empregados, e um Instituto de Aposentadoria para os Funcionários Públicos. Entre 1931 e 1933, vieram medidas relativas à regulamentação do trabalho de mulheres e menores, à limitação da jornada de trabalho a oito horas, à concessão de férias anuais e à organização dos sindicatos. Por decreto de 1931 ficou instituído o sindicato único para cada categoria profissional. Em 1934, voltou a vigorar a pluralidade sindical. Em 1937, Vargas tornaria a implantar o sindicato único. As disposições relativas aos trabalhadores, baseadas em parte na experiência administrativa acumulada por Vargas e Lindolfo Collor durante o período em que aquele fora governador do Rio Grande do Sul, anunciavam o projeto desenvolvido mais tarde, com a implantação do Estado Novo em 1937, quando o Estado passaria a fazer a mediação entre patrões e empregados, ao mesmo tempo que o movimento operário, expurgado de radicalismos, era atrelado à máquina estatal.

No afã de reorganizar o país, Vargas criava novas instituições que iriam desempenhar um papel importante na construção do Estado. Em 1931, surgia o Departamento Oficial de Publicidade, responsável pela propaganda do regime e pelo controle dos meios de comunicação, transformado em 1934 no Departamento de Propaganda e Difusão Cultural, subordinado ao Ministério da Justiça e redefinido, durante o Estado Novo, como Departamento de Imprensa e Propaganda (DIP), diretamente subordinado ao presidente. Na mesma época, foi criada a Justiça Eleitoral (1931). Ficava esse órgão incumbido de organizar e fiscalizar as eleições e julgar os recursos. Em 1931, o governo provisório criou o Conselho Nacional do Café, posteriormente transformado em Departamento Nacional do Café (1933), para supervisionar a produção e comercialização do produto e definir uma política de amparo ao produtor. Seguiram-se outros órgãos igualmente destinados a criar mecanismos de controle do Estado sobre a economia: Instituto do Açúcar e do Álcool, Instituto do Cacau, Instituto do Mate, da Borracha, do Pinho etc. Foram instituídos, ainda, o Conselho de Economia e o Conselho Federal de Comércio Exterior (1934). Em 1931, o governo provisório fundava a Comissão Nacional de Siderurgia para estimular a produção do ferro. Finalmente, na tentativa de racionalizar o serviço público e criar uma burocracia eficiente, livre da influência das oligarquias, Vargas criou, em 1938, o Departamento Administrativo do Serviço Público (DASP).

Com a situação econômica extremamente vulnerável, agravada pela crise internacional, o governo provisório decretou em 1931 a moratória da dívida externa. O terceiro *Funding Loan* adiou para 1934 o pagamento do principal devido, ficando o país responsável apenas pelos juros. Em 1938, foi adiado mais uma vez o pagamento (Carone, 1976). Reforçando a tendência nacionalista, já esboçada na Primeira República, o governo provisório tomou uma série de medidas, a começar pelo controle cambial e pelas tentativas de impedir a evasão do ouro, além de outras destinadas a forçar a nacionalização de empresas e a garantir o mercado de trabalho aos trabalhadores de nacionalidade brasileira.

As emissões do governo provisório, feitas inicialmente com o objetivo de financiar a compra de excedentes agrícolas, somadas à balança comercial desfavorável, contribuíram para a desvalorização do dinheiro e a alta do custo de vida. A situação agravou-se com o início da Segunda Guerra Mundial, em 1939. O governo viu-se obrigado a tomar medidas para amenizar as conseqüências da inflação, cujo ônus recaía principalmente sobre os setores mais pobres da população.

O embrião das medidas corporativistas, centralizadoras, estatizantes e nacionalistas, características do Estado Novo, surgiu antes mesmo da volta do país à normalidade, com a convocação da Constituinte e a elaboração da Constituição de 1934, a conversão da Constituinte em Congresso Nacional e a eleição de Getúlio para a Presidência da República.

As eleições para a Constituinte marcaram o retorno das pressões oligárquicas e o declínio da influência dos tenentes, até então decisiva no governo Vargas.

Estado de compromisso: a Constituição de 1934

A Constituição de 1934, comparada freqüentemente à de *Weimar*, tentara conciliar liberalismo e social-democracia. Fora resultado de um compromisso entre os vários grupos em luta pelo poder: os tenentes, as elites liberais, setores populares, o Exército, Vargas e seus seguidores. Embora preservasse a organização republicana federativa e liberal da Primeira República, com reconhecimento dos três poderes — Executivo, Legislativo e Judiciário —, independentes e coordenados entre si, a Constituição de 1934 introduziu algumas modificações que antecipavam a tão criticada Carta de 1937, *a polaca*, como ficou conhecida. Assim é que incorporou uma série de leis destinadas à proteção do trabalhador, inclusive a legalização dos sindicatos, das associações profissionais e do salário mínimo, em resposta às demandas do proletariado urbano e dos trabalhadores dos portos e das ferrovias. Introduziu parcialmente a representação classista, quando estipulou que a Câmara dos Deputados seria composta de representantes do povo, eleitos mediante sistema proporcional e sufrágio universal, igual e direto, e de representantes eleitos pelas organizações profissionais. Criou, ainda, a Justiça Eleitoral, a Justiça do Trabalho, os Conselhos Técnicos e Gerais destinados a assistir os Ministérios e a funcionar como órgãos consultivos da Câmara dos Deputados e do Senado Federal. Essas medidas satisfaziam os grupos getulistas, que viam na tecnocracia um elemento neutralizador das oligarquias. Finalmente, adotava uma série de medidas de caráter social e nacionalista, atendendo a setores do Exército e da classe média: o fomento da economia popular, o desenvolvimento do crédito e a nacionalização progressiva dos bancos de depósitos e das companhias de seguro. Reservava a exploração das minas e demais riquezas do subsolo, das águas e da energia hidráulica e das empresas jornalísticas a elementos nacionais. Restringia, também, a imigração.

A nova Constituição considerava obrigação do Estado o amparo à infância e à maternidade, à saúde e à educação. Obrigava também as empresas industriais e agrícolas a empregar certo número de analfabetos e a lhes proporcionar ensino primário, na falta de escolas. Criava o Conselho Superior de Segurança Nacional e a Justiça Militar. Excluía da apreciação do Judiciário os atos do governo provisório, dos interventores federais nos Estados ou delegados do mesmo governo. Esses temas seriam reiterados e ampliados na Carta de 1937.

Segundo Rogério Bastos Arantes, a Constituição de 1934 introduziu duas novidades que reforçavam o Poder Judiciário, só retomadas em 1946: deu ao Senado competência para suspender a execução, no todo ou em parte, de qualquer lei ou ato, deliberação ou regulamento, quando fossem declarados inconstitucionais pelo Poder Judiciário, o que aumentou a eficácia da decisão da Corte Suprema. Ao mesmo tempo, ampliou a competência da Corte Suprema, determinando que, mediante provocação do procurador-geral da República, caberia àquela julgar a constitucionalidade de lei que determinasse intervenção federal nos Estados que desrespeitassem princípios constitucionais na decretação de suas leis e constituições. Esse dispositivo conferia à Corte Suprema a palavra final sobre o assunto. A Constituição de 1934, no entanto, impôs limitações à ação do Judiciário ao exigir que só por maioria dos votos da totalidade dos seus juízes poderiam os tribunais declarar a inconstitucionalidade de lei ou ato do poder público (Arantes,1997).

Radicalizações: Lei de Segurança Nacional

A volta à legalidade, com a aprovação da Constituição de 1934, a transformação da Constituinte em Assembléia Legislativa e a eleição de Getúlio Vargas para presidente, durou pouco. Já em janeiro de 1935 era apresentado à Câmara dos Deputados o projeto da Lei de Segurança Nacional, que, substituído por projeto menos rigoroso, foi promulgado em 4 de abril do mesmo ano. A nova lei criava condições para a repressão aos dissidentes. Considerava crimes contra a ordem política, sujeitos a penas de reclusão: tentar mudar por meios violentos a forma de governo estabelecida pela Constituição; impedir o livre funcionamento de quaisquer dos poderes políticos da União; fazer oposição por meio de ameaça ou violência ao livre exercício de funções de qualquer agente do Estado; impedir que funcionário público tomasse posse do cargo para o qual tivesse sido nomeado, ou usar de ameaça ou violência para forçá-lo a praticar qualquer ato do ofício, ou a exercê-lo em determinado sentido; incitar os funcionários à paralisação coletiva, total ou parcial, dos serviços públicos e instigar desobediência coletiva ao cumprimento de lei de ordem pública. Eram igualmente considerados atos criminosos instigar militares à desobediência à lei e à disciplina e provocar animosidade entre as classes armadas ou contra elas, ou delas contra as instituições civis. Incursos na Lei de Segurança Nacional também estariam aqueles que divulgassem, por escrito ou em público, notícias falsas que pudessem gerar desassossego ou temor entre a população e os que traficassem, de qualquer maneira, sem licença de autoridades, substâncias ou engenhos explosivos ou armas de guerra.

Em virtude da lei, passaram a ser considerados crimes contra a ordem social e passíveis de punição: incitar ódio entre as classes; instigar as classes à luta pela violência; incitar luta religiosa ou promover atentados por motivos doutrinários, políticos ou religiosos; paralisar os serviços públicos ou de abastecimento da população, exceto nos casos em que o assalariado tivesse agido exclusivamente por motivos pertinentes às condições de seu trabalho; induzir empregadores ou empregados à cessação ou suspensão do trabalho, por motivos estranhos às condições deste; promover, organizar ou dirigir sociedades, partidos, centros ou agremiações, cuja atividade visasse a subverter ou modificar a ordem política ou social por meios não consentidos em lei. Eram punidos também os que se filiassem a essas organizações. Quando se tratasse de funcionário público, civil ou militar, seria este afastado do exercício do cargo, podendo ser exonerado mediante processo administrativo ou militar, conforme o caso. Também foi incluída como crime contra a segurança nacional a tentativa de, por meio de artifícios fraudulentos, promover a alta ou a baixa dos preços de gêneros de primeira necessidade, visando a lucro ou proveito. Incorriam, ainda, na lei os crimes praticados pela imprensa, ficando vedado imprimir ou pôr em circulação gravuras, livros, panfletos ou quaisquer publicações, nacionais ou estrangeiras, que infringissem dispositivos da Lei de Segurança Nacional.

Integralistas e comunistas: fragilidade do Estado liberal

Dessa forma, um Congresso, tido como liberal, colocava nas mãos do governo uma arma perigosa que em breve seria usada, primeiro, contra os membros da Aliança Nacional Libertadora, depois contra comunistas e integralistas, e, finalmente, contra os liberais que se opunham ao regime. Os temores das elites dirigentes diante do *perigo comunista* e da movimentação operária levaram-nas a conceder ao presidente poderes que ele usaria para pôr fim ao Estado liberal. Este já vinha sendo ameaçado pela direita. Os integralistas, liderados por Plínio Salgado, organizaram a Ação Integralista Brasileira (AIB) e lançaram um manifesto, em outubro de 1932, sob o lema *Deus, Pátria e Família*, pleiteando um governo conservador, centralizado, autoritário, corporativista, sindicalista e nacionalista, baseado em um partido único. Em poucos anos, os integralistas contavam com aproximadamente oitocentos mil seguidores e tinham grande penetração na Marinha, em alguns setores do Exército e entre os católicos mais conservadores. (Figura 34)

Por sua vez, a esquerda organizava-se em torno da Aliança Nacional Libertadora (ANL), fundada em março de 1935. Os aliancistas, apoiados por liberais, socialistas e comunistas, recrutados principalmente entre operários, pequena burguesia

Figura 34. Cartaz de propaganda do Integralismo.

Figura 35. Populares assistem ao fim dos combates na Praia Vermelha, no Rio de Janeiro, em 1935.

e intelectuais de classe média, prometiam a suspensão do pagamento da dívida externa; a distribuição das riquezas; a luta contra o imperialismo, com a nacionalização dos bancos, dos meios de transporte e de companhias estrangeiras; o fim dos latifúndios; a extinção de tributos dos aforantes; a defesa da pequena e média propriedade; a criação de mercado interno; a expansão de indústrias básicas e a eletrificação. Lutavam, ainda, pela liberdade de manifestação; pelas garantias e liberdades constitucionais; por aposentadoria; por salário igual para trabalho igual e garantia de salário mínimo. Em pouco tempo, a ANL contava com mais de 1.600 núcleos espalhados por todo o país e organizava grandes manifestações populares. (Figura 35)

A 30 de abril de 1935, a Aliança Nacional Libertadora escolheu como seu presidente de honra Luís Carlos Prestes, recém-chegado de Moscou. O crescimento numérico, o entusiasmo dos participantes da Aliança e suas vinculações com elementos comunistas preocuparam o governo. Aproveitando-se de um veemente discurso de Prestes no dia 5 de julho, aniversário do levante do Forte de Copacabana, convocando o povo à luta contra o fascismo que ameaçava o país, contra o feudalismo e o imperialismo que o sufocavam, Vargas decretou imediatamente o fechamento, por seis meses, da sede da Aliança. As alegações eram de que o movimento, controlado por comunistas, seria financiado por estrangeiros e praticava a subversão da ordem política e social. Determinou, ainda, que fosse promovido por via judicial o cancelamento do seu registro. Isso deu início a prisões por todo o país. A seguir, Vargas pediu ao Congresso a decretação do estado de sítio por sessenta dias. Este seria renovado e, finalmente, equiparado ao estado de guerra em março de 1936, depois que os comunistas planejaram um golpe, iniciado nos quartéis, entre 23 e 27 de novembro, em Natal, no Recife e no Rio de Janeiro, resultando na morte de alguns chefes militares. O incidente passaria a ser lembrado como a *Intentona*

Comunista e seria, daí por diante, rememorado anualmente nos batalhões do Exército e em outras instituições, além de ser usado amplamente na propaganda anticomunista (Carone, 1973 e 1974).

Os acontecimentos de novembro provocaram imediata reação do governo. Em dezembro de 1935, a Lei 136 modificou vários dispositivos da Lei de Segurança Nacional, definindo novos crimes contra a ordem política e social, notadamente os relativos à filiação de funcionários públicos e militares a partido, agremiação ou junta de existência proibida, impondo-lhes o afastamento imediato do exercício do cargo, podendo ser aposentados ou reformados mediante parecer de uma comissão nomeada para esse fim. Foram feitas três emendas à Constituição Federal. A primeira autorizava o presidente da República a declarar estado de guerra quando houvesse comoções intestinas com finalidades *subversivas*. A segunda conferia ao Executivo o direito de demitir sumariamente funcionários civis, ativos e inativos, envolvidos em rebeliões. A terceira dava-lhe o direito de cassar patentes de oficiais, da ativa e da reserva, que participassem de movimentos *subversivos* da ordem política e social. Novos pedidos de renovação do estado de exceção em junho, setembro e dezembro de 1936 foram justificados pela necessidade de luta contra o comunismo.

Daí em diante, a repressão recrudesceu. A polícia de Filinto Müller usou torturas sistemáticas contra presos políticos, levando muitos à morte. Diz Carone que, entre 25 de novembro de 1935 e 15 de março de 1936, no Distrito Federal, fizeram-se 901 prisões de civis e 2.146 de militares, entre oficiais e soldados. Calcula-se que até 1937 haviam sido presas de dez a vinte mil pessoas. Dois famosos escritores brasileiros deixaram eloqüentes testemunhos desse período nefando, marcado pelo arbítrio e pela violência: Graciliano Ramos, em *Memórias do cárcere*, e Jorge Amado, em *Subterrâneos da liberdade* (Flynn, 1979).

Em janeiro de 1936, criou-se a Comissão Nacional para Repressão ao Comunismo, encarregada de investigar a participação de funcionários públicos e de outras pessoas em crimes contra instituições políticas e sociais. As perseguições continuaram durante todo o ano de 1936, tendo sido presos um senador e vários deputados da oposição. A Câmara autorizou *a posteriori* a prisão dos parlamentares. Professores, como Hermes Lima e Castro Rebelo, foram afastados do cargo. Foram presos e demitidos vários funcionários. A maioria dos líderes comunistas envolvidos na tentativa revolucionária de novembro foram presos e condenados a vários anos de reclusão, incluindo Luís Carlos Prestes, Harry Berger, Alan Baron, Rodolfo Ghioldi e muitos outros. A 14 de julho de 1936, o presidente pediu ao Congresso a criação de um tribunal especial para processar os extremistas. Como a Constituição proibia a instituição de foro privilegiado e de tribunais de exceção, o projeto acabou aprovado como órgão da Justiça Militar e assim foi criado o Tribunal de Segurança Nacional. Dessa forma, a pretexto do levante comunista, o Congresso não só autorizou sua criação como aprovou a concessão de vários poderes extraordinários ao presidente da República, ampliando também o conceito de crime contra a segurança nacional.

Enquanto as perseguições políticas se sucediam, os conchavos políticos continuavam na tentativa de indicar candidatos à sucessão de Vargas, em janeiro de 1938. Finalmente configuraram-se três candidaturas: a de Armando de Salles Oliveira, a de José Américo de Almeida e a do líder integralista Plínio Salgado. Ao mesmo tempo, Vargas tomava secretamente medidas preparatórias para o golpe, determinando intervenções federais no Mato Grosso, no Distrito Federal e no Rio Grande do Sul e fazendo alterações no dispositivo militar. Eurico Gaspar Dutra assumiu o Ministério da Guerra e Pedro Aurélio de Góis Monteiro continuou na chefia do Estado Maior do Exército. Francisco de Campos preparou uma Carta Constitucional que, segundo Vargas, deveria constituir "um governo livre das peias da democracia liberal". Governadores, de cuja fidelidade Vargas não duvidava, e próceres políticos, como Plínio Salgado, foram discretamente consultados e deram seu apoio à Carta e ao golpe.

O golpe de 1937

No final de setembro de 1937, começou a circular nos quartéis o chamado Plano *Cohen*, que revelava a existência de um suposto esquema comunista para a iminente tomada do poder. O plano, de autoria de Olímpio Mourão Filho, integralista e oficial do Exército, foi irradiado por todo o país em 30 de setembro. Em 2 de outubro, o Congresso votou o estado de exceção, requisitado pelo governo. A 30 de outubro, com grande alarde, criava-se a Defesa Social Brasileira, entidade de combate ao comunismo, com a presença de Vargas e do cardeal Sebastião Leme. Estado e Igreja uniam-se na luta contra o inimigo comum. No dia 7 de novembro, definiram-se as normas de ação da Comissão Executiva do Estado de Guerra, determinando a detenção de qualquer indivíduo que fizesse propaganda política e a criação de campos de concentração para reeducação de comunistas. Estipulava-se ainda que estes não poderiam valer-se dos recursos presentes nas leis existentes. Antevendo o golpe, Armando de Salles Oliveira apelou aos quartéis para que defendessem a democracia ameaçada. Mais uma vez, as elites brasileiras apelavam, sem resultado, para o Exército e não para o povo, em defesa da democracia. A 10 de novembro, tropas fiéis ao governo cercaram a Câmara e o Senado. No mesmo dia, Vargas apresentou a nova Carta Constitucional. (Figura 36)

A Carta, de vigência imediata, deveria ser submetida a um plebiscito. Os órgãos legislativos — Congresso, Assembléias Estaduais e Câmaras Municipais —

foram dissolvidos, prevendo-se eleições após o plebiscito. Enquanto isso, o presidente governaria por decreto. Como aquele nunca foi realizado, o dispositivo temporário acabou tornando-se permanente. Nas disposições transitórias declarava-se o estado de emergência em todo o país, com a suspensão das garantias constitucionais. O governo foi autorizado, por sessenta dias, a aposentar funcionários civis e militares, no interesse do serviço público ou do regime. Essas disposições temporárias também acabaram por se tornar permanentes. No começo de dezembro, foram extintos todos os partidos, milícias e organizações similares, e proibidos uniformes, bandeiras ou insígnias — medida que visava principalmente à Associação Integralista Brasileira de Plínio Salgado. Em uma demonstração de seus propósitos centralizadores, o presidente determinou que as bandeiras estaduais fossem queimadas, simbolizando o término da autonomia estadual. Inaugurava-se assim o Estado Novo.

Em maio de 1938, os integralistas, apoiados por vários liberais, tentaram um assalto ao Palácio da Guanabara, onde Getúlio se encontrava com sua filha, Alzira Vargas. O ataque falhou. Sucederam-se várias prisões e exílios. Plínio Salgado, Armando de Salles Oliveira, Júlio de Mesquita Filho e outros críticos do regime exilaram-se. Getúlio Vargas e seus seguidores tinham vencido a parada. Foi emendado, naquela ocasião, o artigo 12, parágrafo 31, da Constituição Federal, estendendo a aplicação da pena de morte a casos de insurreição armada contra os poderes do Estado; à prática de atos destinados a provocar a guerra civil, se ela ocorresse em virtude deles; ao atentado contra a segurança do Estado, *por meio* de saque, incêndio, depredação ou quaisquer atos destinados a suscitar terror. Eram também passíveis de punição com a pena de morte os atentados contra a vida do presidente da República e os homicídios cometidos por motivo fútil ou com extremos de perversidade.

Figura 36. Vargas anuncia pelo rádio a Constituição do Estado Novo. Da direita para a esquerda: Francisco de Campos, Filinto Müller e o general Dutra.

A Suprema Corte, os movimentos populares e o golpe

Durante o tumultuado período que precedeu o golpe, a Corte Suprema foi levada a julgar vários casos importantes. No dia 17 de julho de 1935, Herculino Cascardo entrou com mandado de segurança em favor da ANL, argüindo a ilegalidade de seu fechamento. As informações do chefe da polícia levaram a Corte Suprema a indeferir unanimemente o pedido. Considerou o Tribunal que o preceito constitucional que garantia a liberdade de associação condicionava o seu exercício a fins lícitos. A sociedade, depois de registrada, teria passado, no entanto, a exercer atividade subversiva da ordem política e social. Segundo informações do chefe de polícia, amplamente divulgadas pelo jornal *O Globo*, sob direção de Roberto Marinho, a impetrante desenvolvera grande atividade com o fim de implantar no país, por meios violentos, o regime comunista, o que justificava seu fechamento temporário, embora sua dissolução dependesse da aprovação do Judiciário. Seis meses depois, o juiz federal da Primeira Vara do Distrito Federal julgou procedente a ação da União, determinando a dissolução da ANL (Costa, 1964, v.2).

Foram igualmente rejeitados vários pedidos de *habeas corpus*, como, por exemplo, a petição do deputado João Mangabeira em seu próprio favor e de outros parlamentares presos por crime contra a segurança nacional, como participantes dos acontecimentos deflagrados em novembro de 1935. Em favor dos pacientes argumentava-se que tinha havido violação de imunidades parlamentares. O *habeas corpus* foi negado, alegando-se que o Senado e a Câmara haviam dado sua aprovação para que fossem processados e que a Câmara recusara emenda, por 138 votos contra 85, para que os pacientes fossem soltos. Igualmente negado foi o *habeas corpus* em favor de Maria Prestes, ou Olga Benário, companheira de Luís Carlos Prestes, presa como estrangeira perniciosa à ordem pública, por crimes cometidos no Brasil, para depois ser expulsa do território nacional. O *habeas corpus* fora impetrado alegando-se a gravidez da paciente. Olga Benário, no entanto, foi entregue ao governo alemão, vindo a morrer posteriormente em um campo de concentração.

A 28 de dezembro de 1936, a Corte Suprema negou também a ordem de *habeas corpus* que a Ação Integralista Brasileira impetrara em favor de correligionários presos na Bahia, sob a acusação de conspirar contra o regime, articulando um movimento subversivo em todo o país. O governador Juracy Magalhães mandara fechar todos os núcleos da Ação Integralista Brasileira existentes na Bahia, proibindo as *camisas verdes* e os distintivos usados por seus seguidores.

Em janeiro de 1937, a Corte Suprema, por unanimidade, negou pedido de *habeas corpus* impetrado por João Mangabeira a fim de não serem ele e seu filho, Francisco Mangabeira, sujeitos a processo perante o Tribunal de Segurança Nacional. O pedido alegava a inconstitucionalidade do processo, já que a Constituição não permitia a existência de tribunais de exceção. Argumentou a Corte que aquele não era um tribunal de exceção, mas sim um juízo especial autorizado pela Constituição. Conferia, assim, legitimidade ao Tribunal de Segurança. Em outros casos, os pedidos de *habeas corpus* foram negados sob fundamento de que o Poder Judiciário não tinha competência para pronunciar a inconstitucionalidade do estado de sítio. Nesses termos, por exemplo, a Corte Suprema, em 18 de fevereiro de 1936, negou *habeas corpus* impetrado por João Mangabeira em favor de Amadeu Amaral Júnior e outros presos, mantidos a bordo do navio Pedro I.

Com essas decisões, a Corte Suprema afastava-se da doutrina liberal defendida na Primeira República por vários de seus membros. Para avaliar esse distanciamento, vale citar um parecer do ministro Guimarães Natal datado daquela época. Como relator do pedido de *habeas corpus* nº 14.166, o ministro declarara que, se o sítio suspendia temporariamente as formalidades constitucionais garantidoras da liberdade individual, em tempos normais não autorizava a prisão arbitrária de nenhum cidadão, mas unicamente a dos participantes do distúrbio que a medida excepcional estava destinada a reprimir. Argumentava, ainda, que não bastava à autoridade invocar o estado de sítio para que a detenção determinada em virtude de sua vigência fosse considerada legal. Isso seria privar o detento dos recursos legais para provar a inexistência de motivos para a suspeita de sua conivência com os perturbadores da ordem. Na ocasião, o ministro frisava que dar ao estado de sítio a extensão que se lhe vinha dando, e entendê-lo assim em um país onde tanto tinha-se abusado da medida excepcional que dela já se fizera meio ordinário, fácil e cômodo de governo, era converter no mais perigoso dos instrumentos de opressão, no meio mais violento de ataque à ordem constitucional, o recurso criado pela Constituição para restabelecê-la. Afirmava também que essa errônea interpretação do estado de sítio permitira os mais revoltantes atentados contra a liberdade, servindo à satisfação de ódios e vinganças, com a detenção de grande número de cidadãos, civis e militares, por longos meses, ao cabo dos quais, depois dos maiores sofrimentos, eram postos em liberdade, por nada se haver apurado contra eles que justificasse as prisões. As autoridades que praticavam esses abusos nunca eram responsabilizadas, devido a outra errônea interpretação da Constituição, segundo a qual, desde que o Congresso aprovasse o sítio, ficavam aquelas autoridades isentas de processo perante o Judiciário. Lembrava o ministro Natal que os defensores de tal interpretação esqueciam-se de que a aprovação do Congresso jamais teria a virtude de tornar constitucional o que era contra a Constituição, mesmo porque os seus próprios atos estavam sujeitos à anulação pelo Judiciário, caso violassem preceitos constitucionais. Recusar-se, pois, o Judiciário, sob o pretexto do estado de sítio, a acudir com esse remédio constitucional (*habeas corpus*) às vítimas de tais abusos e negar-se a responsabilizar criminalmente as autoridades que os houvessem praticado, seria faltar à sua alta missão tutelar da liberdade dos cidadãos. A doutrina defendida por Natal, ainda na vigência da Primeira República, seguindo os passos de Rui Barbosa, não encontraria paralelo na Suprema Corte no período tumultuado que antecedeu o golpe de 1937.

O Supremo Tribunal durante o Estado Novo

Desde 1930, a atuação do Supremo Tribunal Federal estava bastante cerceada. Primeiro, pelos decretos do governo revolucionário; depois, pelos novos dispositivos constitucionais da Carta de 1934; finalmente, pelas leis de exceção aprovadas pela maioria do Congresso, sempre pronta a conceder medidas repressivas, tais como a Lei de Segurança Nacional; a criação do Tribunal de Segurança; a decretação do estado de guerra; a suspensão das garantias constitucionais de deputados e senadores para que fossem processados e mantidos presos; e muitas outras medidas repressivas requisitadas pelo Executivo, pelo menos até 1937, quando o presidente passou a legislar por decreto. A esses limites somaram-se as restrições impostas pelo Estado Novo. À vista disso, é preciso reconsiderar a tantas vezes citada frase de João Mangabeira, após ver negados pelo Tribunal vários pedidos de *habeas corpus* e mandados de segurança impetrados em seu favor e em favor de companheiros presos: "o órgão que, desde 1892 até 1937, mais faltou à República não foi o Congresso, foi o Supremo Tribunal Federal " (Baleeiro, 1968). Mais adequado seria inverter a afirmação e responsabilizar o Congresso por ter traído sua função de representante da nação, concedendo ao Executivo leis que se tornaram instrumentos de opressão e de exclusão da grande maioria do povo brasileiro.

Durante o Estado Novo, o Supremo teria como principal ponto de referência a Carta Constitucional de 1937. Apesar de desrespeitada pela não-convocação do plebiscito e do Congresso, continuou a ser o guia da constitucionalidade até 1945. O quadro se complicava porque o governo continuou a legislar por decreto, além de permanecerem em vigor as leis anteriores a 1937 que, explícita ou implicitamente, não contrariassem os dispositivos da Carta.

As mudanças introduzidas pela Revolução de 1930 não haviam sido tão profundas quanto se poderia crer pela sua simples enumeração. Antigos vícios permaneciam. Em torno dos interventores nomeados por Vargas, renasciam as oligarquias. A patronagem, as barganhas, a perseguição política e a manipulação dos juízes continuavam. Hábitos antigos eram difíceis de remover. Isso ficou claro na discussão do *habeas corpus* nº 26.945, quando os ministros do Supremo Tribunal Federal examinaram o recurso de presos acusados de matar o subpromotor público em Palmeiras, no Estado de Goiás. Aparentemente, o governador manipulara os juízes, dando margem ao processo de apelação por parte dos réus. O ministro Carlos Maximiliano Pereira dos Santos dissentiu do relator, que não encontrara nada ilegal no procedimento. Justificando seu voto, Maximiliano observou que pululavam pelo Brasil afora

> os magistrados dignos ao lado de cortejadores sistemáticos de todos os poderosos, em cujas mãos se acham as promoções por merecimento e a nomeação dos parentes dos cortesãos.

Mais adiante, afirmava que existiam em outros Estados providências semelhantes, embora em geral mais discretas.

> O governador remove, a pedido, o juiz efetivo, obtém que se demita o primeiro suplente, nomeia para o lugar deste o mais apto para agir contra os adversários, ou dissidentes políticos, adrede envolvidos em processo.

No caso analisado, uma vez argüida a inconstitucionalidade da designação, o governador apressara-se em considerar a comarca onde ocorrera o homicídio como termo daquela em que o magistrado servia. "Por aí se calcula", concluía o ministro, "em que posição desavorada ficavam os pobres réus, quando no decorrer do processo o governo intervinha para inutilizar a defesa". Apesar de sua eloqüência e lógica, no entanto, foi voto vencido e o Tribunal negou o *habeas corpus*. A situação descrita por Carlos Maximiliano continuava a existir no interior do Brasil e, não raro, até mesmo nas capitais. As oligarquias regionais rearticulavam-se em bases novas e freqüentemente compunham-se com o governo. Diante dessa realidade, muitas vezes era difícil ao Supremo Tribunal desempenhar o seu papel na defesa dos direitos dos cidadãos.

A legalidade contraditória e o controle do Estado

A interpretação da nova Constituição deu margem a muitas decisões intrigantes, não só pelas novidades que continha, mas também porque continuavam em vigor as leis que não contrariassem seus dispositivos. A multiplicação de leis e decretos criava situações paradoxais e problemáticas, fato que coube ao Supremo Tribunal deslindar. O primeiro problema enfrentado pelos ministros foi o das intervenções federais nos Estados, como vimos no caso já mencionado do Tribunal de Apelação de Sergipe. Tanto nesse caso como em outros julgados, ficou claro que os poderes que a Carta de 1937 concedera ao presidente e seus prepostos retiraram ao Tribunal funções que a própria Carta lhe garantia. Criavam-se, assim, situações ambíguas e contraditórias.

As deportações de estrangeiros, que desde a reforma da Constituição em 1926 passaram à alçada do Executivo — que poderia expulsá-los sem considerar sua residência no país —, ocasionaram, também, situações esdrúxulas. Um caso típico foi a concessão, em 4 de maio de 1938, do pedido de *habeas corpus* ao paciente José Nascimento Brás, para libertá-lo, *sem prejuízo da expulsão* que fosse decretada. No ano seguinte, o Supremo Tribunal concedeu *habeas corpus* em favor de Ernesto Gattai, condenado pelo Tribunal de Segurança, preso e à disposição do ministro da Justiça, para ser expulso do país como nocivo à ordem pública por suas atividades comunistas. Nesse caso, alegou o Supremo Tribunal Federal que o paciente residia no Brasil desde 1891, possuía imóveis e tinha filhos e filhas brasileiros, era brasileiro de acordo com as leis e, portanto, não podia ser deportado. O Tribunal concedia a ordem, no entanto, sem prejuízo de sua prisão e dos procedimentos judiciais eventualmente necessários para garantia da ordem pública e da segurança dos interesses nacionais (Lopes, 1944).

Quanto aos presos políticos, também houve ligeira mudança, sendo alguns pedidos de *habeas corpus* e mandados de segurança resolvidos favoravelmente, como, por exemplo, o recurso de *habeas corpus* em favor de Raul Pedrosa, detido e condenado a cinco anos de prisão, dos quais já cumprira dois terços. Tendo recorrido ao Tribunal de Segurança, sem sucesso, submeteu recurso ao Supremo Tribunal Federal pedindo livramento condicional. Pedrosa era oficial e participara da insurreição comunista, em 27 de dezembro de 1935. O *habeas corpus* foi concedido por maioria de votos em 16 de abril de 1941, quase seis anos após os eventos que levaram muitos à prisão.

Em geral, no entanto, os pedidos de *habeas corpus* em favor de pacientes condenados pela Lei de Segurança Nacional foram negados, como aconteceu à petição de condenados pelo Tribunal de Segurança Nacional, presos em Recife, alguns desde novembro de 1935, outros em 1936. Alegavam os impetrantes que a constitucionalidade nova assentava-se no golpe de 1937 e que os pacientes deveriam ser soltos porque tinham sido presos anteriormente a esse fato e por crime que ficara invalidado por ele. O ministro Costa Manso foi o mais veemente na sua peroração. Argumentou que a tese seria verdadeira se a ação dos pacientes visasse à introdução do regime estabelecido na Carta de 1937, resultado do aludido golpe de estado. Nesse caso, seriam eles precursores do Estado Novo e teriam sido anistiados em 10 de novembro,

> porque em matéria de delitos políticos, a regra é que o vencedor dita a lei ao vencido. Os revolucionários que vencem adquirem o poder. Quem antes o detinha, embo-

ra legitimamente, passa a figurar como réu de crime contra o Estado ou é simplesmente exilado.

Assim aconteceu, argumentava Costa Manso, quando triunfaram no Brasil os movimentos de 1889 e 1930. Se a revolução tivesse sido dominada, os revolucionários é que seriam passíveis de sanções penais. O mesmo aconteceria se a nação tivesse reagido contra o golpe de 1937. Finalmente, Costa Manso acrescentou que, segundo o processo, os pacientes eram comunistas. A ação que teriam desenvolvido era contrária tanto à Constituição de 1934 quanto à Carta de 1937, que, ainda mais do que a primeira, se afastava do sistema político dominante na Rússia. Concluía indeferindo o pedido de *habeas corpus*, no que foi acompanhado pelos demais ministros.

Aos pedidos de *habeas corpus* em favor de prisioneiros políticos, que chegavam em grande número ao Supremo Tribunal Federal, somavam-se recursos, agravos, cartas testemunháveis, mandados de segurança, recursos extraordinários relativos a falências, casos de herança e de servidão, processos envolvendo luta de vizinhos, conflitos resultantes de decisões de diferentes tribunais, pedidos de indenização e muitos outros recursos e agravos originados pela intervenção crescente do Estado na vida dos cidadãos.

Vários casos que demandaram a ação do Supremo surgiram em função de políticas praticadas pelos novos órgãos administrativos criados por Vargas, com o objetivo de regular e estimular o desenvolvimento da agricultura e da indústria. Assim, por exemplo, o caso da Usina Miranda, no Estado de São Paulo, que reclamava contra decisão do Instituto do Açúcar e do Álcool fixando limite de produção. O Tribunal negou provimento ao agravo, alegando serem as decisões do IAA, em virtude de decreto-lei, da exclusiva competência do seu presidente, com possibilidade de recurso no prazo de sessenta dias para o ministro da Agricultura e, em última instância, para o presidente da República, não podendo outro órgão, nem mesmo o Judiciário, deliberar sobre a matéria. No entanto, na discussão a propósito dessa decisão, afirmou-se que o Poder Judiciário tinha a obrigação de examinar se o IAA praticara ato legal, dentro de suas atribuições. Em outra oportunidade, um recurso extraordinário de Moura Andrade e outros pedia indenização por 13 mil e 218 sacas de café queimadas ou desviadas, sendo citados também o Banco do Estado de São Paulo e a *São Paulo Railway*. O Tribunal remeteu o caso ao juiz dos feitos da Fazenda Pública de São Paulo, a quem caberia processá-lo e julgá-lo.

A legislação social deu margem também a novos processos. As leis de proteção aos trabalhadores foram freqüentemente desrespeitadas por empresários, provocando numerosos recursos, como, por exemplo, o de nº 7.277, referente às férias de trabalhador da indústria, sendo agravante a Companhia de Fiação do Rio de

Janeiro e agravado o Departamento Nacional do Trabalho. O provimento foi negado, confirmando-se a sentença agravada *in totum*. Em outro agravo, o de nº 7.080, de 6 de janeiro de 1938, o Tribunal confirmou a vigência da legislação do governo provisório, que criara as Juntas de Conciliação com a atribuição de dirimir litígios entre empregadores e empregados, enquanto não fosse organizada sob outros moldes a Justiça do Trabalho. À Justiça Federal competia, portanto, executar as decisões das Juntas. O caso era anterior à Carta de 1937, que extinguira a Justiça Federal. À vista disso, o Supremo Tribunal negou provimento ao agravo. O paciente foi aconselhado a remeter os documentos à Junta do Trabalho para exame da questão, decorrente do não-recebimento da indenização devida ao paciente. A Justiça do Trabalho seria organizada em maio de 1939 e regulamentada em dezembro de 1940. O não-cumprimento das leis de proteção ao trabalhador deu origem a grande número de processos semelhantes.

A extinção da Justiça Federal pela Carta Constitucional de 1937 acarretou também vários problemas que foram parar no Supremo Tribunal Federal. Já que casos decididos poderiam ser embargados, eles se eternizavam no Judiciário. Um bom exemplo de lentidão é o do processo iniciado com uma hipoteca feita em 1897 e que deixara de ser resgatada no prazo de 15 anos, como combinado. Somente em 1938 o caso chegou ao Supremo Tribunal. Os ministros, entretanto, julgaram prejudicado o recurso extraordinário, porque a apelação fora originalmente feita à Justiça Federal, extinta na ocasião.

Com o intuito de favorecer a criação do mercado interno e de facilitar a livre circulação dos produtos, Vargas determinara a extinção dos impostos interestaduais. Esse dispositivo também originou conflitos vários. Quando o governador de Minas Gerais, em dezembro de 1935, baixou decreto taxando as mercadorias que saíssem do Estado, a Sociedade Anônima Fábrica de Tecidos São João Evangelista e Saint-Clair José de Miranda Carvalho, estabelecidos no município de Juiz de Fora, impetraram na Corte de Apelação do Estado um mandado de segurança argüindo a inconstitucionalidade do ato. No entanto, como posteriormente um decreto-lei abolira o mandado de segurança contra atos dos governadores de Estado, o recurso ficara prejudicado. O Supremo foi então chamado a decidir se a sentença deveria ser examinada de acordo com a lei vigente na data em que fora emitida ou de acordo com a lei que passara a vigorar depois da apelação. Os ministros, por unanimidade, aceitaram o caso e decidiram devolvê-lo à Corte de Apelação.

A nova definição do conceito de propriedade deu margem também a vários recursos extraordinários ao Supremo Tribunal. Bastante curioso foi o recurso julgado em dezembro de 1940 a propósito da desapropriação de um cemitério localizado no município de São Vicente, em Pernambuco. Tratava-se de cemitério existente no engenho Monte Alegre havia mais de cinqüenta anos, que estava gerando conflitos entre protestantes e católicos. Depois de muito vaivém, envolvendo a doação ao município e a retratação da doação pelo proprietário, o prefeito resolveu desapropriar as terras onde estavam o cemitério e a capela, mas foi barrado. O caso chegou ao Supremo, que decidiu por unanimidade em favor do prefeito. Durante a discussão, o ministro Cunha Melo, relator, argumentou que o direito de propriedade particular não tinha mais o caráter absoluto assegurado pela Constituição de 1891. A Constituição vigente, em seu artigo 123, postulava:

> o uso desses direitos e garantias terá por limite o bem público, as necessidades da defesa do bem-estar, de paz e da ordem coletiva, bem como as exigências da segurança da Nação e do Estado.

A desapropriação seguia, pois, o que dispunha a Constituição.

Uma das mais explosivas medidas tomadas por Vargas foi inserir na Carta de 1937, em suas disposições transitórias (artigo 177), o direito de aposentar ou reformar "de acordo com a legislação em vigor os funcionários civis e militares", quando o afastamento se impusesse, "a juízo exclusivo do governo, no interesse do serviço público ou por conveniência do regime". A medida, originalmente decretada por sessenta dias a partir da promulgação da Carta, passou, por lei constitucional de 16 de maio de 1938, a vigorar por tempo indeterminado, ocasionando vários processos. Quatro anos depois, uma lei determinou que os juízes postos em disponibilidade ou aposentados, na forma dos artigos 177 e 182 da Constituição de 10 de novembro de 1937 e da Lei Constitucional de maio de 1938, perceberiam vencimentos proporcionais a partir do ato da disponibilidade ou aposentadoria, salvo se contassem mais de trinta anos de serviço, quando receberiam vencimentos integrais.

A obrigatoriedade de concurso para o preenchimento de certos cargos no serviço público, como parte do programa de reforma do funcionalismo, foi outro dispositivo responsável por contendas que ecoaram no Supremo Tribunal Federal. Este negou provimento, por exemplo, a um recurso dos médicos da Marinha Mercante, obrigados por portaria do Ministério de Educação e Saúde a fazer provas de habilitação, sob pena de serem demitidos. Alegou o Tribunal a impossibilidade de conceder mandado de segurança contra portarias de ministros. Mais uma vez ficavam evidentes as limitações impostas ao Supremo durante o período Vargas.

Outras restrições à atuação do Supremo decorriam do estado de emergência, que perdurou durante todo o Estado Novo. O artigo 170 da Carta Constitucional de 1937 estabelecia que durante o estado de emergência

> não podiam os juízes e tribunais conhecer dos atos praticados em virtude dele, isto é, detenções, desterro para outros pontos do território nacional, residência forçada

em determinadas localidades do mesmo território, com privação da liberdade de ir e vir, e outros atos expressamente autorizados pela mesma Constituição como convenientes à manutenção da ordem pública, do princípio de autoridade em qualquer ponto do território nacional.

Em obediência a esse dispositivo constitucional foram negados vários pedidos de *habeas corpus*. Em todos eles o Tribunal não tomou conhecimento do pedido, declarando-se incompetente.

Um caso particularmente interessante foi o da prisão de um integralista residente no Rio de Janeiro que fora detido no Ceará e transferido para Belo Horizonte, onde permaneceu incomunicável, sofrendo torturas. Estava encarcerado havia 81 dias sem culpa formada ou ordem escrita de autoridade competente. O paciente alegava que fora a Fortaleza em missão de propaganda do Estado Novo, levando cartazes fornecidos pelo Departamento Nacional. Aparentemente, chegando a Fortaleza, apresentara-se ao governador do Ceará como sobrinho e oficial de gabinete do governador de Minas Gerais, tendo sido preso e remetido para Minas Gerais e depois para o Rio de Janeiro. O delegado especial da Segurança Política e Social informou que o paciente fora preso como medida de ordem pública, em conseqüência do estado de emergência. O Tribunal não tomou conhecimento do pedido.

Baseado também no artigo da Constituição que estabelecia o estado de emergência, um delegado acusado de prender arbitrariamente várias pessoas em São Paulo, e por isso condenado, entrou com recurso de *habeas corpus* no Supremo Tribunal Federal, sendo recorrido o Tribunal de Apelação do Estado de São Paulo, que negara o pedido. Os ministros concederam a ordem por unanimidade, acatando a argumentação de que ato praticado por autoridade policial em virtude do estado de emergência escapava à apreciação judiciária, em face do artigo 170 da Constituição. Ele estipulava que, durante o estado de emergência ou estado de guerra, os juízes e tribunais não poderiam dar conhecimento de atos praticados em virtude dos estados de emergência ou de guerra. Em outro caso, entretanto, em que um advogado recorrera em favor do paciente Frederico Mindelo Carneiro Monteiro, sendo recorrido o Tribunal de Apelação, os ministros negaram provimento ao recurso. Tratava-se de titular da Secretaria de Segurança Pública de Pernambuco, em cuja gestão um comunista preso fora assassinado. Não tendo o secretário tomado providências contra os abusos cometidos, fora denunciado pelo procurador-geral de Pernambuco perante a Corte de Apelação, que o condenara. O caso chegou até o Supremo Tribunal, que, em um acórdão de 17 de outubro de 1938, negou provimento ao recurso e confirmou a decisão recorrida.

O Tribunal continuava o seu trabalho, a despeito das limitações impostas pelo Estado Novo, por meio da nova legislação e das incursões do Executivo, que não hesitava em anular decisões quando estas feriam seus interesses e propósitos. Conta Muniz Bandeira que, a fim de conseguir a participação do Brasil na Conferência de *Bretton Woods*, Vargas, sob pressão da Embaixada Americana, chegou a anular por decreto um acórdão do Supremo Tribunal Federal que mantinha a abolição da cláusula-ouro dos contratos, de conformidade com a Lei Aranha de 1931, no julgamento do recurso interposto pela Companhia de Tecidos América Fabril (Bandeira, 1978).

Durante os primeiros anos do Estado Novo, a tarefa principal foi a consolidação do governo autoritário, com a eliminação dos dissidentes, fossem eles comunistas, integralistas ou liberais. O governo tratou de criar um dispositivo repressivo para que lhe fosse possível realizar as reformas institucionais necessárias à organização do Estado em novas bases. Um dos órgãos que viriam a desempenhar papel fundamental na criação de uma burocracia relativamente independente dos mecanismos da patronagem, e selecionada segundo critérios de competência, eficiência e racionalidade, foi o DASP, instituído em 1938. Nessa fase, Vargas aperfeiçoou também os mecanismos de controle do movimento operário pelo Estado, por meio dos sindicatos. A greve e o *lockout* foram proibidos pela Carta Constitucional de 1937. Não entanto, ela continha dispositivos que atendiam a muitas das reivindicações do operariado, desde os primeiros anos da República, alguns novos e outros já incorporados à Constituição de 1934, limitando-se Vargas a reiterá-los em 1937.

Outras medidas relativas ao operariado urbano foram acrescentadas depois. Em 1940, criou-se o Serviço de Alimentação da Previdência Social (Saps). Na mesma ocasião foi instituído o imposto sindical e, no ano seguinte, o salário mínimo, que, embora previsto desde a Constituição de 1934, só então foi implementado. Em 1943, foi promulgada a Consolidação das Leis do Trabalho (CLT), que regulamentava também a Justiça do Trabalho, constituída por um Tribunal Superior da Justiça do Trabalho, Tribunais Regionais e Juntas de Conciliação e Julgamento. A esses órgãos juntava-se a Procuradoria da Justiça do Trabalho. Data da mesma época a limitação do dissídio coletivo aos sindicatos profissionais, ou de empregadores, mediante a obtenção de autorização prévia do Ministério do Trabalho.

A 18 de novembro de 1938, foi decretada a lei sobre crimes contra a economia popular, determinando a punição de todos os que destruíssem matérias-primas ou produtos necessários ao consumo popular ou vendessem mercadoria abaixo do custo, com o intuito de impedir concorrência. Também eram considerados crimes: fraudes no peso, divulgação de notícias falsas para provocar altas ou baixas de preços e cobrança de juros superiores à taxa permitida por lei. Todos esses crimes eram inafiançáveis e seriam processados pelo Tribunal de Segurança Nacional.

Ao mesmo tempo, Vargas tomava medidas necessárias ao desenvolvimento da indústria nacional. Um decreto de 1938 nacionalizava a refinação de petróleo, importado ou nacional, e criava o Conselho Nacional do Petróleo. Em 1940, entrou em vigor o Código de Minas, que proibia a participação de estrangeiros na mineração e na metalurgia. Em 1941, criava-se a Companhia Siderúrgica Nacional, de economia mista, financiada por créditos americanos e recursos brasileiros. Para controlar o desequilíbrio na balança de pagamentos, Vargas suspendeu temporariamente o serviço da dívida externa, reiniciando-o em 1940. Impôs também o monopólio da venda de divisas e tributou as operações cambiais. Os bancos de depósito foram nacionalizados em abril de 1941.

O Estado brasileiro e a Segunda Guerra Mundial

A tendência nacionalista expressa na legislação dos primeiros anos do Estado Novo não resistiria, no entanto, às pressões do capital estrangeiro, do qual o país dependia cada vez mais para seu desenvolvimento. As tentativas de Vargas e de alguns de seus assessores para manter o país em um curso relativamente autônomo começaram a ceder. Esse processo, iniciado com a Revolução de 1930, durou até o começo da Segunda Guerra Mundial. Durante esse período, o governo procurou jogar com a rivalidade econômica entre os centros capitalistas. Para isso, Vargas aproximou-se da Alemanha, ao mesmo tempo que negociava novos tratados com os Estados Unidos. Nos escalões mais altos do Exército não se ocultava a simpatia pelos países do Eixo. A essa corrente, representada pelos ministros Eurico Gaspar Dutra, Góis Monteiro e Capanema, contrapunha-se outra, favorável aos Estados Unidos, liderada por Osvaldo Aranha. Com a entrada dos Estados Unidos na guerra, em 1941, esse jogo duplo tornou-se insustentável. Aumentaram as pressões de Washington sobre o Brasil, que acabou autorizando o governo norte-americano a construir bases militares no Nordeste. (Figura 37)

Prosseguindo em seu trabalho institucional, o governo criou o Banco Central Brasileiro, em março de 1939. A guerra levou o governo a constituir a Comissão Reguladora do Abastecimento e da Produção e a Defesa da Economia Nacional em setembro de 1939, com o intuito de fomentar a exportação, supervisionar acordos com governos estrangeiros, meios de transporte, fretes, estoques disponíveis etc.

Figura 37. O presidente dos Estados Unidos, Franklin Delano Roosevelt, visita o Brasil em 1943, encontrando em Natal o presidente Vargas.

Quando o Brasil entrou na guerra, em 1942, a Defesa da Economia Nacional foi extinta e, em seu lugar, o governo criou a Coordenação da Mobilização Econômica. O Estado chamara a si a responsabilidade por medidas de sustentação da indústria e da agricultura e de controle da produção. Com esse objetivo, oitenta milhões de sacas de café foram queimadas entre 1931 e 1944. As cotas de sacrifício cobradas dos agricultores começaram a ser reduzidas a partir de 1943, até serem totalmente eliminadas. Ao mesmo tempo, o Instituto do Açúcar e do Álcool tentava regulamentar as relações entre usineiros e fornecedores de cana, descontentando os primeiros. Em 1942, era fundado o Banco de Crédito da Borracha, com capitais nacionais e americanos, para financiar a extração do produto. Pouco tempo depois foi criada a Mobilização de Trabalhadores para a Amazônia, responsável pelo fornecimento de mão-de-obra à região.

A crise financeira que se abatia sobre o país acarretaria, em 1942, a mudança da moeda: do mil-réis passou-se para o cruzeiro. O racionamento foi estabelecido em maio de 1943, sendo tabelados o pão, o açúcar e a carne. O povo começava a sofrer o impacto negativo da guerra. Enquanto isso, as empresas enriqueciam a ponto de o governo resolver taxar parte dos lucros pelo Decreto de 24 de janeiro de 1944, medida que, assim como a do salário mínimo, provocou reação negativa dos setores industriais e certamente contribuiu para a queda de Vargas. (Figura 38)

A entrada do Brasil no conflito mundial serviu de pretexto para medidas repressivas contra alemães e japoneses. A perseguição aos comunistas, que arrefecera em 1938, recrudesceu em fins de 1939 e assim prosseguiu até 1940, quando o Partido Comunista Brasileiro, com a maioria de seus dirigentes presos ou exilados, praticamente deixou de existir como organização. A partir de 1941, entretanto, membros do partido fizeram as primeiras tentativas de rearticulação. No ano seguinte, os militantes exilados começaram a voltar. Haviam abandonado a política de confrontação. Preconizavam a união nacional na luta contra o nazismo e o fascismo.

A invasão da União Soviética pela Alemanha, em 22 de julho de 1941, provocou júbilo em setores de direita do Exército e receio nos meios liberais e de esquerda diante da ameaça crescente do nazismo. A apreensão desses setores cresceu com o ataque japonês a *Pearl Harbor*, em dezembro de 1941. Daí em diante, a sociedade civil começou novamente a se mobilizar. Os operários expressavam seu descontentamento pela alta do custo de vida. Estudantes e intelectuais manifestavam-se em favor da liberdade. A oposição reorganizava-se. Respondendo a pressões externas e internas, o governo passou a tomar medidas liberalizantes.

Figura 38. A Segunda Guerra de acordo com J. Carlos.

Os universitários foram um dos primeiros grupos a manifestar-se contra a *ditadura* e em favor da reabertura. Durante o Sexto Congresso realizado em julho de 1943, a União Nacional dos Estudantes (UNE), entidade estudantil autorizada a funcionar desde agosto de 1937, fez pela primeira vez referências à necessidade de redemocratizar o país. Os ataques ao fascismo deslocavam-se da área internacional para a interna. Pouco depois, em outubro de 1943, representantes das oligarquias reuniram-se e publicaram o Manifesto dos Mineiros. O documento invocava a base moral cristã da democracia, os valores ocidentais e a tradição republicana. Condenava a hipertrofia do Executivo, a centralização administrativa e a ausência de eleições. O Manifesto teve sua divulgação proibida, mas circulou de mão em mão. A esses apelos e críticas Vargas respondeu que o momento era inadequado para uma abertura democrática devido à guerra. Ao mesmo tempo, tratava de preparar a transição.

Liberalização do Estado Novo

Em janeiro de 1942, organizava-se a Sociedade dos Amigos da América, liderada pelo general Manuel Rabelo. Em agosto de 1944, quando Osvaldo Aranha deveria tomar posse no cargo de vice-presidente, o chefe de polícia mandou fechar a Sociedade. Em conseqüência do ato arbitrário, Osvaldo Aranha pediu demissão do Ministério das Relações Exteriores. O movimento democrático chegava às áreas governamentais. O clima de liberdade iria favorecer o Supremo Tribunal Federal.

Em 15 de janeiro de 1945, o presidente do Conselho da Ordem dos Advogados do Distrito Federal encaminhou ao presidente da República uma representação, "encarecendo a necessidade de restaurar imediatamente a independência do Poder Judiciário, limitada desde 1937 por uma série de dispositivos legais de exceção", a fim de que os magistrados pudessem exercer com segurança e sem temores justificados "suas atribuições de defensores imperturbáveis de todos os direitos do cidadão e de todas as liberdades públicas". Para isso, era mister que fossem declarados imunes aos efeitos do artigo 177 das disposições transitórias da Carta de 1937, que permitira ao governo aposentar funcionários civis e militares. A representação foi encaminhada a todos os ministros de Estado, ao presidente do Conselho Federal e aos demais Conselhos Seccionais, ao presidente do Supremo Tribunal, aos presidentes dos Tribunais de Apelação e de Institutos de Advogados em todo o país (Costa, 1961). Os intelectuais da oposição também começavam a se manifestar. Reunidos em 28 de janeiro de 1945, em um congresso da Associação Brasileira de Escritores, emitiram uma declaração de princípios, de autoria de Prado Kelly e Caio Prado Jr., em prol do sufrágio secreto, universal e direto; da legalidade democrática; da liberdade de culto; do pleno exercício da soberania popular e do direito a uma existência digna. Mais uma vez, apesar da relativa abertura, foi proibida a divulgação do documento pelos jornais.

Em fevereiro, no entanto, já se notava a quebra da censura, com a publicação de críticas ao governo pelos principais órgãos de imprensa. Naquela ocasião, o representante do governo norte-americano, ao voltar da Conferência de Yalta, onde Churchill, Stalin e Roosevelt encontraram-se, passou pelo Brasil para advogar a necessidade da abertura política. Diante da ofensiva liberal, Vargas decidiu conduzir o processo de abertura democrática, estabelecendo a liberdade de imprensa e fixando as eleições para 2 de dezembro de 1945. Pouco mais de um mês depois, o Brasil estabeleceu relações com a União Soviética. Cresceram as pressões pela anistia dos presos políticos. Esta seria finalmente concedida em 18 de abril. Ao mesmo tempo, era decretado o Ato Adicional nº 9, confirmando oficialmente a realização de eleições futuras.

O processo de abertura repercutia no Supremo Tribunal Federal, que, a 11 de abril de 1945, concedia por unanimidade a ordem de *habeas corpus* impetrada por Waldemar Ferreira e outros em favor de Armando de Salles Oliveira, Otávio Mangabeira e Paulo Nogueira Filho, para que, *livres de culpa e pena*, pudessem voltar ao Brasil. Os pacientes tinham sido condenados a dois anos de prisão e haviam se exilado em Nova York e Buenos Aires.

Voltaram a aparecer os partidos políticos. Fundou-se a União Democrática Nacional, inicialmente composta de vários elementos progressistas, com a presença de alguns comunistas e socialistas. Pouco a pouco, no entanto, a UDN passou a ser controlada pela velha oligarquia agrária, membros do empresariado e das altas finanças. Logo depois, surgia o Partido Social Democrata (PSD), cuja base social não divergia muito da que sustentava a UDN, tendo, entretanto, entre seus membros vários representantes do Estado Novo. Seu programa, contrariamente ao proposto pela UDN, não mencionava liberdade de organização, autonomia sindical ou direito de greve. O texto continha traços do corporativismo estado-novista. Em março e abril, foram lançadas as candidaturas do brigadeiro Eduardo Gomes, pela UDN, e de Eurico Gaspar Dutra, pelo PSD. Vargas, relutantemente, deu apoio oficial a Dutra, enquanto continuava a manobrar nos bastidores para o lançamento de outro candidato. Em maio de 1945, foi fundado o Partido Trabalhista Brasileiro (PTB), cujos quadros vinham principalmente do Ministério do Trabalho. Na mesma ocasião, foi legalizado o Partido Comunista.

Em meio à luta política e à suspeita crescente de que Vargas daria um golpe para permanecer no poder, o presidente irritou ainda mais a oposição, promulgando em agosto de 1945 a lei contra os trustes, conhecida como *Lei Malaia*, que provocou violenta reação da indústria, do comércio e dos setores financeiros, a ponto de o presidente ser forçado a adiar a sua implementação. Simultaneamente era lançada a campanha pela convocação de uma *Constituinte com Getúlio*. A campanha *queremista*, como foi chamada, contou com grande apoio popular e assustou mais ainda os adversários, apesar de Vargas afirmar reiteradamente que não seria candidato. No final de setembro, na tentativa de forçar as eleições, o embaixador norte-americano fez um discurso amplamente divulgado em favor do restabelecimento das liberdades democráticas no país.

Alguns dias depois, uma grande demonstração popular *queremista*, apoiada pelos comunistas, teve lugar no Rio de Janeiro. Diante disso, a UDN apelou para as Forças Armadas, da mesma forma que os liberais haviam feito às vésperas do golpe de 1937. Instituía-se assim uma tradição, retomada no futuro. Sempre que as elites receassem que o poder viesse a lhes escapar bastaria mencionar o perigo comunista e recorrer às Forças Armadas. A suposta *ameaça* comunista tornara-se um grande trunfo político que as elites não hesitariam em usar.

Em um erro tático que lhe custaria caro, Getúlio mudou o chefe da polícia do Rio de Janeiro, nomeando para o lugar seu irmão Benjamim Vargas. O ato foi interpretado como mais um passo para a preparação do golpe. A resposta dos militares não se fez esperar. A 29 de outubro, Getúlio foi deposto. Assumiu o governo o presidente do Supremo Tribunal Federal, ministro José Linhares. Iniciava-se uma nova etapa da história do Supremo. A derrubada de Vargas não representaria, no entanto, o fim do Estado Novo. Formalmente abolido pela Constituição de 1946, que restabeleceu o sistema liberal democrático, representativo e federativo, baseado nos Três Poderes harmônicos e independentes entre si, o legado do Estado Novo persistiria em muitas práticas e instituições da Quarta República. Restabelecida a sua autonomia, o Supremo Tribunal Federal enfrentaria novos desafios. (Figura 39)

Figura 39. A imprensa anuncia a deposição de Vargas, em 29 de outubro de 1945.

A RETOMADA DO LIBERALISMO E OS LIMITES DA DEMOCRACIA

O Supremo Tribunal durante a Quarta República (1945-1964): a "redemocratização"

A queda de Vargas e a instalação de um novo governo em 1946 levaram à revisão das formas de poder. Os grupos que haviam deposto Vargas falavam na necessidade de pôr fim à *ditadura* e restabelecer a *democracia*. Ficou desde logo claro, entretanto, que não pretendiam uma simples volta ao passado. A Revolução de 1930 e o Estado Novo tinham imprimido um curso novo às instituições políticas. Entre 1930 e 1945, a situação mundial se alterara e a economia brasileira se tornara mais dependente da industrialização e do capital estrangeiro, embora a agricultura continuasse a ter um papel preponderante nas exportações. A população urbana aumentara. O proletariado, ainda que atrelado ao Estado, estava mais organizado, e os empresários, mais participantes. A volta à liberal democracia seria inevitavelmente marcada por essas experiências.

Os constituintes de 1946 repudiavam o liberalismo tradicional característico da prática política da Primeira República. Condenavam as fraudes eleitorais e a falta de representatividade dos governos; as práticas oligárquicas e clientelísticas; e os constantes estados de sítio que haviam marcado o período. Ao mesmo tempo, criticavam os fundamentos do Estado Novo: a concentração de poderes em um só homem, o silenciamento das urnas, a hipertrofia do Poder Executivo, a sujeição dos Estados à União, a vulnerabilidade do Judiciário às pressões do Executivo, o uso freqüente dos estados de emergência e de guerra e a violação das garantias constitucionais. A

Figura 40. O ministro e presidente do STF José Linhares assume a Presidência da República, temporariamente, de 30 de outubro de 1945 até 31 de janeiro de 1946, quando da deposição de Vargas.

Quarta República restabeleceria o modelo liberal da Constituição de 1891, mas incorporaria à de 1946 vários dispositivos adotados em 1934 e em 1937, principalmente quanto às formas de organização, aos direitos dos operários e ao papel do Estado na economia e na educação. Naquele período de transição, formas corporativistas subsistiram ao lado de formas liberais e o regime anunciado pomposamente como uma volta ao Estado liberal e democrático revelou-se, com o tempo, elitista, excludente, marcado por práticas oligárquicas, clientelísticas, autoritárias e corporativistas que acabariam levando a tensões crescentes e, finalmente, ao golpe militar de 1964.

Um dos primeiros atos de José Linhares, o presidente do Supremo Tribunal Federal que substituiu Vargas e governou o país de 30 de outubro de 1945 até a posse do presidente eleito, general Eurico Gaspar Dutra, em 31 de janeiro de 1946, foi extinguir o Tribunal de Segurança Nacional, transferindo para a justiça comum o julgamento dos crimes contra a existência, a segurança e a integridade do Estado, bem como a guarda e o emprego da economia popular. Revogou, em 30 de novembro de 1945, o artigo 186 da Carta de 1937, que declarava o estado de emergência em todo o país. Eliminou ainda o artigo 177 das disposições transitórias, que acabara tornando-se permanente, no qual se estipulava que poderiam ser aposentados ou reformados, de acordo com a legislação vigente, os funcionários civis e militares cujo afastamento se impusesse a juízo exclusivo do governo, no interesse do serviço público ou por conveniência do regime. Esse dispositivo, enquanto perdurou, fizera pesar sobre o Tribunal uma ameaça constante. José Linhares dava, assim, início à demolição do aparato repressivo do Estado Novo, processo que seria continuado pelo presidente eleito e pela Assembléia Constituinte. Sua intenção liberalizante não se estendia, no entanto, aos operários, que continuaram sob o regime da CLT, nem ao Partido Comunista, alvo constante de perseguições. (Figura 40)

O interregno Linhares anunciava alguns dos problemas que o governo enfrentaria durante a Quarta República e iniciava a transformação das instituições estatais de controle da economia com o objetivo de favorecer a livre empresa. O artigo 179 da Carta Constitucional de 1937, que criara o Conselho de Economia Nacional, foi suprimido. O Decreto de 19 de dezembro pôs fim à Coordenação da Mobilização Econômica. A seguir foram revogados os decretos-leis sobre cooperativas. Linhares determinou ainda a venda das empresas de publicidade, editoras e jornais pertencentes à União. Suspendeu também a censura prévia na radiofonia. Finalmente, devolveu ao Supremo Tribunal Federal sua autonomia. A demolição seletiva de instituições criadas por Vargas continuaria durante o qüinqüênio do presidente eleito (*Revista de Jurisprudência Brasileira*, v.70). (Figura 41)

Figura 41. Eduardo Gomes, Eurico Gaspar Dutra e Iedo Fiúza.

Figura 42. Bancada Comunista em 1946; entre outros, Jorge Amado, Abílio Fernandes, João Amazonas, Luís Carlos Prestes, Maurício Grabois, Milton Caires de Brito, José Maria Crispim, Gregório Bezerra e Carlos Marighela.

Candidato do recém-criado PSD, o general Eurico Gaspar Dutra, que apoiara o golpe de Vargas em 1937, fizera parte do dispositivo militar do governo durante o Estado Novo e, em 1945, estivera entre os que conspiraram para afastar o *ditador*, foi eleito com 55% dos votos, o que na época correspondia a cerca de 13% da população do país, tendo derrotado o candidato da UDN, brigadeiro Eduardo Gomes. A vitória de Dutra era um testemunho da eficiência da máquina montada por Vargas. Este se candidatou a senador e a deputado por vários Estados. Obtendo votação expressiva em todos eles, acabou aceitando a indicação de senador pelo Rio Grande do Sul. As eleições demonstraram que o ex-presidente tinha ainda grande prestígio entre o povo e não poderia ser simplesmente descartado.

Dutra tomou posse em 31 de janeiro de 1946 e, em 1º de fevereiro, instalou-se a Assembléia Nacional Constituinte. Nesta predominava a bancada do PSD, com 177 deputados, seguida pela UDN, com 87, pelo PTB, com 24, e pelo PC, com 14. A Carta de 1937 continuou em vigor até a promulgação da nova Constituição, em 18 de setembro de 1946. Durante esse meio tempo, Dutra governou por decreto. (Figura 42)

A Constituição de 1946 manteve o regime presidencialista. Reintroduziu o veto presidencial, podendo este ser removido pelo Congresso em sessão conjunta, desde que dois terços dos votos fossem a favor da lei impugnada, que seria então enviada ao presidente para promulgação. Restabeleceu o sistema representativo, baseado no sufrágio universal e direto, secreto e obrigatório (incluindo o voto feminino). Assegurou a representação proporcional dos partidos políticos nacionais e a independência e harmonia dos Três Poderes. Reinstalou a Câmara e o Senado. Aboliu a representação classista presente nas Constituições de 1934 e 1937. Suprimiu o

Conselho Federal e outros órgãos técnicos criados pelo Estado Novo. Eliminou a pena de morte, incorporada à Constituição de 1937. Devolveu aos Estados uma relativa autonomia em relação à União, pondo fim aos interventores, que foram substituídos por governadores eleitos e Assembléias Legislativas. Submeteu, ainda, os casos de intervenção federal nos Estados à aprovação do Congresso, do Supremo Tribunal Federal ou do Tribunal Eleitoral, conforme as circunstâncias. Conferiu maior autonomia aos municípios. Ampliou, também, os direitos dos trabalhadores, estipulando sua participação nos lucros das empresas, concedendo-lhes o direito de greve e a liberdade de associação sindical. Essas medidas, entretanto, ficaram sujeitas à legislação posterior e acabaram sem efeito, restabelecendo-se, em linhas gerais, o regime que vigorara durante o Estado Novo.

A Constituinte trabalhou sob a pressão de trustes americanos, principalmente a Standard Oil of New Jersey e a International Telephone and Telegraph (ITT), esta interessada na concessão de serviços de telégrafo e radiocomunicação e aquela, nos artigos referentes à exploração do subsolo. O próprio presidente tinha como assessores dois advogados americanos, Herbert Hoover Jr. e Arthur Curlice, ligados aos trustes de petróleo, sendo o primeiro autor do anteprojeto da legislação petroleira da Colômbia e do Peru (Bandeira, 1978). A pressão dos capitais estrangeiros crescia à medida que o Brasil se tornava um mercado atraente para vários tipos de investimento.

A Constituição de 1946 recuou quanto à política nacionalista, firmada nas Constituições de 1934 e 1937. Estabeleceu um regime de igualdade entre capitais nacionais e estrangeiros, deixando a cargo de legislação posterior o regime dos bancos de depósito, das empresas de seguro e de capitalização e das concessionárias de serviços públicos, que tinham sido nacionalizados na Carta de 1937. O aproveitamento de recursos minerais e de energia hidráulica continuou a depender de autorização ou concessão federal, *na forma da lei*, sendo as concessões conferidas exclusivamente a brasileiros ou a sociedades organizadas no país. Essa última cláusula criava oportunidade para a participação do capital estrangeiro. A nova Constituição ampliou as garantias ao direito de propriedade, firmando o princípio de indenização prévia em dinheiro em caso de expropriação por necessidade, utilidade pública ou interesse social. O mandado de segurança, omitido na Carta de 1937, voltou a ser mencionado no rol das liberdades cívicas, juntamente com o *habeas corpus*. Foi também reativada a cláusula da Constituição de 1934 sobre a suspensão, pelo Senado, da vigência da norma declarada inconstitucional por decisão do Supremo Tribunal Federal, generalizando-se dessa forma o seu efeito.

O estado de emergência estabelecido em 1937 (artigos 166, 170 e 186) e declarado extinto pelo presidente em exercício, José Linhares, foi omitido da Constituição de 1946. Esta limitou também o uso do estado de sítio, que ficou subordinado à aprovação do Congresso, mas permitiu, durante sua vigência, a suspensão das imunidades de membros do Congresso Nacional cuja liberdade se tornasse *manifestamente incompatível com a defesa da Nação* ou com a segurança das instituições políticas e sociais. Para isso, no entanto, seria necessário o voto de dois terços dos membros da Câmara e do Senado. A Constituição assegurou ainda as garantias e os direitos do cidadão, entre os quais a liberdade de manifestação de pensamento; aboliu a censura a espetáculos e diversões públicas. Estipulou, no entanto, que não seria tolerada a propaganda de guerra, de processos violentos para subverter a ordem política e social e de preconceitos de raça ou classe, restrições que abriam a porta a inúmeros abusos e perseguições. Determinou, ainda, que todos podiam reunir-se sem armas, não intervindo a polícia senão para assegurar a ordem pública. Com tal intuito, poderia ela designar o local para a reunião, contanto que assim procedendo não a tornasse impossível. A Constituição garantia a livre associação para fins "lícitos", estabelecendo que nenhuma poderia ser compulsoriamente dissolvida, a não ser em virtude de sentença judicial. Proibia a organização, o registro ou o funcionamento de partido político ou associação cujo programa ou ação contrariasse o regime democrático, baseado na pluralidade dos partidos e na garantia dos direitos fundamentais do homem. A medida serviria mais tarde para justificar o fechamento do Partido Comunista.

Nas disposições constitucionais transitórias, concedeu anistia a todos os cidadãos considerados insubmissos ou desertores até a data da sua promulgação, estendendo-a aos trabalhadores que tivessem sofrido penas disciplinares em conseqüência de greves ou dissídios trabalhistas. Em um gesto simbólico, provavelmente com a intenção de marcar o comprometimento dos constituintes com o liberalismo, a Constituição determinou que o governo mandasse erigir na capital da República um monumento a Rui Barbosa, "em consagração dos seus serviços à Pátria, à Liberdade e à Justiça" (Senado Federal, 1986, v.1).

Quanto ao Judiciário, a Constituição de 1946 manteve a decisão de Vargas de extinguir a Justiça Federal de Primeiro Grau e incorporou a Justiça do Trabalho, a Justiça Eleitoral e a Justiça Militar. Para aliviar o Supremo Tribunal Federal do elevado número de processos, criou o Tribunal Federal de Recursos, passando-lhe a competência de julgar em grau de apelação as causas em que a União participasse como autora, ré, assistente ou opoente. Ao livrar-se dessa atribuição, "o STF teve salientado o seu papel de árbitro da federação nos conflitos políticos e de jurisdição e o papel de guardião da Constituição". A partir de 1946, portanto,

> a posição do STF vai sendo depurada no sentido de transformá-lo mais numa Corte das questões federativas e constitucionais e menos numa Corte dos assuntos da União. (Arantes, 1997)

A criação do Tribunal de Recursos em 1946 vinha atender a uma reclamação que datava do período Vargas. Já em julho de 1945, a *Revista de Jurisprudência Brasileira* falava na crise do Supremo Tribunal Federal, ocasionada pelo acúmulo de processos. Referia-se a estudos feitos desde 1933, quando se sugerira a Vargas elevar para dezesseis o número de juízes. Naquela ocasião, foi também aventada a criação de Tribunais de Circuito em Recife, no Rio de Janeiro e em São Paulo, a exemplo dos Estados Unidos. Nenhuma das sugestões foi aceita e passados doze anos, apesar do aumento da população e do número de processos, nada se fizera para aliviar o Supremo. Em 1940, os julgamentos da Primeira Turma montavam a 648; em 1944, chegavam a 1.024. Os da Segunda Turma tinham passado no mesmo período de 489 para 726. Em vista da crise, sugeria-se a nomeação de secretários de ministros, estipendiários do governo e de estenógrafos para anotar relatórios e projetos de acórdãos. Propunha-se, ainda, a restauração dos assentos vigentes no período colonial, bem como a criação de um Tribunal de Reclamações, tal como tinha sido sugerido na Constituição de 1934.

O Tribunal de Recursos visava a solucionar o problema do acúmulo de processos. Não teve, entretanto, o resultado esperado. O ministro Orosimbo Nonato informava, em 1958, que, nos dez meses que compunham o ano judiciário, os julgamentos proferidos pelo Tribunal Pleno e pelas Turmas haviam chegado a 6.174, contra 5.251 no ano anterior. Durante o ano, haviam sido protocolados 6.597 processos, o que resultava em um déficit de 426 ainda sem julgado. Concluía o seu relatório notando que, apesar do enorme acréscimo de trabalho, havia no Supremo Tribunal Federal um número menor de funcionários. Em 1954, havia 126 funcionários; em 1957, 120, que deveriam ser reduzidos a 103 com a extinção de vários cargos (*Revista de Jurisprudência*, v.4). Carlos Aureliano Motta de Souza indica que o número de recursos extraordinários protocolados no Supremo Tribunal Federal em 1957 chegava a 3.346. Em um período de dezessete anos, de 1918 a 1934, haviam sido protocolados 1.607 recursos extraordinários. Entre 1936 e 1957, o número subira para 18.827. Avaliando o aumento do movimento processual do Supremo, apenas em relação aos recebidos na década de 1940, registra 27.282 processos. Na década seguinte, o número quase dobrou, atingindo 51.717. Em meados dos anos 1960 o número total já ultrapassava sessenta mil. Mesmo depois que os recursos ordinários de causas da União passaram a ser encaminhados ao Tribunal Federal de Recursos, em 1947, o número de processos julgados pelo STF anualmente continuara aumentando. Em 1964 chegava a 7.849 (Baleeiro, 1968).

O resultado desse acúmulo era a demora na solução dos processos, havendo em 1945 alguns que datavam do início da Primeira República e até do extinto Tribunal do Império. Em 1966, Aliomar Baleeiro referia-se aos *milhares de processos estagnados desde o começo do século*. Nesses casos, já estavam mortos os litigantes e, devido à inflação crônica que se tornara aguda a partir da Segunda Grande Guerra, os valores das causas haviam sofrido erosão, ficando reduzidos a quase nada.

A despeito do acúmulo de trabalho, a Constituição de 1946 manteve o mesmo número de ministros. Estes seriam nomeados pelo presidente, com a aprovação do Senado, como fora anteriormente ao Estado Novo, podendo seu número ser aumentado por lei, por meio de proposta do Supremo. Foi restabelecido o princípio da vitaliciedade. A aposentadoria compulsória foi fixada aos setenta anos (ou por invalidez) e a facultativa, após trinta anos de serviço público. O princípio da inamovibilidade de juízes foi restaurado, salvo quando ocorresse motivo de interesse público, reconhecido pelo voto de dois terços dos membros do Tribunal. A Constituição de 1946 divergia da Carta de 1937, que abrira exceções quanto à vitaliciedade e à inamovibilidade de juízes, permitindo a exoneração em virtude de sentença judiciária ou a pedido, e a suspensão da inamovibilidade nos casos de promoção ou remoção, também a pedido. Manteve ainda a irredutibilidade dos vencimentos, que, todavia, ficariam sujeitos a impostos gerais. O ministro José Linhares, quando no exercício da Presidência da República, restabelecera a tradição da escolha do presidente e do vice-presidente do Supremo Tribunal Federal por seus pares (Costa, 1961). Dessa forma, os ministros do Supremo Tribunal readquiriram sua independência.

As competências originárias e privativas do Supremo e aquelas referentes aos recursos ordinários e extraordinários sofreram algumas modificações na Constituição de 1946. Passou a ser de sua competência processar e julgar originariamente o presidente da República nos crimes comuns; em recurso ordinário, os crimes políticos e, em recurso extraordinário, as causas decididas em única ou última instância por outros juízes e tribunais, para rever em benefício dos condenados suas decisões criminais em processos findos. Todos esses itens tinham sido omitidos na Carta de 1937. No mais, os dispositivos referentes à competência do Supremo Tribunal eram os mesmos presentes anteriormente. Foi ainda eliminada a cláusula existente na Carta de 1937, que conferia ao presidente da República o direito de submeter novamente ao Parlamento, "caso fosse necessário ao bem-estar do povo e à promoção ou defesa de interesse nacional de alta monta", uma lei julgada inconstitucional pelo Supremo Tribunal Federal, cuja decisão ficaria sem efeito se o Congresso confirmasse a lei por dois terços dos votos (artigo 96, parágrafo único, da Constituição de 1937). A Constituição de 1946 dispôs que "só pelo voto da maioria absoluta dos seus membros poderiam os Tribunais declarar a inconstitucionalidade da lei ou de ato do Poder Público" (artigo 200). Estabeleceu, ainda, a competência do Senado Federal para suspender a execução, no todo ou em parte, de lei ou decreto declarados inconstitucionais pelo Supremo Tribunal (artigo 64). Todas essas alterações devolveram e, em certos aspectos, ampliaram as antigas atribuições do Supremo Tribunal Federal, conferindo-lhe importante papel no novo regime.

Apesar das diferenças apontadas, a Constituição de 1946 apresentava uma continuidade notável, até certo ponto inesperada, com as de 1891, 1934 e 1937. O texto revelava, entretanto, as contradições, o choque de interesses e o compromisso entre os vários grupos representados, direta ou indiretamente, na Constituinte. Os industriais queriam se libertar da legislação fiscalizadora implantada pelo Estado Novo. Ao mesmo tempo, desejavam conservar os subsídios e as vantagens conseguidas naquele período. Tinham, também, a intenção de manter as medidas de controle impostas aos operários. Estes, por sua vez, pressionavam para obter maior liberdade de organização e autonomia em relação ao Estado, pleiteando o reconhecimento do direito de greve, proibido pela Carta de 1937. Ao mesmo tempo, procuravam manter as vantagens e garantias conquistadas desde a Constituição de 1934, incorporadas e ampliadas durante o Estado Novo. Os fazendeiros de café, usineiros e fornecedores de cana queriam pôr fim às restrições à livre produção impostas pelo Departamento Nacional do Café e pelo Instituto do Açúcar e do Álcool, respectivamente, enquanto os trabalhadores da terra almejavam uma reforma agrária e gostariam de ver estendidas ao campo as vantagens concedidas ao proletariado industrial. Setores industriais estavam interessados na liberação de importações, principalmente de máquinas ou matérias-primas não existentes no Brasil e necessárias à indústria, enquanto os representantes da lavoura pressionavam o governo para a adoção de uma política favorável às exportações. Intelectuais, artistas, estudantes, jornalistas e profissionais de classe média reclamavam a abolição da censura, o restabelecimento das garantias civis e a suspensão das medidas de exceção. As oligarquias estaduais desejavam restabelecer plenamente o princípio federativo e recuperar o poder perdido em favor da União. Nacionalistas, civis e militares, pretendiam manter o controle do capital estrangeiro e as medidas adotadas por Vargas em favor dos empresários brasileiros e da mão-de-obra nacional. Os grupos associados ao capital estrangeiro, por sua vez, queriam livrar-se das restrições à remessa de lucros e à livre circulação de capitais e gostariam de remover os obstáculos impostos por Vargas à sua participação em áreas reservadas ao empresariado nacional.

A maioria dos militares e vários setores civis olhavam com suspeição as atividades do Partido Comunista, que conseguira cerca de seiscentos mil votos, correspondentes a 10% do eleitorado, na eleição para a Presidência da República, quando apresentara candidato próprio e conseguira eleger um senador e catorze deputados à Constituinte. Os comunistas, decididos a uma política de cooperação com a *burguesia nacional* para promover o desenvolvimento, empenhavam-se em defender causas populares, tais como: cursos noturnos, liberdade sindical, direito de greve, formas de participação dos operários nos lucros da empresas, parcelamento da terra, melhoria dos salários e das condições de vida do proletariado, medidas que, muitas vezes, contrariavam os interesses de industriais e de proprietários de terra. Os conflitos de interesses e as tensões presentes na Constituinte voltariam a se manifestar muitas vezes ao longo da Quarta República.

Os primeiros decretos do governo Dutra revelaram claramente as intenções dos que se tinham unido para derrubar o governo Vargas. Uma das primeiras medidas foi a flexibilização do câmbio, visando a facilitar a remessa de lucros. O Decreto de 27 de fevereiro de 1946 dispôs sobre as operações de câmbio, assegurando a liberdade de compra e venda e o direito de retorno ao capital estrangeiro, desde que a parcela anual não excedesse a taxa de 20% do capital registrado. Estabelecia que o capital estrangeiro, aplicado em títulos da dívida pública interna brasileira ou de renda fixa, teria garantida sua transferência imediata e integral, autorizando ainda a remessa de juros, lucros e dividendos desde que não excedessem 8% do capital registrado (Decreto-Lei 9.023, de 27 de fevereiro de 1946).

Seguiram-se decretos suspendendo, temporariamente, direitos de importação e demais taxas aduaneiras às ferramentas agrícolas, sacos de aniagem e tecidos para sua fabricação. Ainda com o objetivo de estimular a importação, foi prorrogado o prazo de isenção de direitos sobre cimento *Portland* ou Romano, lâminas de celulose e outros produtos essenciais à produção. Decreto de julho extinguiu a cota de 3% sobre as operações de câmbio, regulamentadas depois por novos decretos. Em agosto, deu-se nova redação ao Código de Minas. Uma lei de setembro dispôs sobre as atribuições do Conselho de Segurança Nacional e de seus órgãos complementares, e outra extinguiu o Departamento Nacional de Informações.

A venda, pelo governo Dutra, de ouro para os Estados Unidos a preços abaixo do mercado, o aumento das importações, a dependência em relação ao setor de serviços e empréstimos estrangeiros e a política financeira de liberdade cambial iriam provocar uma enorme evasão de capitais. A queda das reservas forçaria uma mudança na política do governo, que estabeleceu um regime de cotas de importação. A medida criou, no entanto, oportunidades para que muitas irregularidades fossem cometidas. Para complicar a situação, aumentavam os conflitos entre o capital e o trabalho. As chamadas *classes produtoras* reagiam contra as leis sociais e as greves. O anticomunismo era generalizado entre elas e suas práticas em relação aos trabalhadores eram pouco democráticas. Vários decretos concernentes à organização do trabalho e aos mandatos sindicais alteraram disposições da Consolidação das Leis do Trabalho, embora ela continuasse a regulamentar as organizações operárias. Com o intuito de coibir as ações políticas dos sindicatos, proibiu-se o aluguel de suas sedes para atividades político-partidárias e interditou-se a propaganda de idéias *incompatíveis com as instituições e os interesses da nação*, bem como a filiação a organizações internacionais, sem licença prévia do Congresso (*Revista de Jurisprudência Brasileira*, v.73).

Durante os trabalhos da Constituinte persistiram a censura ao rádio, a suspensão a jornais, as intervenções em sindicatos e a repressão policial a trabalhadores. Antes mesmo que fossem decididas pela Constituinte questões relativas à liberdade sindical e ao direito de greve, o Executivo emitia decretos com o intuito de cerceá-los ou reprimi-los. Em março de 1946, o Decreto-Lei 9.070 suprimia o direito de greve. Posteriormente, esse direito foi reconhecido pela Constituinte e incorporado à Constituição. Entretanto, em sua regulamentação foram introduzidas tantas exceções que o dispositivo constitucional ficou praticamente inoperante. Em maio de 1946, as autoridades impugnaram o registro do Movimento Unitário dos Trabalhadores (MUT), organizado pelo PC em agosto de 1945. O Decreto de 25 de junho atribuiu à Confederação Nacional das Indústrias o Serviço Social da Indústria. Dessa forma, antes mesmo que a Constituinte concluísse seus trabalhos, o governo, por meio de decretos-leis, ia derrubando instituições criadas pelo Estado Novo, dando maior força à iniciativa privada e ao capital estrangeiro, liberando importações, enquanto mantinha a Consolidação das Leis do Trabalho e reforçava as medidas que restringiam não só a participação do proletariado na vida política do país, como também cerceavam as atividades do Partido Comunista.

Perseguição aos comunistas

A instalação da Quarta República coincidira com o advento da Guerra Fria. A posição hegemônica dos Estados Unidos no pós-guerra permitia-lhes aumentar as pressões, para forçar o alinhamento político dos países da América Latina sob a bandeira do *Ocidente*. Recomeçaram as hostilidades à União Soviética e a perseguição aos comunistas. Em 23 de março de 1946, menos de dois meses após a ascensão de Dutra, dois deputados do Partido Trabalhista entraram na Justiça Eleitoral com denúncias contra o registro do Partido Comunista, argumentando ser organização internacional orientada pelo marxismo-leninismo e, portanto, contrária às instituições nacionais. Alegavam, ainda, que, depois do seu registro, o Partido Comunista passara a exercer ação nefasta, insuflando a luta de classes, fomentando greves e criando ambiente de confusão e desordem. Apesar do parecer do procurador-geral da República, ministro Temístocles Cavalcanti, que rejeitou o pedido alegando a falta de fundamentação e a gravidade do precedente, a Justiça Superior Eleitoral acolheu o pedido por três votos a dois e determinou ao Tribunal Regional do Distrito Federal que iniciasse as investigações sobre as atividades dos comunistas no movimento operário, na imprensa e nas manifestações populares. A decisão provocou debates na Constituinte e o resultado foi a aprovação do artigo 141, parágrafo 13, que proibia o funcionamento de partido ou associação cujo programa contrariasse o regime democrático, baseado na pluralidade dos partidos e na garantia dos direitos fundamentais do homem. Ficava também autorizada a Justiça Eleitoral para proceder tanto ao registro quanto à cassação do registro de partidos políticos (artigo 119, I). Esses artigos seriam posteriormente invocados para justificar o fechamento do Partido Comunista.

As perseguições aos comunistas prosseguiam. Um discurso de Luís Carlos Prestes, em 26 de março de 1946, e sua afirmação de que apoiaria a União Soviética em caso de guerra imperialista contra ela, mesmo que o Brasil a endossasse, provocaram enorme celeuma, sendo interpretados por muitos como traição à pátria. Seguiu-se um incidente em maio, por ocasião de comício que deveria ocorrer no Largo da Carioca em comemoração a um ano de legalidade do Partido Comunista. A transferência de local para Ipanema, à última hora, por ordem do chefe de polícia, provocou tumulto e tiroteio, resultando em pânico e confusão. Os incidentes multiplicavam-se. Em 15 de agosto de 1946, o ministro da Justiça, Carlos Luz, invocando lei do Estado Novo, resolveu suspender por quinze dias o jornal comunista *Tribuna Popular*. O ato do ministro provocou protestos de vários deputados.

A situação agravou-se a partir de outro incidente ocorrido no Rio de Janeiro, quando o envenenamento de um jovem provocou manifestações populares, atribuídas aos comunistas pelo *O Globo* e por outros jornais. A sede do Partido Comunista foi invadida pela polícia e numerosas pessoas foram presas, provocando protestos isolados de deputados. Os comunistas eximiram-se da responsabilidade pela agitação popular, mas as greves continuavam em conseqüência da crise econômica que afetava particularmente as camadas populares, com a alta do custo de vida e a compressão salarial. Em setembro, o governo retirou as tropas das dependências da sede do Partido Comunista e os presos começaram a ser libertados, mas as perseguições continuaram. Enquanto os comunistas eram alvo de perseguição, os integralistas, organizados em um novo partido, eram poupados (Almino, 1980).

Expurgo nos sindicatos e rompimento das relações com a União Soviética

No início de 1947, o governo iniciou expurgo nos sindicatos. Em abril, decretou o fechamento temporário da União da Juventude Comunista, depois fechada permanentemente. O Decreto de 7 de maio de 1947 suspendeu o funcionamento, em todo o território nacional, da Confederação dos Trabalhadores do Brasil (CTB), que havia sido criada em substituição ao Movimento Unitário dos Trabalhadores. O Tribunal

Regional Eleitoral do Rio de Janeiro encaminhou o resultado das investigações iniciadas meses antes, responsabilizando os comunistas pelas greves. Seguindo o parecer do procurador-geral da República, o Supremo Tribunal Eleitoral resolveu cancelar o registro do partido, em 7 de maio de 1947. Em outubro de 1947, o Brasil rompeu relações com a União Soviética sob pretexto de um incidente envolvendo o embaixador brasileiro. Finalmente, visando a coibir a participação de militares na política, determinou-se que, caso se filiassem a partidos, deveriam ser levados a julgamento pelo Superior Tribunal Militar e reformados, se considerados culpados.

Em virtude da cassação do registro do Partido Comunista, a questão dos mandatos dos vereadores, deputados e do senador eleitos sob sua legenda foi levantada no Congresso. Deveria este cancelar aqueles mandatos? Embora rejeitado por ser considerado inconstitucional pelos senadores da UDN Etelvino Lins e Artur Santos, e apesar de ter provocado protestos de alguns deputados que temiam pelo futuro da democracia no Brasil, o projeto de cassação dos mandatos acabou sendo aprovado a 7 de janeiro de 1948. A cassação atingiu também jornais comunistas. O governo emitiu ordem de prisão contra Luís Carlos Prestes e vários outros militantes. A partir desse momento, o Partido Comunista, na clandestinidade, abandonou sua política de alianças e passou a denunciar abertamente o caráter antidemocrático e pró-imperialista do governo.

O Supremo Tribunal e as esquerdas

Membros do Partido Comunista recorreram ao Supremo Tribunal Federal com pedido de *habeas corpus* contra o fechamento de sua sede, com um recurso extraordinário interposto àquela decisão do Tribunal Eleitoral e com dois mandados de segurança impetrados pelos representantes do Partido Comunista no Congresso Nacional contra o ato das respectivas Mesas, que declarava extintos seus mandatos em conformidade ao artigo 2º da Lei 211, de 7 de janeiro de 1948 (Carone, 1985; Costa, 1964, v.3).

O pedido de *habeas corpus* em nome do senador Luís Carlos Prestes e dos deputados Maurício Grabois e João Amazonas alegava que estavam impedidos de entrar e sair da sede central e dos comitês locais do Partido pela polícia e que, mesmo antes de ser publicado o acórdão do Supremo Tribunal Eleitoral, a polícia invadira suas dependências, expulsando funcionários, apropriando-se de máquinas de escrever, arquivos, livros e documentos. Argumentava que o Partido tinha se organizado como sociedade civil devidamente registrada em cartório e que a cassação do registro partidário não suprimia a sociedade civil. Alegava ainda que os pacientes, como diretores da sociedade civil, estavam impossibilitados de exercer atos relativos à guarda e à disposição dos bens sociais e do patrimônio privado. Foi relator o ministro Castro Nunes, que, depois de afirmar a competência do Supremo Tribunal Federal para julgar o caso, rejeitou o *habeas corpus* por não ser o meio idôneo, que no seu entender deveria ser o mandado de segurança. Nesses termos o *habeas corpus* foi negado unanimemente, tendo os ministros Lafayette de Andrada e Ribeiro da Costa se declarado impedidos por terem participado da decisão do STE.

A denegação no Supremo Tribunal Federal baseara-se em uma interpretação restrita do *habeas corpus*, limitada à garantia do direito de locomoção, desde a época da Emenda Constitucional de 1926. Essa interpretação fora reafirmada a partir da criação do mandado de segurança em 1934 e incorporada em 1946. Estava-se longe da interpretação ampla dada ao *habeas corpus* por Rui e seus seguidores durante a Primeira República.

O recurso extraordinário contra a decisão do Tribunal Superior Eleitoral que decretara o cancelamento do Partido teve como relator o ministro Laudo Ferreira de Camargo e foi julgado em abril de 1948. Estavam impedidos, na ocasião, vários ministros: José Linhares, Edgard Costa e Hahnemann Guimarães, respectivamente presidente, juiz e procurador-geral do Tribunal Superior Eleitoral em 1945, quando o Partido tinha sido registrado, e Lafayette de Andrada e Ribeiro da Costa, por serem signatários do acórdão recorrido, o primeiro como presidente do Tribunal e o segundo como juiz. O Supremo decidiu não conhecer do recurso, acatando as razões oferecidas pelo relator. (Figura 43)

A 18 de maio, o Tribunal foi chamado a julgar um mandado de segurança impetrado contra a cassação dos mandatos dos representantes do Partido Comunista à Câmara dos Deputados, afirmando a inconstitucionalidade da Lei 211, que servira de base para aquele ato. Argüiam os impetrantes que a lei subvertia o regime representativo democrático definido no artigo 1º da Constituição: "todo poder emana do povo e em seu nome será exercido". Argumentavam também que ela definia no seu artigo 48 os casos de perda de mandato parlamentar, impedindo, portanto, interpretações ampliativas como as estabelecidas na Lei 211. Além disso, a lei em questão infringira ato das disposições transitórias. Considerava, ainda, que a Constituição não exigia filiação partidária do candidato. Portanto, a cassação do Partido não podia ser estendida aos deputados, que eram representantes do povo. Depois de alinhar as razões que os levaram a considerar que a Lei 211 transgredira a Constituição, os impetrantes recorriam ao mandado de segurança, para serem reintegrados na plenitude de seus direitos, a fim de desempenhar os mandatos para os quais tinham sido eleitos.

Figura 43. Ministro Laudo Ferreira de Camargo (1881-1963). Tomou posse no STF em 1932 e se aposentou em 1951.

Foram solicitadas informações à Mesa da Câmara, que afirmou a constitucionalidade da Lei 211. O procurador-geral da República opinou pela denegação do mandado, baseando-se no fato de que a Justiça Eleitoral reconhecera a constitucionalidade da lei (argumento questionável, senão tautológico), sendo essa decisão irrecorrível, argumentação que inibia ação constitucional do Supremo. Finalmente, citando artigos da Constituição e disposições transitórias, considerava que os deputados eram representantes do povo organizado em partidos (afirmação que desconhecia a contradição no seio da própria Constituição entre representantes do povo e representantes de partido, invocada pelos pacientes).

Os ministros do Supremo dividiram-se inicialmente. Hahnemann Guimarães afirmava na preliminar a não-argüição da inconstitucionalidade da lei em mandado de segurança e acrescentava que, mesmo admitida a controvérsia levantada pelos pacientes a respeito da constitucionalidade da lei, o defeito da Lei 211 não era manifesto, como se podia verificar pelas discussões travadas no Congresso durante a discussão do projeto. Alegava, no entanto, que não se deveria conhecer do pedido. Foi acompanhado na sua decisão pelo ministro Barros Barreto. O ministro Cunha de Vasconcelos desprezou a preliminar, também rejeitada por Sampaio Costa, que se manifestou ainda a favor do conhecimento do mandado, considerando indispensável o exame da lei argüida de inconstitucional. O ministro Macedo Ludolf também rejeitou a preliminar, baseando-se no artigo 141, parágrafo 24, que estabelecia:

> Para proteger direito líquido e certo não amparado por *habeas corpus*, conceder-se-á mandado de segurança seja qual for a autoridade responsável pela ilegalidade ou abuso de poder.

Argumentava, ainda, que o Supremo, visando a assegurar plenamente a garantia contida no referido inciso da Constituição, já se pronunciara pelo cabimento da argüição de constitucionalidade. Também rejeitaram a preliminar os ministros Armando Prado, Aníbal Freire, José Linhares e Edgard Costa. Uma segunda preliminar foi igualmente derrotada.

Hahnemann Guimarães voltou mais uma vez como relator para discutir o mérito da questão, firmando o princípio de que a Constituição estabelecera um regime democrático baseado na pluralidade de partidos. Segundo ele, "a democracia adotada era a de um Estado de partidos". Assim, o cidadão não designava um candidato incumbido de substituir sua vontade pela dele; não votava em certo indivíduo, votava em uma política, um programa, um partido. Argumentou ainda que a lei eleitoral de 29 de maio de 1945 representara o maior esforço que se fizera no Brasil no sentido da formação dos partidos políticos. A Lei de 1946 acolhera esse regime de representação e, portanto, uma vez cancelado o registro do partido, ficava justificada a cassação dos mandatos. Seus argumentos acabaram por convencer os demais ministros, que votaram unanimemente contra o mandado. (Figura 44)

Interpretando o pensamento dos demais membros do Supremo, Edgard Costa diria que a vinculação a um partido era condição de elegibilidade. O cancelamento do partido importava na perda do mandato. O reconhecimento pelo Supremo desse princípio implícito na Constituição de 1946 teria, no seu entender, importantes repercussões que precisariam ser avaliadas. Na discussão desse mandado de segurança ficou claro que o eleitorado brasileiro passara a sofrer restrições novas. Não poderia escolher candidato de acordo com sua simpatia; estava preso à sistemática dos partidos políticos. Embora possuindo valor jurídico, essa cláusula jamais funcionou na prática, pois a maioria dos brasileiros continuou a votar em candidatos e não em partidos.

Figura 44. Ministro Edgard Costa (1887-1970). Tomou posse no STF em 1945 e se aposentou em 1957.

Um novo mandado de segurança impetrado por Luís Carlos Prestes foi julgado em maio de 1949, tendo como relator o ministro Edmundo Macedo Ludolf, do Tribunal de Recursos, convocado em substituição ao ministro Goulart de Oliveira, então em gozo de licença. Aos argumentos invocados anteriormente quanto à ilegalidade da Lei 211, acrescentava, ainda, que ela era ofensiva ao artigo 44 da Constituição, que garantia a inviolabilidade das opiniões, das palavras e dos votos dos parlamentares, e ao artigo 141, parágrafo 8º, que vedava a restrição de direitos por motivo de convicção religiosa, filosófica ou política. Argumentava também que ficara ferido o princípio da independência e harmonia de poderes, porquanto o presidente interferira, com sua sanção, na decisão e subvertera o sistema federativo, desrespeitando o princípio majoritário, além de cometer outras violações de direito. O pedido, no entanto, teve a mesma sorte dos demais, tendo sido negada unanimemente a concessão do mandado.

A inconstitucionalidade das leis estaduais

O segundo tema de ampla relevância abordado no Supremo Tribunal Federal nesse período foi o da inconstitucionalidade de leis, artigos e parágrafos inseridos nas Constituições estaduais. Em julho de 1947, por exemplo, acolhendo representação do governador do Rio Grande do Sul, o Supremo declarou inconstitucionais vários artigos da Constituição daquele Estado, cujo caráter nitidamente parlamentarista subordinava o Executivo ao Legislativo, contrariamente ao princípio federal da independência dos poderes e ao regime presidencial estabelecido pela Constituição. No mesmo dia, o Tribunal declarou inconstitucionais artigos da Constituição do Ceará, que sujeitavam à aprovação da Assembléia Legislativa as nomeações dos secretários e dos prefeitos, que eram de livre escolha do governador. Em setembro de 1948, o Supremo acolhia representação do governador de Alagoas, declarando inconstitucionais artigos da Constituição do Estado que definiam os crimes de responsabilidade do governador e determinavam que, declaradas procedentes as acusações pela Assembléia Legislativa, fosse ele julgado pelo Tribunal de Justiça, incorrendo a sentença condenatória na perda do cargo e incapacidade para exercer qualquer função pública. As discussões abordaram a questão do *impeachment*. A maioria dos ministros declarou a inconstitucionalidade das disposições referidas.

Outro caso de igual importância referia-se ao Estado do Pará. O problema surgira em virtude da reclamação feita por três partidos políticos — Partido Social Progressista, União Democrática Nacional e Partido Social Trabalhista —, denunciando a inconstitucionalidade das condições de elegibilidade para os cargos de governador e vice-governador do Pará introduzidas na Constituição estadual. O procurador da República encaminhou a reclamação ao Supremo, que declarou por maioria de votos a inconstitucionalidade dos artigos, nas mesmas bases de uma decisão anterior a respeito da Constituição do Estado de São Paulo. Argumentou-se que a Constituição de 1946 reservara à União a competência para legislar sobre direito eleitoral, não sendo essa competência da alçada estadual. Dessa forma, por meio de uma série de acórdãos, o Supremo ia definindo os poderes da União e os limites do federalismo e da democracia no Brasil.

Ação popular

Um mandado de segurança, datado de 28 de setembro de 1949, levantou a questão da ação popular contra ato lesivo ao patrimônio nacional provocado por aumento de subsídios de deputados e senadores, votado pelo Congresso. O mandado fora impetrado pelo advogado Clóvis Monteiro de Barros e outros, que questionavam o ato das Mesas da Câmara e do Senado que haviam solicitado ao Tesouro Nacional o pagamento do aumento. O ministro Edgard Costa, relator, não conheceu do pedido por considerar o mandado de segurança meio inidôneo para a finalidade buscada. O ministro estabeleceu no seu parecer distinção entre mandado de segurança e ação popular. Esta havia sido autorizada pela Carta de 1934, suprimida em 1937, restabelecida e ampliada na de 1946, que, no artigo 141, parágrafo 38, conferia a qualquer cidadão o direito de

> pleitear a anulação ou a declaração de nulidade de atos lesivos ao patrimônio dos Estados, dos Municípios, das entidades autárquicas e das sociedades de economia mista.

Nesses termos fora impetrado o mandado de segurança, que, no entanto, na opinião do relator, não era o remédio adequado. Por essa razão ele não conheceu do pedido. Entre os demais ministros houve divergências. Macedo Ludolf considerou o Tribunal incompetente para conhecer do assunto. Hahnemann Guimarães argumentou que a ação popular poderia ser ajustada ao processo sumaríssimo do mandado de segurança, mas considerou que no caso presente esse dispositivo não podia ser aplicado. No acórdão, os ministros não conheceram do pedido, com exceção de Orosimbo Nonato, que dele conheceu e o indeferiu.

O princípio da separação entre Igreja e Estado

Entre os casos relatados por Edgard Costa em seu livro *Os grandes julgamentos do Supremo Tribunal Federal*, destaca-se um processo rumoroso na época do governo Dutra, envolvendo os princípios constitucionais da liberdade de crença e da separação entre Igreja e Estado. O julgado atesta o poder da Igreja Católica, que, desde a época de Vargas, vinha colaborando intimamente com o governo. Sua influência contribuíra para a manutenção da indissolubilidade do matrimônio na Constituição de 1946, apesar dos esforços de deputados que queriam introduzir o divórcio. Foi ela responsável também pela oposição legal ao aborto durante toda a história da República. Seu poder ficou evidente mais uma vez no caso da Igreja Católica Brasileira, que foi parar no Supremo Tribunal Federal.

O mandado de segurança, impetrado pelo ex-bispo de Maura, a fim de assegurar o livre exercício de seu culto religioso, obstado, segundo ele, pelo governo, fora encaminhado inicialmente ao Tribunal de Recursos, que se considerou incompetente porque o ato de que se queixava o impetrante partira do presidente da República. Assim, o caso fora reorientado para o Supremo Tribunal Federal, que o julgou em 1949. Alegava o impetrante que, por ato ilegal e violento da polícia, ficara impedido de realizar cultos em sua igreja, com prejuízo aos fiéis e alunos da escola mantida pela Associação Nossa Senhora Menina, também impossibilitados de freqüentá-la. A proibição nascera de uma representação do arcebispo do Rio de Janeiro, D. Jaime de Barros Câmara, ao governo da República. O ministro Lafayette de Andrada, relator, defendeu a teoria de que o livre exercício dos cultos religiosos estava sujeito à ordem pública. Alegando a semelhança de ritos entre a igreja do impetrante e a católica e a perturbação da ordem daí decorrente, indeferiu o mandado de segurança, "por não ser meio próprio para o fim pretendido". Os demais ministros o acompanharam, com exceção de Hahnemann Guimarães, que corretamente afirmou ter o poder civil infringido frontalmente o princípio básico de toda a política republicana: a liberdade de crença, da qual decorria, como conseqüência lógica e necessária, a separação entre Igreja e Estado, que por sua vez resultava na liberdade do exercício de culto. O caso do ex-bispo de Maura enquadrava-se, na sua opinião, nos delitos espirituais punidos com sanções espirituais e resolvidos dentro das próprias igrejas, não sendo lícito, portanto, o recurso ao poder temporal para resolver cismas ou dominar dissidências. Baseado nesses princípios, "profundamente feridos pelo ato do governo", concedeu o mandado. Não obstante sua lúcida intervenção, venceu, mais uma vez, uma interpretação pouco liberal da Constituição, característica da maioria das decisões nesse período. A preocupação com a ordem levou o Tribunal a preferir a uma interpretação democrática e liberal uma conservadora, mais condizente com as tendências da maioria dos representantes das elites brasileiras, da Igreja Católica e dos militares.

Ao lado de questões momentosas como essas, o Supremo continuava a decidir sobre problemas de conseqüências limitadas que nos Estados Unidos, por exemplo, não teriam chegado à Corte Suprema, ficando a cargo de outra jurisdição. Eram casos relativos a heranças, separação de casais, recursos criminais, terras devolutas, processos envolvendo tutor e lesão de interesse de menor, direitos de filho adulterino à herança, pedido de estrangeiros pleiteando a liberação de bens confiscados durante a guerra, promoção de funcionários, ações de reintegração de posse, conflitos de jurisdição entre juízes para venda de bem penhorado, questões tributárias, pedidos de despejo, casos de usufruto, disputas sobre contratos e uma infinidade de outras quizilas semelhantes. A questão fundamental na maioria dos processos era a propriedade. A maioria dos casos envolvia homens. As mulheres apareciam em questões concernentes à família, relativas à herança ou separação. (*Revista Brasileira de Jurisprudência*, 1945-1951).

As palavras de João Almino a respeito da Constituinte de 1946, ligeiramente modificadas, aplicam-se também ao Supremo Tribunal Federal durante esse período. Seu trabalho consistiu, em grande medida, em conciliar a linguagem liberal, "politicamente conveniente" e necessária, a interesses restritos das classes dominantes, com pressupostos estatizantes e principalmente corporativistas aplicados à classe operária. O resultado foi um liberalismo conservador e pouco democrático. A demora nas decisões e o custo dos processos continuavam a excluir o cidadão comum do Supremo Tribunal Federal.

Os ministros do Supremo no processo de redemocratização

Os ministros do Supremo Tribunal Federal, desde a queda de Vargas em 1945 até sua morte em 1954, tinham, na sua maioria, sido nomeados por ele: José de Castro Nunes, Laudo de Camargo, Aníbal Freire da Fonseca, José Linhares, Frederico de Barros Barreto, Álvaro Goulart de Oliveira, José Filadelfo de Barros e Azevedo e Mário Guimarães, substituto de Laudo de Camargo no segundo período Vargas (1951-54). Edgard Costa fora nomeado durante o interregno Linhares, assim como Lafayette de Andrada e Ribeiro da Costa. Haviam sido indicados por Dutra os ministros Hahnemann Guimarães, Luís Gallotti e Francisco de Paula Rocha Lagoa Filho. A estes vieram se juntar Mário Guimarães e Nelson Hungria, nomeados em 1951 durante o segundo governo Vargas.

A maioria dos ministros pertencia à geração nascida nas duas últimas décadas do século XIX, em um período conhecido como era das reformas. Muitos haviam feito o curso de Direito na Faculdade de Ciências Jurídicas e Sociais do Rio de Janeiro ou na Faculdade Livre de Direito de Minas Gerais, pondo fim à hegemonia paulista. Os demais haviam obtido seus diplomas em São Paulo, Belo Horizonte, no Ceará e em Recife. Haviam atingido a maturidade durante a Primeira República, quando iniciaram suas carreiras na magistratura. Alguns permaneceram no Supremo durante toda a Quarta República: Lafayette de Andrada, Ribeiro da Costa, Hahnemann Guimarães e Luís Gallotti.

Essa geração assistira aos conflitos da Primeira República, ao crescente número de greves organizadas primeiro por anarquistas e depois por comunistas, aos protestos populares reprimidos violentamente pelos governos, às constantes decretações do estado de sítio, às salvações nacionais do governo Hermes da Fonseca, às revoltas dos oficiais em 1922 e 1924, à manipulação do eleitorado por uma oligarquia cada vez mais opressora. Tinham atravessado a crise de 1929 e assistido à Revolução de 1930, que prometera pôr fim aos problemas da Primeira República. Depois viram a ascensão e queda do Estado Novo, com sua retórica nacionalista e sua prática estatizante e ditatorial, o fechamento do Congresso e a suspensão das garantias constitucionais, a intromissão do Executivo no Supremo Tribunal Federal, a repressão aos movimentos populares e aos comunistas e a recomposição das oligarquias em bases novas. Habituaram-se a ver no Exército um interlocutor obrigatório, sempre pronto a intervir na cena política. Tinham atravessado o período da guerra, testemunhado a ascensão e a queda do nazismo e do fascismo, a vitória dos aliados e o começo da Guerra Fria. Durante esse período, viram a população do país crescer, a indústria se desenvolver e a inflação aumentar. A tradição positivista ainda pesava fortemente sobre eles. Não menos importante era a influência das doutrinas da

Igreja Católica. A partir dessas experiências tinham forjado um liberalismo conservador, paternalista e elitista, que transpareceria nos seus julgados e encontraria apoio entre a maioria dos congressistas.

As contradições da democracia: de Vargas a Jânio Quadros (1951-1961)

Nas eleições para o qüinqüênio 1951-1956, Vargas foi candidato pelo PSP e pelo PTB. Dutra e o PSD oficialmente apoiaram a candidatura de Cristiano Machado, enquanto a UDN lançava novamente Eduardo Gomes. Dessa vez, Gomes recebeu também o apoio dos integralistas, que continuavam atuando abertamente na cena política. Com cerca de 48% dos votos, Vargas foi eleito e tomou posse em 31 de janeiro de 1951. Em uma população total de quase 52 milhões de pessoas e um eleitorado de pouco mais de onze milhões, dos quais oito milhões votaram, Vargas recebeu 3 milhões e 800 mil votos aproximadamente. A UDN tentou impedir a posse, alegando ser necessária a maioria absoluta. Essa justificativa, no entanto, não encontrava base constitucional. Forçada a aceitar o resultado das eleições, a UDN passou a fazer oposição sistemática ao governo. Três pilares da política de Vargas irritavam-na profundamente: a orientação econômica, nacionalista e estatizante, a política trabalhista e a insistência em manter uma política externa independente e os capitais estrangeiros sob controle. (Figura 45)

Desde o início, Vargas adotou as diretrizes que caracterizaram seu governo anterior, escolhendo para ministro da Guerra Estillac Leal, representante do grupo nacionalista das Forças Armadas, eleito presidente do Clube Militar em 1949. Apesar de o Ministério escolhido ser eminentemente conservador e refletir o desejo de Vargas de criar um clima de colaboração multipartidária, envolvendo representantes do PSD e da UDN, ao lado do PTB e do PSP de Ademar de Barros, o governo contou desde logo com a oposição da imprensa, principalmente dos jornais *Correio da Manhã*, de propriedade de Eugênio Bittencourt, *O Globo*, de Roberto Marinho, o *Diário de S. Paulo*, de Assis Chateaubriand, e *O Estado de S. Paulo*, pertencente a Júlio de Mesquita. Na tentativa de contrabalançar a oposição, Vargas facilitou a Samuel Weiner um empréstimo no Banco do Brasil para a criação do periódico *Última Hora*. Essa transação acarretaria acusações de corrupção e um inquérito parlamentar.

Figura 45. Cerca de 250 mil cartazes foram espalhados pelas ruas do Rio de Janeiro durante a campanha pró-Vargas em 1951.

Um dos primeiros problemas enfrentados pelo governo foi o do petróleo. O projeto de lei que Vargas enviou ao Congresso, em dezembro de 1951, de criação de uma empresa de capital misto para a produção e refinação de petróleo, provocou enorme mobilização popular e foi amplamente discutido na imprensa e no Congresso. A implantação de um monopólio estatal encontrava apoio em amplos setores da sociedade. Generais, banqueiros, industriais e políticos, representantes de todos os partidos, aliaram-se na defesa do controle nacional do petróleo, que lhes parecia necessário ao desenvolvimento industrial. A esses grupos se opuseram os representantes do capital estrangeiro e da livre empresa. O projeto, com modificações introduzidas pelo Congresso, foi finalmente aprovado e sancionado por Vargas em outubro de 1953, com a criação da Petrobras. Esta fazia parte de um ambicioso plano de Vargas, abrangendo o sistema de transportes, a indústria automobilística, o carvão e as fontes de energia elétrica, que o levou a criar também a Eletrobrás em abril de 1954.

Vargas enfrentaria novos problemas por sua oposição ao envio de tropas brasileiras para a Guerra da Coréia. O conflito resultara da invasão da Coréia do Sul pelas tropas comunistas do Norte, levando os Estados Unidos a invadir aquela região em meados de 1950. A decisão de Vargas de não intervir, mantendo neutralidade, provocou uma crise nas Forças Armadas. A revista do *Clube Militar*, desde as eleições para a diretoria do Clube em 1949, controlada por militares de linha nacionalista, atacou a invasão da Coréia, a ocupação das Filipinas e a política agressiva dos Estados Unidos em outras áreas do Pacífico. Enquanto isso, setores do Exército, que apoiavam a política americana, criticavam a estratégia de não-intervenção adotada pelo governo brasileiro. Vários fatores haviam contribuído para essas divergências entre os militares. A participação de tropas brasileiras com os aliados na Segunda Grande Guerra, a fundação da Escola Superior de Guerra em 1949, o crescente intercâmbio entre Brasil e Estados Unidos, a influência cada vez maior desse país no cenário mundial e a Guerra Fria tinham propiciado uma aproximação maior com os Estados Unidos e criado uma mentalidade nova entre alguns setores das Forças Armadas. Novas teorias sobre desenvolvimento econômico e segurança nacional haviam surgido. Enquanto uns continuavam a defender um desenvolvimento autônomo e independente, com ativa participação do Estado na economia e rígido controle dos investimentos estrangeiros, outros, instigados pelas estratégias da Guerra Fria, insistiam em que o desenvolvimento só seria possível com a participação da livre empresa, dentro de um esquema de aliança com os Estados Unidos. Herdeiros de uma tradição militarista que remontava a Deodoro, Floriano e ao tenentismo, uns e outros esperavam desempenhar um importante papel no cenário político nacional.

A *Revista do Clube Militar* tornou-se o pomo da discórdia. Nos meses seguintes à publicação do artigo sobre a Coréia, numerosos oficiais enviaram protestos, acusando a revista de tendências russófilas por advogar a neutralidade do Brasil e criticar os Estados Unidos. Embora outros tantos oficiais manifestassem apoio à orientação da revista, os editores acharam melhor suspender temporariamente a publicação. Os grupos favoráveis à participação do Brasil na guerra formaram a Cruzada Democrática, liderada pelo brigadeiro Eduardo Gomes, por Juarez Távora e outros. Depois de intensa campanha contra seus opositores, que foram caracterizados como comunistas e subversivos, conseguiram ganhar a eleição do Clube Militar por grande maioria, em 21 de maio de 1952. A tendência favorável ao alinhamento com os Estados Unidos tornou-se majoritária. Começaram então as perseguições aos militares nacionalistas e intensificaram-se os ataques ao governo (Sodré, 1986). Os conflitos militares desse período produziram profundas cicatrizes, ainda visíveis em 1964.

Nesse ínterim, prosseguiam, sem o conhecimento do ministro da Guerra, os entendimentos secretos entre o ministro das Relações Exteriores, João Neves da Fontoura, e Góis Monteiro sobre o Acordo Militar Brasil–Estados Unidos. A 15 de março de 1952, Getúlio enviava o projeto ao Congresso para ser aprovado. Pelo novo tratado, o Brasil se comprometia, entre outras coisas, a participar de operações em defesa do continente. O Acordo Militar, aprovado em 1953, vinha somar-se ao Atômico e ao Foto-Aéreo, que permitia à força aérea norte-americana o levantamento aerofotogramétrico do território nacional. Vargas, entretanto, não chegou a submeter este último ao Congresso. Desprestigiado, Estillac Leal viu-se forçado a abandonar o Ministério em março de 1952, sendo substituído pelo general Espírito Santo Cardoso. Enquanto isso, o empréstimo de quinhentos milhões de dólares pleiteado aos Estados Unidos continuava suspenso.

Apesar dos esforços para aplacar seus inimigos, Vargas conseguia apenas irritá-los. O inquérito parlamentar sobre o jornal *Última Hora* provocou novos ataques ao governo. A situação econômica era cada vez mais grave. O cruzeiro desvalorizava-se. As greves sucediam-se. Na tentativa de acalmar a situação, Vargas fez alterações no Ministério, com a substituição do ministro da Fazenda, Horácio Lafer, por Osvaldo Aranha e do ministro das Relações Exteriores, João Neves da Fontoura, por Vicente Rau. Tancredo Neves assumiu o posto de Negrão de Lima no Ministério da Justiça e João Goulart foi nomeado para a pasta do Trabalho.

Em outubro de 1953 foi adotado o sistema de câmbio flexível e uma instrução da Superintendência da Moeda e Crédito (Sumoc) introduziu o confisco cambial, permitindo ao governo apropriar-se de uma parcela dos dólares pagos aos exportadores. A medida visava a canalizar dólares para o setor industrial. Ao mesmo tempo, o governo sustentava a política de preços altos do café, o que provocava críticas nos Estados Unidos.

Cada vez mais pressionado, Vargas, em discurso de 31 de janeiro de 1954, voltou a condenar a remessa de lucros e denunciar as estratégias de evasão utilizadas pelo capital estrangeiro. Calculava que, em virtude de um regulamento baixado pela Carteira de Câmbio do Banco do Brasil em 1946, permitira-se que os juros, dividendos e lucros do capital estrangeiro, superiores aos 8% previstos na lei sobre a remessa de lucros, promulgada por Dutra, fossem incorporados ao capital para fins de registro e cálculo de juros posteriores. Segundo Vargas, isso resultara em uma extraordinária evasão de capitais. De 1948 a 1950 teriam saído do país 950 milhões de cruzeiros a mais do que o permitido por lei, acarretando também uma supervalorização do capital estrangeiro e o aumento da dívida externa. À vista disso, Vargas anunciava que determinara a suspensão do critério ilegal e a adoção de um novo regulamento para salvaguardar o patrimônio nacional (Carone, 1980).

A 5 de janeiro de 1954, Vargas assinou um decreto para coibir a evasão de capitais, fixando em 10% o limite para remessas anuais de lucros e dividendos e determinando ainda o registro das empresas na Superintendência da Moeda e do Crédito. A medida provocou protesto das autoridades em Washington. O Conselho Americano das Câmaras de Comércio chegou a sugerir a suspensão de todos os empréstimos ao Brasil. Embora Vargas declarasse, na ocasião, que não pretendia encampar nem desapropriar empresas, mas evitar a desnacionalização do Brasil, o fluxo de investimentos retraiu (Sodré, 1986).

A situação deteriorava-se rapidamente. Os ataques ao governo sucediam-se na imprensa e no Congresso. O governo via-se às voltas com um número crescente de greves. O poder aquisitivo do operariado tinha sido reduzido quase à metade, entre 1945 e 1951. Em dezembro de 1951, cumprindo promessas feitas durante a campanha, Vargas concedera um aumento aos trabalhadores que, entretanto, mal chegara a cobrir as perdas resultantes da inflação. De 1952 a 1953 ela crescera de 12,9% para 20,8%. Na mesma ocasião, Vargas levantara as restrições postas por Dutra às greves operárias. Eliminou, também, o atestado ideológico imposto aos líderes sindicais por seu antecessor, bem como a proibição de filiação dos sindicatos a organizações sindicais estrangeiras. Encorajados pela relativa liberdade de que desfrutavam e instigados pela mobilização crescente, os operários em São Paulo organizaram uma greve, em abril de 1953, com adesão de cerca de trezentos mil trabalhadores, provocando imediata reação dos industriais, que viram nessa agitação uma conspiração do governo para justificar um golpe. Atacado pelos operários de um lado e pelos industriais de outro, Vargas nomeara Goulart para o Ministério do Trabalho, contrariando ainda mais seus inimigos. Em 5 de janeiro de 1953, a Lei de Segurança Nacional foi atualizada. Estipulava como crime, entre outras coisas, tentativas de reorganizar, ainda que sob nome falso, associações ou partidos políticos dissolvidos por força de disposição legal ou fazê-los funcionar nas mesmas condições, quando legalmente suspensos. A medida visava particularmente aos comunistas. Agravava, ainda, a pena para os que fizessem propaganda de processos violentos para a subversão da ordem política ou social ou que promovessem o ódio em razão de raça, religião e classe social. A pena era acrescida de um terço, se os atos ocorressem em quartel, repartição, fábrica ou oficina. Assim, de uma só penada, ficavam enquadrados militares, funcionários e operários. Incluíam-se na lei ainda os crimes contra a organização do trabalho, quando ameaçassem a ordem política ou social.

A despeito das medidas repressivas aos operários e comunistas adotadas pelo governo, a oposição das forças de direita crescia. Em um memorando de fevereiro de 1954, enviado ao ministro da Guerra, 42 coronéis e 39 tenentes denunciaram problemas no Exército, "o clima de negociata, desfalques e malversação de verbas", e alertavam para os riscos de violenta subversão dos quadros institucionais do país. Condenavam também a política salarial do governo e o provável aumento do salário mínimo. Dois dias após a publicação do memorando, Goulart anunciava sua proposta de aumento de 100% no salário mínimo e, simultaneamente, apresentava seu pedido de demissão, que foi aceito de imediato por Vargas. Na tentativa de aplacar seus adversários, o presidente nomeou o general Zenóbio da Costa, conhecido anticomunista, para o cargo de ministro da Guerra, em substituição a Espírito Santo Cardoso. Menos de dois meses depois, João Neves da Fontoura acusava Vargas de fazer um acordo secreto com Perón a fim de barrar a influência americana no Cone Sul.

Fim do governo Vargas

Os ataques a Vargas aumentavam à medida que se aproximavam as eleições para o próximo período presidencial. A oposição, liderada por Carlos Lacerda, não dava trégua ao governo, atacando-o pelo rádio e pelos jornais, acusando-o de corrupção e exigindo sua renúncia. O decreto de Vargas, a 1º de maio, concedendo aumento de 100% aos trabalhadores assalariados, levou a oposição ao delírio. Os ataques ao governo recrudesceram. Líderes políticos como Bilac Pinto, Raimundo Padilha e Carlos Lacerda conspiravam. Juarez Távora, Osvaldo Cordeiro de Farias e Eduardo Gomes, chefes da Cruzada Democrática, passaram a articular sua derrubada.

A 5 de agosto, um atentado contra Carlos Lacerda resultou na morte do tenente Rubens Vaz, oficial da Aeronáutica que o acompanhava. Um inquérito policial militar apurou o envolvimento no incidente de pessoas ligadas à guarda pessoal do presidente. O incidente desencadeou um ataque maciço ao governo. A partir de então, os acontecimentos se precipitaram. A 22 de agosto, um manifesto de *oficiais-generais* da Força Aérea Brasileira, encabeçado por Eduardo Gomes, exigia *solução definitiva e digna* para a crise. Esse manifesto foi seguido por outros atos, do mesmo teor, por parte de militares, liderados por nomes conhecidos, como Fiúza de Castro,

Canrobert Pereira da Costa, Juarez Távora, Alcides Etchegoyen e Castelo Branco. Uma solução de compromisso, com a promessa de afastamento temporário do presidente até o esclarecimento do atentado, foi tentada, mas não encontrou apoio nos quadros superiores do Exército. Algumas horas depois de Vargas ter sido informado de que as negociações haviam fracassado, não havendo outra saída senão a renúncia, as emissoras de rádio anunciavam sua morte. Pressionado por todos os lados, Vargas cometera suicídio.

Na carta-testamento, cuja autenticidade foi questionada por seus inimigos, Vargas responsabilizou as forças e os interesses que se haviam voltado contra ele.

> A campanha subterrânea dos grupos internacionais, aliou-se à dos grupos nacionais revoltados contra o regime de garantia do trabalho ... A lei de lucros extraordinários foi detida no Congresso. Contra a justiça da revisão do salário mínimo se desencadearam os ódios. Quis criar a liberdade nacional na potencialização das nossas riquezas por meio da Petrobras e, mal começa esta a funcionar, a onda de agitação se avoluma. A Eletrobrás foi obstaculada [sic] até o desespero.

Referia-se, a seguir, à espiral inflacionária, aos lucros exorbitantes das empresas estrangeiras, à pressão que sofrera pela tentativa de defender o preço do café, obrigando-o a ceder. Lutara contra a espoliação do Brasil e do povo e agora nada mais tinha a dar a não ser seu sangue. Terminava dirigindo-se ao povo brasileiro. Por ele dera sua vida, agora oferecia sua morte.

> Meu sacrifício vos manterá unidos e meu nome será a vossa bandeira de luta. Cada gota de meu sangue será uma chama imortal na vossa consciência e manterá a vibração sagrada para a resistência. ... Meu sacrifício ficará para sempre em sua alma e meu sangue será o preço do seu resgate ... Saio da vida para entrar na História.

O povo acolheu emocionado a notícia do suicídio do presidente. No dia seguinte, o Supremo Tribunal Federal mandou inserir em ata um voto de profundo pesar por sua morte (Costa, 1961).

A partir de 1954, as contradições que haviam levado o presidente à morte se acentuariam. Os governos seguintes enfrentariam problemas semelhantes e em vão lutariam para estabilizar o país. As divergências e as tensões, que haviam dividido militares e civis em dois blocos antagônicos, aprofundaram-se com o passar do tempo. Atrás de uma fachada democrática, as tramas golpistas continuaram explodindo, aqui e ali, em atos de insubordinação rapidamente abafados. Corrupção e comunismo eram os dois temas usados pelos golpistas contra governos legitimamente eleitos. Estes se debateriam entre o desejo de conduzir o país de maneira autônoma ou de permitir sua subordinação crescente ao capital estrangeiro; entre uma política econômica capaz de propiciar uma melhor distribuição de renda e as exigências da acumulação capitalista e das obrigações decorrentes do endividamento do país; entre a necessidade de controlar o capital estrangeiro e a de criar condições favoráveis aos investimentos. Com o suicídio de Vargas, o sistema representativo esteve sempre ameaçado pela perspectiva de um golpe que, de fato, acabaria se consumando em 1964. Muitos dos que se opuseram a Vargas em 1954 viriam a desempenhar um papel importante dez anos depois.

O interregno Café Filho

Com a morte de Vargas, o governo foi assumido pelo vice-presidente, João Fernandes Café Filho, que imediatamente nomeou um ministério composto de políticos de tendências americanófilas, em sua maioria representantes da UDN. O novo governo, muito bem recebido pelo *The New York Times*, decretou a Instrução 113 da Sumoc, que conferia vantagens cambiais a empresas estrangeiras e entregou as ações da *Panair* do Brasil a um consórcio internacional. A 3 de agosto de 1955, foi finalmente assinado o Tratado Atômico com os Estados Unidos.

As eleições presidenciais ocorreram em outubro de 1955. Para desespero dos inimigos de Vargas, venceu o candidato do PSD, Juscelino Kubitschek, governador de Minas Gerais, com 36% dos votos, seguido por Juarez Távora, candidato da UDN, com 30%, Ademar de Barros, do PSP, com 26%, e o líder integralista Plínio Salgado, com 8% dos votos. João Goulart foi eleito vice-presidente. Nem bem apuradas as eleições, já os eternos conspiradores entravam em ação para contestar o resultado, alegando, mais uma vez, a pouca representatividade do presidente eleito e atribuindo sua vitória ao apoio que lhe dera o Partido Comunista, então na ilegalidade.

Por ocasião do enterro do general Canrobert Pereira da Costa, no dia 1º de novembro, o coronel Bizarria Mamede, chefe da Escola Superior de Guerra, fez um discurso considerado subversivo pelo ministro da Guerra, general Lott, que encaminhou ao presidente da República uma recomendação de punição ao coronel. Dois dias depois, o presidente Café Filho foi internado em uma clínica do Rio de Janeiro, em virtude de ataque cardíaco, tendo sido substituído por Carlos Luz, presidente da Câmara dos Deputados. Este se recusou a punir o coronel Mamede, forçando assim a renúncia do ministro da Guerra. Convencido por alguns de seus pares de que se preparava um golpe para impedir a posse do presidente eleito, o ministro da Guerra reassumiu o cargo e convocou as forças do Exército, que cercaram as bases da Marinha e da Aeronáutica. O presidente em exercício, Carlos Luz, acompanhado de políticos e membros das Forças Armadas que o apoiavam

Figura 46. Carlos Luz, deposto, embarca no *Tamandaré* acompanhado por políticos e membros das Forças Armadas.

Figura 47. Sessão solene de diplomação do presidente Juscelino Kubitschek e do vice João Goulart, em 27 de janeiro de 1956.

(entre eles Mamede, Carlos Portela, Sílvio Heck, Prado Kelly), refugiou-se a bordo do cruzador *Tamandaré*, dirigindo-se a São Paulo, onde esperava receber o apoio do governador. (Figura 46)

Enquanto isso, no Rio de Janeiro, o Congresso declarou Carlos Luz impedido, assumindo então a presidência Nereu Ramos, vice-presidente do Senado. Poucos dias depois desses acontecimentos, Café Filho tentou reassumir, mas foi barrado pelo Congresso, que aprovou por trinta dias o estado de sítio, que foi prorrogado. Finalmente, em um clima de grande tensão, Juselino Kubitschek e Jõao Goulart tomaram posse. (Figura 47)

A política golpista

Vários processos motivados pelos acontecimentos deram entrada no Supremo. Eles testemunhavam as profundas rivalidades políticas e ideológicas que dividiam a nação. Destaca-se nessa fase o processo contra o ex-governador de São Paulo, que não conseguira reeleger-se, perdendo para seu adversário Jânio Quadros. Em setembro de 1954, o procurador-geral da Justiça do Estado de São Paulo denunciou Ademar de Barros por crime de peculato durante sua gestão. Os fatos ocorridos em 1949 envolviam a compra de caminhões para uso da Força Pública que haviam passado para a propriedade particular do governador. Alegara o acusado que os automóveis não haviam sido incorporados ao patrimônio público, dadas as irregularidades presentes na sua aquisição, pelo que ele assumira pessoalmente a responsabilidade da compra. O Tribunal rejeitou tais alegações, confirmando o despacho que recebera a denúncia. Em favor do denunciado foram impetrados ao Supremo Tribunal Federal dois pedidos de *habeas corpus*. Ambos foram julgados em sessão de 10 de novembro de 1954, sendo denegados. Em voto vencido, o ministro Mário Guimarães caracterizou a situação como perseguição política. "Estaremos em face de um crime ou de uma dessas explosões de rancor político que o clima dos pleitos eleitorais infelizmente propicia?", indagou. O crime deveria ser do conhecimento da autoridade havia mais de cinco anos, notava o ministro, e ninguém cuidara durante esse tempo de investigá-lo. A seu ver, o procedimento da denúncia levantava suspeitas sobre a motivação. Não era o interesse do Estado ou a defesa do interesse público que se pretendia proteger, disse o ministro. Visava-se simplesmente à pessoa de Ademar de Barros. A questão levantava dúvidas se a perseguição era contra ele como administrador ou como candidato. De fato, Ademar de Barros se candidatara às eleições para a Presidência da República, que deveriam ocorrer em outubro de 1955. E os rancores de seus inimigos recaíram sobre ele, acusando-o de peculato.

Em dezembro, o pedido de *habeas corpus* foi reiterado, alegando-se a impossibilidade de punir o governador, já que ele havia deixado o cargo, encontrando-se extinto o seu mandato. Foi relator o ministro Hahnemann Guimarães, que negou a ordem, argumentando que o governador estava ainda sujeito à ação penal e que deveria responder a processo. Observou também que o aspecto político alegado pelo requerente — ação penal promovida dez dias antes da eleição, portanto, mais de três anos depois de ele ter deixado o cargo — era circunstância que não podia ser considerada pelo Tribunal. A discussão foi acalorada, como sempre são as que envolvem avaliações com motivações e conseqüências políticas. As divergências de pontos de vista entre os ministros levaram a um empate. O presidente do Tribunal, ministro José Linhares, desempatou a favor da concessão da ordem para anular o processo, sem prejuízo de novo, perante o juízo competente. Absolvido finalmente pelo Tribunal de Justiça de São Paulo, Ademar de Barros foi condenado em outro processo, envolvendo os mesmos fatos. Novos pedidos de *habeas corpus* deram entrada no Supremo e foram julgados em sessão de 9 de maio de 1956. Dessa vez a ordem foi concedida unanimemente.

Políticas também foram as motivações de Café Filho quando recorreu ao Supremo Tribunal Federal. Depois da deposição de Carlos Luz, Café Filho e seus aliados fizeram várias tentativas para recuperar o poder perdido. Pouco mais de um mês após seu afastamento por motivo de doença, o ex-presidente deu entrada no Supremo com um pedido de mandado de segurança. A 14 de dezembro de 1955, o Supremo Tribunal Federal conheceu, contra o voto dos ministros Nelson Hungria e Mário Guimarães, do pedido impetrado por ele contra Nereu Ramos, em exercício na Presidência da República, e contra as Mesas da Câmara dos Deputados e do Senado, para que lhe fosse assegurada a volta ao pleno exercício das suas funções de presidente da República. No pedido de mandado argüia-se a inconstitucionalidade das resoluções tomadas por aquelas mesas quando declararam persistir o impedimento em que se encontrava o requerente. O procurador-geral da República opinou pelo não-conhecimento do pedido, porque envolvia matéria de fato controvertida. No caso de conhecimento manifestou-se pelo indeferimento do pedido.

O relator, ministro Hahnemann Guimarães, rejeitou a argüida inconstitucionalidade do ato do Congresso Nacional e negou o mandado. Falou a seguir o ministro Ribeiro da Costa. Em uma longa peroração, reafirmou o princípio da divisão dos poderes, reciprocamente limitados, contestando a validade do ato do Congresso que considerara o presidente Café Filho impedido e determinara a posse de Nereu Ramos. Concluiu concedendo o mandado de segurança,

> para que a Câmara dos Deputados, acatando a nossa decisão, tome as providências que quiser para que o presidente Café Filho se emposse no cargo de que é legítimo detentor.

O ministro Sampaio Dória, do Tribunal Superior Eleitoral, depois de alentada justificativa, concluiu que, embora fosse possível discordar de certas razões expendidas no ofício do Poder Legislativo, havia uma que era irrecusável: ao declarar o impedimento de Café Filho, o Congresso não fizera mais que reconhecer uma situação de fato,

> irremovível dentro dos quadros constitucionais ou legais, qual a criada pelo imperativo dos canhões e metralhadoras insurrecionais que barravam e continuam barrando o caminho do Sr. João Café Filho até o Catete.

Referia-se à impossibilidade de ele vir a reassumir a Presidência "em face da imposição dos tanques e baionetas do Exército, que estão acima das leis, da Constituição e, portanto, do Supremo Tribunal Federal". Resumindo, dizia que se estava diante de uma situação de fato,

> criada e mantida pela força das armas, contra a qual seria inexeqüível qualquer decisão do Supremo Tribunal. A insurreição é um crime político, disse ele, mas quando vitoriosa passa a ser um título de glória, e os insurretos estarão a cavaleiro do regime legal que infringiram; sua vontade é que conta, e mais nada.

Mais adiante afirmava:

> Contra uma insurreição pelas armas, coroada de êxito, somente valerá uma contra-insurreição, com maior força. E esta, positivamente, não pôde ser feita pelo Supremo

Tribunal, posto que este não cometeria a ingenuidade de, numa inócua declaração de princípios, expedir mandado para cessar a insurreição.

À vista dessas considerações, indeferiu o pedido.

Mário Guimarães adotou tática diversa. Lembrou aos ministros que, depois das eleições de 3 de outubro, corria à boca pequena que em breve haveria um golpe militar para impedir a posse de Juscelino Kubitschek e João Goulart. Relembrou a seguir os episódios que motivaram o general Lott, apoiado pelas Forças Armadas, a tomar o poder para impedir o golpe contra o presidente eleito. Referiu-se à doença que determinara a internação de Café Filho e a ascensão de Carlos Luz. Manifestou sua surpresa (e certamente desconfiança) por ter Café Filho tentado reassumir o cargo apenas dez dias após sua internação por moléstia grave. Frisou ainda que, se as Forças Armadas e o Congresso tinham deposto o vice-presidente por estar acumpliciado, segundo diziam, com o movimento golpista, certamente não permitiriam a volta ao poder do presidente sobre o qual pesavam as mesmas acusações. Notava a seguir que o governo se assemelhava àquele constituído quando da deposição de Getúlio Vargas em 1945, acrescentando que à magistratura cabia respeitar o governo de fato, sem cogitar das suas origens. "Do contrário, teríamos o Poder Judiciário a ordenar a contra-revolução, o que jamais se viu em qualquer parte do mundo". Por isso, não conheceria do pedido. Afirmou, entretanto, que, se houvesse de se pronunciar sobre seu mérito, o concederia.

O ministro Lafayette de Andrada, por sua vez, conheceu do pedido, mas resolveu deixar seu julgamento em suspenso até o fim do estado de sítio. Sugeria, assim, uma solução para o impasse. Adotando essa perspectiva, Edgard Costa alegou que a garantia pedida conflitava com a vigência do estado de sítio, portanto se deveria ou indeferir o pedido ou suspender o julgamento do seu mérito, enquanto durasse aquela situação.

O Tribunal resolveu sustar o julgamento de mérito do pedido até a suspensão do estado de sítio, decretado a 25 de novembro, tendo em vista que a Constituição excluía a apreciação judiciária de tais pedidos durante a sua vigência. A divulgação do acórdão provocou violenta reação da oposição. O Supremo viu-se alvo de críticas no Congresso e na imprensa conservadora. Sua situação ficaria cada vez mais difícil diante da insistência do presidente impedido. O caso seria julgado definitivamente um ano depois, a 7 de novembro de 1956, quando já perdera sua razão de ser.

Não satisfeito, Café Filho voltou à carga, recorrendo novamente ao Supremo, sob a alegação de que em frente à sua residência particular encontravam-se tropas policiais e do Exército, impedindo sua locomoção e o livre acesso de qualquer pessoa. O Supremo, depois de ter adiado o julgamento, examinou-o na sessão de 21 de dezembro de 1955 e considerou o pedido prejudicado em face das informações prestadas pelo presidente em exercício, Nereu Ramos. Este esclarecera que as tropas tinham sido colocadas para evitar incidentes mais graves que os já ocorridos e, cessados aqueles motivos, o paciente e os seus acompanhantes poderiam, sem nenhuma coação, locomover-se livremente.

Em 4 de janeiro de 1956, o advogado Jorge Fontenelle pedia ao Supremo Tribunal que julgasse o mandado de segurança, adiado em 14 de dezembro do ano anterior. O Tribunal delegou a Afrânio Costa o papel de relator. Uma semana depois, ele apresentava as petições que denunciavam que o estado de sítio, originalmente decretado a 25 de novembro, fora prorrogado por mais trinta dias pelo presidente da República em exercício. Argumentava que, se o primeiro ato era ilegal, pois existira apenas para impedir Café Filho de reassumir, mais ilegal ainda era a sua prorrogação pelo presidente em exercício, Nereu Ramos, que não exercia legitimamente o poder. O relator indeferiu o pedido, mantendo a decisão anterior. O ministro Nelson Hungria, que também indeferiu o pedido, falou a seguir. Examinou as circunstâncias alegadas. Refutou as acusações ao Supremo Tribunal feitas na imprensa e no Congresso, quando aquele se pronunciara sobre o mandado de segurança e os *habeas corpus* impetrados por Café Filho.

> Protesto veementemente contra essa assacadilha, disse ele. Jamais o Supremo Tribunal desertou a sua função constitucional, que não é, positivamente, a de debelar insurreições vitoriosas. O que ocorre é que o Brasil, com a implantação da República, entrou no ciclo político da América Latina, em que as mudanças de regime e a queda dos governos se operam, freqüentemente, mediante pronunciamentos militares, contra os quais não há de opor-se a força do direito. Bem ou mal intencionados, tais pronunciamentos fazem calar a voz das leis e dos ditames jurídicos. Contra o fatalismo histórico dos pronunciamentos militares não vale o Poder Judiciário, como não vale o Poder Legislativo. Esta é que é a verdade, que não pode ser obscurecida por aqueles que parecem supor que o Supremo Tribunal, ao invés de um arsenal de livros de direito, disponha de um arsenal de schrapnels e de torpedos. (Costa, 1964, v.3)

Suas palavras denunciavam a situação de impotência e o estado de frustração em que ficavam os ministros diante de golpes de estado e da suspensão das garantias constitucionais. Acompanhou-o o ministro Mário Guimarães, que fez uma distinção entre governos de fato e de direito, acentuando que os primeiros eram equiparados, para efeitos externos ou internos, aos governos de direito e acatados pelo

Poder Judiciário. Lembrou que na história do Brasil havia vários casos semelhantes. Governo de fato fora o do marechal Deodoro, até que o Congresso o elegera, o de Getúlio Vargas de 1930 a 1934 e o de José Linhares, presidente do Supremo Tribunal. Concluiu mantendo sua decisão anterior. Falou a seguir o ministro Hahnemann Guimarães, que afirmou a constitucionalidade da prorrogação do estado de sítio e negou o pedido enquanto aquele perdurasse. Essa foi também a posição do ministro Edgard Costa. Orosimbo Nonato afirmou que Nereu Ramos estava investido *de fato* dos poderes do Executivo e seus atos eram acatáveis, como tinham sido acatados os atos dos governos *de fato* que tivéramos anteriormente. Lembrou que ele próprio fora nomeado por um governo *de fato*, assim como seus colegas Edgard Costa, Lafayette de Andrada e Ribeiro da Costa, nomeados pelo governo *de fato* de José Linhares. Concluiu que só poderia julgar o mandado de segurança quando fosse extinto o estado de sítio. O único que continuou a conceder o mandado — posição que defendera desde o início — foi o ministro Ribeiro da Costa, voto vencido.

Depois de empossados Juscelino Kubitscheck e João Goulart, a 31 de janeiro de 1956, ainda chegava ao Supremo Tribunal uma petição, datada de 2 de abril, com novo pedido de prosseguimento do julgamento, que evidentemente não tinha mais razão de ser, uma vez que em 31 de janeiro havia terminado o prazo legal do mandato de Café Filho. A 7 de novembro, decorrido quase um ano dos acontecimentos, o Supremo Tribunal Federal julgou prejudicado o pedido de mandado de segurança impetrado em favor do ex-presidente Café Filho, por estar extinto seu período presidencial, não podendo assim constituir mais objeto de reclamação (Costa, 1961).

Sete meses após a posse de Juscelino, o Supremo Tribunal Federal, deferindo pedido do procurador-geral da República, determinou também o arquivamento da representação a ele oferecida pelos deputados federais Adauto Lúcio Cardoso, Aliomar Baleeiro, Oscar Corrêa, Antônio Pereira Lima, Mário Martins, José Bonifácio, Raimundo Padilha, Rafael Corrêa de Oliveira e Nelson Carneiro, para que fossem denunciados perante aquele Tribunal os generais Henrique Batista Duffles Teixeira Lott, Odílio Denys, Zenóbio da Costa, Ângelo Mendes de Morais e Olímpio Falconière. A representação pedia processo e punição dos militares pela prática dos crimes definidos nos artigos 3, 6, 7 e 8 da Lei 1.802 de 1953, como organizadores e dirigentes dos acontecimentos de 11 e 20 de novembro do ano anterior, que culminaram com a deposição de Carlos Luz, presidente em exercício, e de João Café Filho, presidente da República afastado do cargo por motivo de doença. Segundo o procurador-geral, a representação não fora acompanhada de elementos que justificassem a denúncia, não havendo exemplos nos anais judiciários "de ser oferecida denúncia contra os participantes de um movimento militar vitorioso". À vista disso, o Tribunal decidiu pelo arquivamento (Costa, 1964, v.3).

Em todos esses julgados, o Supremo Tribunal reconhecera o poder dos militares de intervir no sistema político e estabelecera o princípio da legitimidade revolucionária.

O governo Kubitschek: a tentativa populista e novas ameaças de golpe

O estado de sítio continuou por um mês, após a posse do novo governo. A oposição não descansou. Seus ataques continuaram durante todo o governo de Juscelino Kubitschek, a quem viam como sucessor de Vargas. Acusações de corrupção sucediam-se. Tramas golpistas reapareciam. Menos de duas semanas depois da posse do presidente e do vice-presidente eleitos, o major Haroldo Veloso e o capitão José Chaves Lameirão, acompanhados por três sargentos da Aeronáutica, apoderaram-se de um bimotor no Campo dos Afonsos e tomaram direção desconhecida, tendo sido localizados pouco depois na Amazônia. Na mesma ocasião, outros dois oficiais saíram de Belém com o pretexto de aprisionar os rebeldes, mas acabaram aderindo a eles. Os insurretos ocuparam a cidade de Santarém, onde parte da guarnição aderiu à revolta. Após escaramuças de pequena monta, o major Haroldo Veloso foi aprisionado. Dias depois, dois de seus aliados, o major Paulo Vítor e o capitão Lameirão, procuraram asilo político na Bolívia. Os rebeldes de Jacareacanga, como eles ficaram conhecidos, denunciavam infiltração comunista nos postos de comando militar e um suposto entendimento entre governo e capital internacional para entrega do petróleo e venda de minerais estratégicos.

Nova tentativa de golpe ocorreu em abril de 1956. O projeto parlamentarista apresentado por Raul Pila ao Congresso Nacional, antes mesmo dos acontecimentos responsáveis pelo impedimento de Café Filho, servia agora como pretexto para novas alianças contra Kubitschek. A proposta, no entanto, foi obstada pela pronta intervenção do ministro da Guerra, que fez saber por declarações à imprensa que o Congresso não tinha capacidade jurídica para substituir o presidencialismo pelo parlamentarismo. Segundo ele, a alteração na forma de governo só poderia se processar por meio de plebiscito ou revolução. Lott denunciava ainda que com o parlamentarismo a oposição pretendia diminuir o campo de ação do Executivo.

Nesse mesmo mês, apareceu nova organização, a Ação Democrática, liderada por Bilac Pinto, Rafael Corrêa de Oliveira e Mário Pedrosa, convocando o povo à luta pela renovação total do Brasil, o revigoramento da moral republicana, a punição dos peculatários e ladrões da coisa pública. A Ação Democrática acusava a plutocracia, que no seu dizer governava o país desde 1937, de se locupletar com a inflação. Criticava ainda o gigantismo do Estado e manifestava seu apoio aos rebeldes de Jacareacanga. Mencionava a necessidade de ajuda às populações rurais com distribuição de terras, assistência técnica sanitária e educacional, crédito fácil, bem como a criação de sindicatos livres. Comprometia-se a defender intransigentemente a Petrobras, em face da

> ação sorrateira ou aberta dos trustes petrolíferos internacionais, e concluía: A história apresenta aos brasileiros de nossa geração um dilema inexorável: ou fazemos a revolução democrática, à brasileira, ou os comunistas farão, à moda russa, pelo terror e pelo sangue, sua revolução. Nesta hora de preparação dos espíritos, ou se escolhe um lado ou se escolhe o outro. (Carone, 1980)

Em maio de 1956, dando provas da vocação democrática do regime, um decreto concedia anistia ampla e irrestrita a todos os civis e militares direta ou indiretamente envolvidos nos movimentos revolucionários ocorridos no país, desde 10 de novembro de 1955 até 1º de março de 1956. Foram excluídos da anistia os comunistas. Continuando sua política de pacificação nacional, Kubitschek procurou atender às reivindicações de militares, nomeando-os para postos na Petrobras e no Conselho Nacional de Petróleo. Os candidatos governistas (Movimento Militar Constitucionalista) derrotaram a Cruzada Democrática nas eleições do Clube Militar em 1956, 1958 e 1960. Mas a tensão entre os dois grupos cresceu.

Por ocasião do primeiro aniversário do golpe de 1955, amigos e admiradores do general Lott pretenderam homenageá-lo, conferindo-lhe uma espada de ouro. Sua intervenção em 11 de novembro, que resultara na deposição de Carlos Luz, e seu apoio à posse de Juscelino e Goulart, no entanto, não foram perdoados pelos militares e civis solidários ao presidente deposto. Um deles, general Humberto de Alencar Castelo Branco, chefe da Escola Superior de Guerra, enviou aos organizadores da homenagem a Lott uma carta protestando contra a politização do Exército. Na mesma ocasião, no entanto, adeptos de Café Filho e Carlos Luz prestaram uma homenagem ao ex-ministro da Marinha, almirante Amorim do Vale, que apoiara Carlos Luz. Em um ato claramente político, dirigiram-se depois à residência do general Humberto Castelo Branco, onde cantaram o Hino Nacional. Por trás desses incidentes, estava a luta entre os militares que se intitulavam nacionalistas e os que pregavam na Escola Superior de Guerra uma doutrina de segurança nacional baseada na aliança com os Estados Unidos. A tensão entre esses dois grupos reproduzia-se entre militares que apoiavam o presidente e os que se opunham a ele.

A última tentativa golpista no governo Kubitschek ocorreu em Aragarças, em dezembro de 1959. Cinco oficiais da Aeronáutica e dois majores do Exército retiraram três aviões da Base Aérea do Galeão e se dirigiram para Aragarças, de onde

Figura 48. Reforço de segurança em Brasília (dezembro de 1959).

emitiram uma mensagem, convocando as Forças Armadas a aderir à revolução. A estes se juntaram outros oficiais pertencentes à base de Belo Horizonte. Os rebeldes acusaram novamente o governo de corrupto e denunciaram infiltração comunista em postos governamentais. A insurreição foi rapidamente debelada (Carone, 1980). (Figura 48)

O governo entre dois fogos: a Guerra Fria

A construção de Brasília tornou-se o símbolo do governo Kubitschek. O projeto foi aprovado pelo Congresso em setembro de 1956 e, a 21 de abril de 1960, inaugurava-se a nova capital. Ao mesmo tempo, o presidente convidava a nação a apoiar um projeto nacional de desenvolvimento baseado na indústria e na exportação. Difundida pelo Iseb, a ideologia nacional-desenvolvimentista procurava manter a coesão entre os vários grupos sociais, chamados a participar desse projeto. No Congresso organizou-se a Frente Parlamentar Nacionalista, reunindo inicialmente cerca de trinta parlamentares. Ao mesmo tempo, entretanto, o ministro José Maria Whitaker abria o país ao capital estrangeiro, legalizando compromissos assumidos em 1947 e em 1952. Um acordo concedeu permissão aos americanos para a construção de uma base militar em Fernando de Noronha.

Tentando contrabalançar as pressões dos Estados Unidos, Kubitschek tomou as primeiras medidas para o reatamento das relações com a União Soviética. Decretou também a suspensão da prisão preventiva contra Prestes (janeiro a março de 1958). Em 1959, o governador do Rio Grande do Sul, Leonel de Moura Brizola, encampou a Companhia de Energia Elétrica Rio-Grandense, subsidiária da America and Foreign Power Co. (Bond and Share). Essas medidas ofenderam alguns setores que viam nesses atos a confirmação de suas suspeitas de que o governo estava sendo apoiado pelos comunistas.

Ao mesmo tempo que empregava uma retórica desenvolvimentista e nacionalista, Kubitschek ampliava a participação do capital estrangeiro na economia. O desenvolvimento da indústria de bens de produção exigia recursos de que a iniciativa privada nacional não dispunha, daí a necessidade de recorrer aos capitais estrangeiros e ao patrocínio do Estado. Nesse período, desenvolveu-se a indústria automobilística, favorecida por incentivos fiscais e cambiais. O governo procurou conciliar o plano de estabilização com o de investimentos, contido no seu Programa de Metas. Para isso não hesitou em colaborar inicialmente com o FMI. Seu objetivo era satisfazer os industriais e banqueiros brasileiros, dos quais recebia apoio, e ao mesmo tempo beneficiar os fazendeiros de café e os exportadores, comprando e estocando o produto para manter os preços altos. Não tardou, no entanto, para que os gastos do governo para sustentar o programa de industrialização, a construção de Brasília, a deterioração dos termos de intercâmbio com a queda de valores da exportação e o aumento da importação desequilibrassem a balança de pagamentos. O déficit passou de 1% do PIB em 1955 para 4% em 1957, e a inflação atingiu 39% ao ano. As pressões salariais iriam comprometer ainda mais o precário equilíbrio. Tudo isso punha em risco os compromissos com os grupos financeiros internacionais.

O conflito entre os vários grupos de interesses intensificava-se com a competição por recursos entre os setores estatal e privado, entre pequenas e grandes indústrias, entre militares e funcionários públicos ansiosos por aumentos salariais diante de uma inflação galopante. As críticas ao FMI desviavam a atenção da população de outros problemas igualmente importantes. Kubitschek só conseguia manter sua política de conciliação por meio de políticas inflacionárias. Uma severa política de estabilização como a recomendada pelo FMI era, portanto, política e economicamente impossível, sobretudo considerando a proximidade das eleições. Em março de 1959, uma missão do FMI visitou o Brasil e sugeriu um programa recessivo clássico: a redução do orçamento mediante cortes no número de funcionários públicos e nos subsídios; a adoção de medidas que disciplinassem o crédito comercial; e o reajustamento dos tipos de câmbio. Em junho de 1959, em um golpe dramático, Kubitschek rompeu relações com o FMI. O jornal *O Estado de S. Paulo*, porta-voz das oposições, anunciava que o governo americano comunicara ao Brasil que, se desejasse obter novos créditos dos Estados Unidos, deveria ajustar com o Fundo um programa de estabilização tal como haviam feito França, Turquia, Peru, Chile e Argentina.

Apesar dos problemas criados, a política industrial de Kubitschek deu resultados positivos. Entre 1954 e 1958 o crescimento anual foi de 10%. Em 1958 a indústria cresceu 16,2% e em 1959, 11,9%. O PIB cresceu 3,2% em 1956, 8,1% em 1957, 7,7% em 1958, 5,6% em 1959 e 7% em 1960. O salário mínimo real, que inicialmente tivera um aumento relativo, começou, no entanto, a declinar, chegando em São Paulo e no Rio de Janeiro, em 1959, quase ao nível de 1944 (Flynn, 1979). Em 1959, preocupado com os problemas acarretados pelas secas no Nordeste e a crise na exportação de produtos tradicionais como açúcar e algodão, o governo aprovou a lei que criou a Superintendência do Desenvolvimento do Nordeste (Sudene). Para dirigi-la foi nomeado o economista Celso Furtado.

Durante o período Kubitschek, o movimento operário viu crescerem grupos de ação independentes da estrutura corporativista do governo, como o Pacto de Unidade Intersindical, que surgira durante a greve de 1953, o Movimento Democrático Sindical, o Movimento de Renovação Sindical e o Pacto de Unidade e Ação. Kubitschek respondeu às pressões operárias aumentando o salário dos trabalhadores. Essa medida, entretanto, foi acompanhada pela alta dos preços de alimentos, incrementando as pressões inflacionárias.

Os maiores beneficiários da política econômica do governo foram os investidores estrangeiros, os empregados nos setores de serviços, os industriais e comerciantes, assim como os grandes fazendeiros. Setores da pequena classe média, funcionários públicos, assalariados e trabalhadores do setor informal da economia foram os sacrificados. Estes viram sua situação piorar. Em 1960 expressariam seu descontentamento, votando para presidente em Jânio Quadros, cuja carreira política se iniciara com a promessa da luta do *tostão contra o milhão* e que adotara como símbolo a vassoura, *para varrer a corrupção*. Não tardou, porém, que ele próprio descobrisse o quanto era difícil realizar o que prometera como candidato.

O Supremo Tribunal em Brasília

Durante os governos Kubitschek e Quadros, o Supremo Tribunal não foi chamado a enfrentar nenhum problema da magnitude dos arbitrados nos governos anteriores. Concedeu *habeas corpus* a indivíduos presos por participação em revoltas; firmou alguns princípios importantes, como o da não-obrigatoriedade da vinculação

Figura 49. Nova sede do STF, em Brasília.   **Figura 50.** Ministros reúnem-se na nova sede.

partidária, o da representatividade da forma de governo, o da inconstitucionalidade da eleição indireta, o da competência do Tribunal de Justiça para julgar crime de peculato cometido por governador, o do não-pagamento de imposto de renda pela magistratura; e decidiu da constitucionalidade ou inconstitucionalidade de atos praticados pelas Assembléias Legislativas dos Estados. A maioria desses casos teve motivação política. No mais, o Supremo enfrentou problemas de rotina. (Figuras 49 e 50)

Em 8 de julho de 1957, o Supremo negou provimento ao recurso, interposto pela UDN, à decisão do Tribunal de Justiça de Minas Gerais, que denegara mandado de segurança impetrado pelo mesmo partido contra ato do presidente da Assembléia Legislativa do Estado, que deixara de convocar o suplente de um deputado que se desligara do referido partido. Firmava-se, assim, a tese de que não perde o mandato o representante que, eleito por um partido, se filia posteriormente a outro. Foi voto vencido o ministro Henrique D'Ávila, para quem a decisão conflitava com o disposto no artigo 134 da Constituição de 1946, que assegurava a representação proporcional dos partidos políticos nacionais.

Em 1959, o Tribunal decidiu por quatro a três a questão suscitada pela Irmandade do Santíssimo Sacramento do Rio de Janeiro contra o cardeal D. Jaime de Barros Câmara, reconhecendo-lhe o direito de intervir nas irmandades religiosas quanto à escolha das respectivas administrações, para disposição e gerência de seus bens.

Em janeiro de 1960, foi concedido *habeas corpus* em favor do tenente-aviador Leuzinger Marques de Lima, preso como implicado na rebelião de Aragarças, para fazer cessar a incomunicabilidade a que estava submetido e que cerceava o direito de defesa assegurado pela Constituição. Na ocasião, o ministro Luís Gallotti fez questão de lembrar que no manifesto dos rebeldes de Aragarças dirigido à Nação nem mesmo o Tribunal fora poupado. O ataque, porém, não diminuía, na sua opinião, o dever de lhes assegurar todos os direitos garantidos por lei.

Em 1960, o Tribunal acolheu por unanimidade de votos a argüição de inconstitucionalidade da cobrança do imposto de renda sobre os vencimentos da magistratura.

No mesmo ano, pelos votos dos ministros Gonçalves de Oliveira, Vilas Boas, Cândido Mota Filho, Nelson Hungria, Hahnemann Guimarães e Lafayette de Andrada, foi decidida a transferência do Tribunal para Brasília. Opuseram-se à mudança os ministros Ari Franco, Luís Gallotti, Ribeiro da Costa e Barros Barreto. A 13 de abril, o Supremo realizou sua última sessão no Rio de Janeiro, julgando *habeas corpus* e mandado de segurança. A 21 de abril, o Supremo Tribunal Federal instalou-se solenemente em Brasília.

Ministros do Supremo Tribunal de 1956 a 1964

No período que correspondeu aos governos Juscelino Kubitschek, Jânio Quadros e João Goulart, encontravam-se no Supremo os seguinte ministros:

• José Linhares, natural do Ceará, nascido em 1886, iniciou o estudo do Direito em Recife e terminou o curso na Faculdade de Direito de São Paulo. Fez carreira na magistratura e foi nomeado ministro do Supremo Tribunal Federal em 1937. Foi presidente do Supremo de 1951 a 1956, quando se aposentou. Assumiu a Presidência da República quando da deposição de Vargas, aí permanecendo até a posse de Eurico Gaspar Dutra. Faleceu em 1957.

• Frederico de Barros Barreto nasceu em 1895, em Pernambuco, tendo cursado a Faculdade de Direito do Rio de Janeiro. Iniciou carreira na magistratura em 1921 e foi nomeado presidente do Tribunal de Segurança Nacional em 1936. Tomou posse no Supremo em 1939, exercendo essa função cumulativamente com a presidência do Tribunal de Segurança. Aposentou-se em 1963. Faleceu em 1969.

• Orosimbo Nonato da Silva, mineiro, formado pela Faculdade de Direito de Minas Gerais, exerceu o cargo de consultor-geral da República durante o Estado Novo. Foi nomeado para o Supremo Tribunal Federal em 1941, assumindo sua presidência de 1956 a 1960, quando se aposentou. Faleceu em 1974.

Os três ministros acima foram nomeados por Getúlio Vargas no Estado Novo. Durante o curto período em que José Linhares exerceu a Presidência da República tomaram posse os ministros:

• Edgard Costa, nascido em 1887, em Vassouras, cursou a Faculdade de Ciências Jurídicas e Sociais do Rio de Janeiro, exerceu a advocacia e ingressou na magistratura, tendo sido nomeado para o Supremo, para a vaga ocorrida com a aposentadoria do ministro Antônio Bento de Faria, em 1945, permanecendo até 1957, quando se aposentou. A ele se atribui a criação da cédula de identidade e da cédula única para eleições majoritárias. Fundou e dirigiu o Arquivo Judiciário. Faleceu em 1970.

• Antônio Carlos Lafayette de Andrada, mineiro, nasceu em Barbacena, em 1900, e faleceu em 1974. Recebeu o título de bacharel em Ciências Jurídicas e Sociais pela Faculdade de Direito do Rio de Janeiro. Depois de ter sido advogado, jornalista, professor e curador especial de acidentes de trabalho, ingressou na magistratura. Foi indicado para preencher a vaga deixada pelo ministro Eduardo Espínola, no Supremo Tribunal Federal, em 1945, presidindo o Tribunal no tumultuado biênio de 1962-1963. Aposentou-se em 1969, em protesto contra as medidas de exceção do presidente Costa e Silva. (Figura 51)

• Álvaro Moutinho Ribeiro da Costa, nascido no Rio de Janeiro, em 1897, cursou a Faculdade Livre de Direito daquela cidade. Ingressou na magistratura e foi empossado no Supremo em 30 de janeiro de 1946. Assumiu sua presidência durante o biênio de 1964-1966, vindo a falecer no ano seguinte. (Figura 52)

Figura 51. Ministro Antônio Carlos Lafayette de Andrada (1900-1974). Tomou posse no STF em 1945 e solicitou aposentadoria em 1969, em protesto contra medidas de exceção do presidente Costa e Silva.

Figura 52. Álvaro Moutinho Ribeiro da Costa (1897-1967). Tomou posse no STF em 1946 e se aposentou em 1967.

Foram nomeados pelo presidente Eurico Gaspar Dutra:
• Hahnemann Guimarães, nascido no Rio de Janeiro, em 1901, recebeu o grau de

bacharel pela Faculdade de Direito da Universidade do Rio de Janeiro. Ingressou no magistério como professor de Latim do Colégio Pedro II. Exerceu ainda os cargos de consultor-geral e procurador-geral da República, tendo sido empossado no Supremo Tribunal Federal em 1946. Aposentou-se em 1967. Faleceu em 1980.

• Luís Gallotti, nascido em Santa Catarina em 1904, formou-se também pela Faculdade de Direito da Universidade do Rio de Janeiro. Depois de ter exercido vários cargos políticos, ingressou no Ministério Público, tornando-se procurador-geral da República. Tomou posse no Supremo em 1949, ali permanecendo até 1974. Faleceu em 1978.

• Francisco de Paula Rocha Lagoa Filho era natural de Minas Gerais. Nasceu em 1895 e formou-se pela Faculdade de Direito de Minas Gerais. Foi deputado estadual e depois integrou a magistratura. Nomeado ministro do Tribunal da Apelação, quando de sua criação, integrou o Supremo Tribunal Federal em 1950, permanecendo até 1960, quando se aposentou a pedido, em virtude da mudança do Tribunal para Brasília. Faleceu em 1975.

De 1951 a 1954, como presidente eleito, Getúlio Vargas nomeou dois ministros para o Supremo Tribunal:

• Mário Guimarães nasceu em São Paulo, onde cursou a Faculdade de Direito. Ingressou no Ministério Público. Foi nomeado para o Supremo em 1951, aposentando-se a pedido em 1956. Faleceu em 1976.

• Nelson Hungria Hoffbauer, mineiro, nasceu em 1891. Obteve o grau de bacharel em 1909. Formou-se pela Faculdade Livre de Direito do Rio de Janeiro. Foi delegado de polícia no antigo Distrito Federal e ingressou na magistratura em 1924. Tomou posse no Supremo Tribunal Federal em 1951. Aposentou-se em 1961. Autor de vários livros sobre Direito Penal, depois de aposentar-se montou banca de advocacia e passou a patrocinar causas importantes perante o Supremo Tribunal. Faleceu em 1969.

Nereu Ramos, vice-presidente do Senado no exercício da Presidência da República, nomeou apenas um ministro:

• Ari Azevedo Franco, nascido em 1900, no Estado do Rio de Janeiro, onde cursou a Faculdade de Direito. Exerceu o magistério superior durante muito tempo. Fez carreira de magistrado, alcançando a judicatura máxima em 1956, quando substituiu o ministro José Linhares no Supremo Tribunal Federal. Faleceu em 1963 no exercício do cargo.

Juscelino Kubitschek empossou quatro ministros:

• Cândido Motta Filho, nascido em São Paulo, em 1897, bacharelou-se pela Faculdade de Direito de São Paulo, em Ciências Jurídicas e Sociais. Foi deputado e membro da Comissão de Constituição e Justiça em 1934. Participou de várias comissões encarregadas de elaborar projetos de lei sobre organização dos serviços sociais do Estado, de proteção à família, do projeto que criou o Departamento Estadual da Criança e da reforma penitenciária do Estado. Foi diretor do Reformatório Modelo e do Serviço de Reeducação. Trabalhou como jornalista e redator no *Correio Paulistano*, na *Folha de S. Paulo* e no *Diário de S. Paulo*, tendo colaborado ainda em outros jornais e revistas. Obteve por concurso a cátedra de Direito Constitucional na Faculdade de Direito de São Paulo. Tomou posse no Supremo em 1956. Aposentou-se em 1967. Faleceu em 1977.

• Antônio Martins Vilas Boas nasceu em 1896, em Minas Gerais. Recebeu o título de bacharel pela Faculdade de Direito da Universidade de Minas Gerais. Foi telegrafista na Repartição dos Correios e Telégrafos de Belo Horizonte; ocupou o cargo de prefeito de Araxá e iniciou carreira na magistratura e no magistério superior, regendo a cadeira de Direito Civil na Universidade de Minas Gerais. Ministro do Supremo Tribunal Federal, tomou posse em 1957 e exerceu a judicatura até novembro de 1966, quando atingiu a idade da aposentadoria. Faleceu em 1988.

• Antônio Gonçalves de Oliveira nasceu em Minas Gerais, em 1910, tendo cursado a Faculdade de Direito. Participou das assembléias da Companhia Urbanizadora da Nova Capital e da Petrobras. Ocupou o cargo de consultor-geral da República e foi nomeado ministro do Supremo, tomando posse em 1960. Aposentou-se em 1969 em protesto contra as medidas de exceção do presidente Costa e Silva. Faleceu em 1992.

• Vítor Nunes Leal, mineiro, nasceu em 1914. Ainda quando estudante de Direito, passou a integrar a bancada do autor do Código de Processo Civil e a desempenhar o papel de redator em vários jornais cariocas. Foi diretor da Agência Nacional. Exerceu vários cargos na administração pública e no magistério, tendo sido oficial de gabinete do ministro da Educação, Gustavo Capanema, durante o Estado Novo. Ministrou aulas na Escola do Estado-Maior do Exército e na Escola Superior de Guerra, passando a integrar a Faculdade de Brasília. Em 1956 foi nomeado para a chefia da Casa Civil de Juscelino Kubitschek. Ingressou no Supremo em 1960. A ele se deve a criação da *Súmula do STF*, que veio imprimir novo ritmo ao procedimento dos feitos. Foi aposentado pelo governo militar em 1969. Faleceu em 1985.

Mais três ministros tomaram posse entre 1961 e 1963, um nomeado por Jânio Quadros e os outros dois por Goulart:

• Pedro Rodovalho Marcondes Chaves nasceu em São Paulo, em 1897, onde se bacharelou. Fez carreira na magistratura. Integrou o Supremo em abril de 1961 e se aposentou em junho de 1967. Faleceu em 1985.

• Hermes Lima nasceu em 1902, na Bahia, onde se formou em Direito e Ciências Jurídicas. Dedicou-se ao jornalismo, ao magistério e à política. Foi membro da Constituinte de 1946 e exerceu vários cargos na administração pública, tendo sido chefe da Casa Civil da Presidência da República de 1961 a 1962. Foi ainda ministro do Trabalho e Previdência Social de João Goulart, presidente do Conselho de Ministros, no curto período parlamentarista, e ministro das Relações Exteriores, representando o Brasil em várias conferências internacionais. Entrou para o Supremo em 1963 e foi aposentado em 1969 pelo governo militar com base no Ato Institucional nº 5. Faleceu em 1978.

• Evandro Cavalcanti Lins e Silva nasceu no Piauí, em 1912. Recebeu o grau de bacharel pela Faculdade de Direito da Universidade do Rio de Janeiro. Fundou o Sindicato dos Jornalistas Profissionais. Colaborou com vários jornais e exerceu cargos no magistério. Foi, ainda, procurador-geral da República entre 1961 e 1962, chefe da Casa Civil da Presidência da República do governo João Goulart, ministro das Relações Exteriores, de 18 de junho de 1963 até ser nomeado para o Supremo, em setembro do mesmo ano (Baleeiro, 1968). Foi aposentado pelo governo militar em 1969.

Dos dezenove ministros que atuaram nesse período, sete eram naturais de Minas Gerais, quatro do Rio de Janeiro, incluindo o período em que era Distrito Federal, e três de São Paulo. Os Estados do Ceará, de Pernambuco, do Piauí, da Bahia e de Santa Catarina tiveram um representante cada um. São Paulo perdera, assim, a hegemonia que tivera na Primeira República, embora alguns ministros, naturais de outros Estados, tivessem cursado a Faculdade de Direito de São Paulo. Cinco tinham sido nomeados por Vargas, um por Nereu Ramos, quatro por Juscelino, três por Dutra, três por Linhares, um por Quadros e dois por Goulart. Os nomeados por Vargas, Linhares, Kubitschek e Goulart constituíam, portanto, a maioria.

Os ministros eram, em geral, homens de notável cultura, dotados de longa experiência na magistratura. Muitos aliavam a essa atividade o magistério e foram autores de várias obras de Direito. Com exceção de uns poucos ainda jovens por ocasião da Revolução de 1930, a maioria chegou ao Estado Novo já tendo atingido a maturidade. Alguns serviram em outras funções importantes naquele período. Assim como as gerações anteriores de ministros do Supremo Tribunal, testemunharam golpes e contragolpes, prisões, perseguições políticas e partilhavam com a quase totalidade das elites brasileiras profunda desconfiança em relação ao comunismo. Viram a elaboração de duas Constituições (1934 e 1946) e uma Carta Constitucional (1937), assistiram à deposição de Vargas pelos militares em 1945 e foram testemunhas das pressões militares que levaram à sua morte em 1954. Embora os estados de emergência e de guerra tivessem cessado com o afastamento de Vargas em 1945, a "democracia" estivesse formalmente consagrada na Constituição de 1946 e os poderes dos tribunais tivessem sido recuperados plenamente, os ministros viveram momentos difíceis durante os quais a "democracia" recém-implantada foi ameaçada por novas tentativas golpistas, novos estado de sítio, novas prisões. Alguns assistiram ao golpe militar de 1964 e renunciaram à posição de ministro do STF em 1969, em protesto contra os atos autoritários do governo militar. Nos momentos de turbulência era difícil manter-se acima das lutas políticas que dividiam o país. As decisões do Tribunal eram louvadas por uns e criticadas por outros, e o Supremo tornava-se alvo de ataques na imprensa e no Congresso.

Durante esses anos, a nação se transformara. O processo de industrialização avançara. As contradições da política brasileira acentuaram-se. A população brasileira crescera. Entre 1940 e 1960, passara de 41 milhões e 236 mil para 65 milhões e 530 mil habitantes. A concentração urbana aumentara. Em 1950, 36% dos brasileiros viviam nas cidades e 64%, no campo; em 1960, os índices já indicavam 45% e 55%, respectivamente. As transformações ocorridas nas zonas rurais, em virtude da penetração capitalista na agricultura, despejavam nas cidades um número crescente de trabalhadores. Muitos tinham sido forçados a abandonar a terra, outros vinham à procura de melhores salários ou simplesmente de maior liberdade e oportunidade de trabalho, acesso a escolas e outras vantagens. Até 1960, no entanto, mais da metade da população encontrava-se ainda no campo. O processo de urbanização se aceleraria nas décadas seguintes. O desenvolvimento da grande indústria acarretou também o crescimento e a concentração dos operários, favorecendo sua mobilização.

A população de São Paulo passou de um milhão, em 1940, para dois milhões e 189 mil em 1950 e três milhões, 825 mil e 300 habitantes em 1960. A população do município de Porto Alegre também passou de 274 mil e 658, em 1940, para 641 mil e 173 habitantes no mesmo período. Belo Horizonte quase dobrou, passando de 352 mil e 724 habitantes, em 1950, para 693 mil e 328 em 1960. No Nordeste também houve concentração urbana. Recife, por exemplo, registrara 348 mil habitantes em 1940, e 524 mil em 1950, atingindo dez anos depois 788 mil e 500 (Singer, 1968). A migração rural criaria nas cidades uma nova população, desvinculada dos tradicionais laços de dependência e do voto de cabresto, pronta para participar ativamente nas eleições. Não fora pelos altos índices de analfabetismo, que excluíam do eleitorado um grande número de trabalhadores rurais e urbanos, uma transformação do Estado pelo voto seria possível dentro de alguns anos. Entre 1945 e 1960, o eleitorado brasileiro praticamente dobrara, passando de aproximadamente seis milhões para quase doze milhões. A presença do povo nas eleições e o número crescente de greves preocupavam setores da elite e do Exército. As tensões aumentaram a partir do momento em que a Revolução Cubana de 1959 declarou-se comunista. Sob a direção de John Kennedy, os Estados Unidos mudariam sua política para a América Latina, criando a Aliança para o Progresso, ao mesmo tempo que estreitavam os laços com os militares.

Nas eleições presidenciais de 1960, a expressiva votação popular que Jânio Quadros recebeu nos grandes centros urbanos anunciava tempos novos. O PSD e o PTB, majoritários até então, apoiaram a candidatura do general Lott. O PSP apresentou, como candidato, Ademar de Barros. A maioria da UDN ficaria com Jânio Quadros, assim como dissidências do PSD e do PTB, além de pequenos partidos, como o Partido Democrata Cristão, o Partido Socialista, o Partido Liberal e outros de menor expressão. O voto dos grandes industriais, banqueiros e setores de elite — inclusive das Forças Armadas, que não perdoavam Lott por ter apoiado Juscelino — somou-se ao das populações urbanas, assegurando a vitória de Jânio Quadros, que recebeu 48% dos votos contra 33% dados a Lott e 19% a Ademar de Barros. Como vice-presidente, foi eleito João Goulart.

O interregno Jânio Quadros e a posse de João Goulart

Minado pelas contradições de sua política, que externamente apoiava a esquerda, enquanto internamente adotava uma posição de direita, Quadros renunciaria à presidência pouco menos de sete meses após a posse, lançando o país em uma das maiores crises políticas de sua história.

Desde o início, Jânio Quadros adotou uma política exterior independente. Buscava uma terceira via para o Brasil. Procurou fortalecer as relações comerciais com os países socialistas e manifestou solidariedade com os países do Terceiro Mundo, abrindo embaixadas em Gana, Nigéria, Etiópia, Congo e Zaire. Aproximou-se também da Associação de Livre Comércio da América Latina (Alalc). Deu prosseguimento às negociações para a reabertura das relações com a União Soviética e os acordos com os países da Europa Oriental, iniciados por Vargas e Kubitschek. Condenou a tentativa de invasão a Cuba patrocinada pelos Estados Unidos e, na ONU, tomou posição favorável à admissão da China. Quando era apenas candidato, Jânio Quadros visitara Cuba. Depois, na qualidade de presidente, condecorou o astronauta russo Iúri Gagarin e concedeu a Guevara a Grã-Cruz da Ordem do Cruzeiro do Sul. O valor simbólico desses gestos só pode ser avaliado medindo-se a reação que provocaram nos meios conservadores. Os católicos, liderados pelo cardeal D. Jaime Câmara, repudiaram a aproximação com os países comunistas. Carlos Lacerda, que inicialmente apoiara Jânio Quadros, passou a atacá-lo pela imprensa escrita e pela televisão. *O Globo* e *O Estado de S.Paulo* manifestaram também sua desaprovação. Enquanto isso, a esquerda aplaudia.

A política econômica de Jânio também agradou a uns e desagradou a outros, mas nesse caso as posições se inverteram: a esquerda condenou e a maioria da direita aprovou. No seu discurso de posse, Jânio Quadros anunciara que a dívida externa montava a três bilhões e oitocentos milhões de dólares, dos quais seiscentos milhões venciam em 1961. O déficit orçamentário era superior a cem bilhões de cruzeiros, cerca de um terço da receita. A inflação superava 30% ao ano. A fim de atacar esses problemas, adotou um pacote ortodoxo de estabilização, envolvendo a contração dos gastos públicos e da moeda e a retirada dos subsídios do trigo e do petróleo. O pacote foi bem recebido pelos credores, a dívida foi renegociada e o Brasil conseguiu novos empréstimos nos Estados Unidos. Com a Instrução 204 da Superintendência da Moeda e do Crédito (Sumoc), o governo procurou restabelecer a verdade cambial. Foram extintas as taxas de câmbio múltiplas. O cruzeiro sofreu uma desvalorização de 100%. Embora as medidas tomadas pelo governo favorecessem os exportadores e os investidores estrangeiros, tiveram efeitos dramáticos sobre os trabalhadores, cujos salários parcialmente congelados se deterioravam.

Cumprindo promessas de saneamento do setor público, feitas durante a campanha eleitoral, Jânio Quadros promoveu várias sindicâncias na Comissão Federal de Abastecimento e Preços (Cofap), no Instituto Brasileiro de Café (IBC), no Instituto Brasileiro de Geografia e Estatística (IBGE), na Sumoc, no Conselho Nacional de Pesquisa, na Superintendência para Valorização da Amazônia, na Rede Ferroviária Nacional, na Companhia Siderúrgica Nacional, na Companhia do Vale do Rio Doce, no Departamento Nacional de Obras Contra as Secas e em vários Institutos de Previdência Social. Fez do funcionalismo público o alvo de suas críticas e o exemplo de suas intenções moralizadoras, introduzindo o relógio de ponto e o horário corrido, além de eliminar as "mordomias". Com isso se indispôs com o funcionalismo federal (Benevides, 1982).

Em poucos meses, Jânio Quadros conseguiu descontentar vários setores que o tinham levado ao poder. No dia 24 de agosto de 1961, Lacerda, que fora eleito governador do Rio de Janeiro, denunciava a existência de um golpe orquestrado pelo presidente e seu ministro da Justiça, Oscar Pedroso Horta. A Câmara dos Deputados convidou o ministro para prestar esclarecimentos. No dia seguinte, Jânio Quadros, em um gesto dramático, renunciou. (Figuras 53 e 54)

Assumiu a presidência, temporariamente, o deputado Ranieri Mazzilli, presidente da Câmara dos Deputados. Os ministros militares de Jânio Quadros, general Odílio Denys, brigadeiro Grün Moss (Aeronáutica) e almirante Sílvio Heck (Marinha), alegando razões de segurança nacional, tentaram impor ao Congresso a aprovação de uma breve nota, vetando a posse do vice-presidente João Goulart, que na ocasião se achava em visita à China. A reação não se fez esperar. Elóy Dutra, do PTB, leu na Câmara um manifesto de Lott, conclamando o povo a tomar posição enérgica de

Figura 53. Após a renúncia, Jânio Quadros embarca para a Europa.

Figura 54. O marechal Lott é levado preso para a Fortaleza de Laje, após se manifestar a favor da tomada de posse de Goulart.

Figura 55. O governador goiano Mauro Borges Teixeira organizou em 48 horas uma brigada de dez mil homens.

Figura 56. Acompanhado pelo primeiro-ministro Tancredo Neves, Goulart segue para a cerimônia de sua posse.

respeito à Constituição e à preservação do regime democrático. Lott foi preso. A 28 de agosto, o PSD lançava um manifesto a favor da posse de Goulart. O governador de Goiás, Mauro Borges, denunciou os perigos da pressão militar sobre as instituições democráticas. No dia 29, a maioria dos congressistas negou-se a apoiar a solução golpista. No Rio Grande do Sul, o governador Leonel Brizola, desde os primeiros momentos da crise, passara a mobilizar a opinião pública em favor da posse. O comandante do Terceiro Exército ali sediado, general Machado Lopes, declarou também seu apoio à fórmula constitucional. Temendo uma guerra civil, os ministros militares concordaram. Como solução de compromisso foi adotado o Parlamentarismo, que subordinava o presidente ao Congresso. Nessas condições, Goulart assumiu a presidência a 7 de setembro de 1961. (Figuras 55 e 56)

O Conselho de Ministros do novo governo era na sua maioria composto de elementos do PSD, com exceção de dois udenistas, um deles, Gabriel Passos, conhecido nacionalista. Santiago Dantas, ex-ministro de Jânio Quadros, foi mantido na pasta das Relações Exteriores, Walter Moreira Sales foi nomeado para o Ministério da Fazenda, Ulisses Guimarães para o da Indústria e Comércio. Para o Ministério do Trabalho e Previdência Social foi indicado Franco Montoro, do Partido Democrata Cristão. O programa do governo era progressista e seguia as linhas adotadas desde o segundo período Vargas e continuadas por Kubitschek. Propunha promover o reajustamento salarial, a reforma agrária, o desenvolvimento da indústria, a regularização da remessa de lucros para o exterior, a adoção de legislação antitruste, a reforma bancária, fiscal e monetária, a melhoria da educação e a eliminação do analfabetismo. Em matéria de relações exteriores, o gabinete pretendia dar continuidade à política independente de Jânio Quadros, apoiando a coexistência pacífica, o desarmamento, a não-intervenção, a autodeterminação dos povos e o reatamento das relações com a União Soviética.

O gabinete, chefiado por Tancredo Neves, tomou de saída duas medidas iniciadas no governo Quadros que despertaram reação imediata. A primeira anulava as concessões feitas ao truste americano (Hanna Corporation), que explorava jazidas em Minas Gerais. A segunda restabeleceu as relações com a União Soviética em novembro de 1961. A 31 de janeiro de 1962, reunia-se a Conferência da Organização dos Estados Americanos, em Punta del Este, a fim de debater a posição de Cuba. O Brasil se opôs a qualquer sanção e absteve-se na votação que decidiu a expulsão de Cuba da OEA, embora assinasse uma declaração que afirmava a incompatibilidade de qualquer regime marxista-leninista com a democracia. A posição do Brasil em relação a Cuba e à União Soviética desagradou aos Estados Unidos. As relações entre os dois países deterioraram-se mais ainda com a expropriação, em fevereiro de 1962, da International Telephone and Telegraph (ITT) no Rio Grande do Sul, a que se seguiram várias outras. Em represália, o Congresso americano aprovou a emenda *Hickenlooper*, que determinava a suspensão de empréstimos do governo aos países que expropriassem empresas americanas.

Em visita aos Estados Unidos em abril de 1962, João Goulart tentou tranqüilizar o governo norte-americano. Fez um discurso perante o Congresso, em que reafirmou sua adesão aos princípios democráticos e à colaboração com o capital estrangeiro, declarando-se a favor da justa compensação nos casos de desapropriação. Manifestou ainda seu apreço pelo programa da Aliança para o Progresso.

Seus esforços aparentemente não foram suficientes para acalmar as apreensões dos investidores. O país foi invadido por várias organizações mantidas pelo Ibad, com dinheiro da CIA. Algumas já atuavam em 1961-1962, por ocasião das eleições. Foram criadas, entre outras, a Confederação Internacional dos Sindicatos e o Movimento Sindical Democrático, em maio de 1961, que apoiou Lacerda, a Ação Democrática Parlamentar, a Campanha da Mulher Democrática (Camde), a Frente da Juventude Democrática e a Resistência Democrática dos Trabalhadores Livres. Nas eleições de 1962, muitos deputados foram eleitos com o auxílio dessas organizações. Em setembro de 1963, o Ibad foi fechado. Uma Comissão Parlamentar de Inquérito comprovou o uso de suborno e ligações com o governo estrangeiro.

No decorrer de 1962, houve uma progressiva radicalização da Igreja. Respondendo aos apelos do papa João XXIII e à publicação de duas encíclicas (*Mater et Magistra*, de 1961, e *Pacem in Terris*, de 1963), grupos católicos organizaram-se em favor dos humildes e dos oprimidos. Em 1961, acatando as determinações do Concílio Vaticano II, foi criada a Confederação Nacional dos Bispos do Brasil (CNBB), que viria a desempenhar papel extremamente importante no cenário político brasileiro. No Nordeste, vários padres se envolveram nas lutas camponesas, tentando assumir a liderança dos movimentos. Enquanto isso, as Ligas Camponesas orientadas por Francisco Julião e os sindicatos organizados pelo líder comunista Gregório Bezerra faziam pressão pela melhoria das condições de vida dos trabalhadores rurais. A União Nacional de Estudantes passou a apoiar essas reivindicações.

A partir de 1962, quando vários sargentos foram eleitos, apesar do impedimento disposto nos artigos 132 e 138 da Constituição, começaram a ser interpostos recursos no Supremo Tribunal Federal contra sua diplomação. As decisões do Supremo provocaram a mobilização desses quadros em favor da elegibilidade dos sargentos.

Em novembro de 1962, um grupo de intelectuais reuniu-se para discutir as reformas de base propostas por João Goulart. Estas incluíam: reforma agrária com indenização, ao longo dos anos, mediante títulos da dívida pública; reforma urbana, sendo dado aos inquilinos o direito de comprar casas alugadas; extensão dos votos aos analfabetos e aos escalões inferiores das Forças Armadas; nacionalização das empresas concessionárias dos serviços públicos, tais como frigoríficos e a indústria farmacêutica; regulamentação da remessa de lucros para o exterior e ampliação do monopólio da Petrobras. As reformas foram discutidas também no Congresso.

Em junho de 1962, Tancredo Neves deixou o cargo de primeiro-ministro para se candidatar às eleições que se aproximavam. O nome de Santiago Dantas, sugerido para substituí-lo, foi rejeitado. O segundo nome alvitrado foi o do senador Moura Andrade, que acabou por retirar sua candidatura diante da ameaça de uma greve geral. Finalmente, Brochado da Rocha foi nomeado. A freqüente mudança do primeiro-ministro era uma indicação da instabilidade da situação. Em julho de 1962, propôs-se a realização de um plebiscito que decidiria se o regime continuaria parlamentar ou se retornaria ao presidencialista. A consulta popular ocorreu em janeiro de 1963, resultando no retorno ao presidencialismo. Uma emenda à Constituição devolveu ao presidente os seus poderes.

A partir de então a situação econômica deteriorou-se rapidamente. A inflação chegou a 54% ao ano, em 1962. Goulart nomeou Celso Furtado para o Ministério do Planejamento. Este, consciente da necessidade de estabilização, lançou um plano trienal com cortes nos subsídios às estatais e à importação de certos produtos, redução de gastos do governo e taxação dos grupos de maior renda. Procurou também estabelecer negociações com os credores, que se mostraram pouco simpáticos às pretensões do Brasil. De 1957 a 1962, o PIB crescera em média 7% ao ano e a renda *per capita*, cerca de 4%. A partir de 1961, o PIB caiu de 4,1% para 2,2%, em 1962, e para -1,8%, em 1963.

A precária situação econômica agravava os problemas sociais. O Partido Comunista, embora ilegal, continuava atuante entre os trabalhadores, no campo e na cidade. Outras organizações de esquerda também se mobilizavam. As greves multiplicavam-se. Os movimentos no campo radicalizavam-se com as invasões de terras. Em 2 de março de 1963, Goulart aprovou o Estatuto do Trabalhador Rural, instituindo a carteira profissional para o trabalhador do campo, regulamentando as horas de trabalho, estendendo à zona rural o salário mínimo, o repouso semanal e as férias remuneradas. Apresentado pela primeira vez por Vargas em 1951, o Estatuto do Trabalhador Rural havia sido discutido e aprovado em sua versão preliminar. Por mais de dez anos o texto ficara à espera de aprovação final, tal fora a resistência que lhe opuseram os proprietários rurais.

Na tentativa de obter recursos, o ministro Santiago Dantas procurou conseguir um empréstimo nos Estados Unidos, em março de 1963. Na mesma ocasião, o embaixador americano no Brasil, Lincoln Gordon, prestava depoimento ao Congresso americano, denunciando infiltração comunista no governo. Dantas conseguiu o empréstimo, mas apenas um quinto do prometido foi entregue.

Com a morte de Kennedy e a posse de Lyndon Johnson, mudou a política norte-americana em relação ao Brasil. O governo norte-americano demonstrou interesse em renegociar a dívida externa, mas continuou a liberar verbas para os governadores contrários a Goulart, como Carlos Lacerda. Ao mesmo tempo, o subsecretário de Estado, Thomas C. Mann, redefinia os rumos da política dos Estados Unidos para a América Latina, que passaram a ser: a defesa dos interesses americanos e a luta contra o comunismo.

Em julho de 1963, Goulart, cedendo às pressões, concordou em dar um aumento de 70% ao funcionalismo. Em setembro, sargentos e cabos do Exército, da Marinha e da Aeronáutica, que lutavam pelo direito de elegibilidade, resolveram fazer uma manifestação ocupando os centros administrativos de Brasília. Os altos comandos reagiram contra o que lhes pareceu ser ameaça de anarquia e de caos. Goulart pediu ao Congresso a decretação do estado de sítio, mas este lhe foi negado. A situação política complicou-se quando o general Pery Bevilacqua, que apoiara Goulart em 1961, passou a fazer críticas à ação da CGT, ao Fórum Sindical de Debates e ao Pacto de Unidade de Ação, sendo por isso afastado do comando do Segundo Exército. Em outubro, houve greves nos setores de metalurgia, química, papel e papelão. O bloqueio aos créditos externos imposto pelos Estados Unidos levou Goulart a adotar duas medidas que irritaram o embaixador norte-americano. Em dezembro, Goulart outorgou à Petrobras o monopólio da importação de petróleo, até então em mãos de refinarias privadas, vinculadas a trustes internacionais. Menos de um mês depois, assinava a lei de remessa de lucros, em discussão desde 1952.

Convencido da urgência das reformas e consciente da oposição que encontraria no Congresso, João Goulart resolveu realizar as reformas por decreto. Em um comício de 13 de março de 1964, visto por cerca de duzentas mil pessoas, anunciou que acabara de assinar o decreto da Supra, o primeiro passo para a reforma agrária, com a desapropriação de faixas de terras ao longo das estradas. A reforma agrária propriamente dita só poderia ser feita, dizia ele, com uma reforma constitucional. Citava o exemplo de outros países, como o Japão, onde a reforma agrária fora implantada depois da vitória dos Estados Unidos pelo general McArthur. Mencionava ainda os exemplos da Itália, do México e da Índia, países que tinham realizado a reforma agrária com sucesso. Argumentava que ela interessava não apenas ao homem que trabalhava a terra, mas a todos os brasileiros. "A reforma agrária", dizia, "é indispensável não só para aumentar o nível de vida do homem do campo, mas também para dar mais trabalho às indústrias e melhor remuneração ao trabalhador rural". Anunciou a seguir a encampação de todas as refinarias de petróleo, aproveitando a ocasião para fazer uma menção elogiosa a Getúlio Vargas. Finalmente, anunciou que encaminharia, em mensagem ao Congresso, a reforma eleitoral, permitindo a todos os brasileiros com mais de dezoito anos o direito de votar, e a reforma universitária, reclamada pelos estudantes. Divulgava, ainda, um decreto regulamentando os aluguéis. Ao terminar seu discurso afirmou contar com a compreensão e o patriotismo das Forças Armadas e reiterou seus propósitos de lutar por reforma agrária, tributária, eleitoral, pelo voto do analfabeto, pela elegibilidade de todos, pela emancipação econômica, por justiça social e pelo progresso do país (Silva, 1975).

A reação ao discurso do presidente não se fez esperar. As conspirações contra o seu governo intensificaram-se. No dia 19 de março, realizou-se a *Marcha com Deus e a Família*. Demonstrações análogas ocorreram em outras capitais, expressando desgosto crescente de setores da população. Uma semana depois, o almirante Sílvio Mota, considerando subversiva uma reunião de praças da Marinha realizada no Sindicato dos Metalúrgicos, enviou tropa para prendê-los. Vários marinheiros foram

Figura 57. Marinheiros sitiados no Sindicato dos Metalúrgicos, no Rio de Janeiro, em 1964.

detidos. O presidente interveio, mandando soltá-los, o que motivou a saída de Sílvio Mota, substituído pelo almirante Paulo Rodrigues. (Figura 57)

A 27 de março, o embaixador dos Estados Unidos enviava um memorando para o secretário de Estado, Dean Rusk, para o secretário de Defesa, McNamara, e para outras figuras representativas do governo americano, no qual comunicava sua convicção de que Goulart se achava envolvido em uma campanha para conseguir poderes ditatoriais, contando para isso com a colaboração ativa do Partido Comunista Brasileiro e de outros revolucionários da esquerda radical. "*Se tiver êxito*", dizia,

> é mais que provável que o Brasil fique sob controle comunista, embora Goulart talvez se volte contra seus defensores comunistas adotando o modelo peronista, que a meu ver é do seu gosto pessoal.

Na sua análise da situação política no Brasil, não descartava a possibilidade de uma guerra civil.

Castelo Branco, Odílio Denys, Golbery, Mamede e Olímpio Mourão conspiravam. Os governadores Ademar de Barros, Carlos Lacerda, Magalhães Pinto e Ildo Meneghetti aderiram à conspiração. No dia 31 de março, Olímpio Mourão Filho, repetindo o gesto de 1937, que criara condições para a implantação do Estado Novo, comandava suas tropas em marcha para o Rio de Janeiro. Mais uma vez, o país assistia à queda de um governo eleito. O dispositivo militar do presidente Goulart não se mostrou capaz de oferecer resistência. Os operários não responderam à convocação de greve geral decretada pela CGT. Isolado, Goulart abandonou Brasília e refugiou-se no Rio Grande do Sul. O Congresso apressou-se em decretar vago o cargo de presidente da República antes mesmo que o presidente tivesse abandonado o país.

DO ESTADO AUTORITÁRIO À REABERTURA LIBERAL-DEMOCRÁTICA
O SUPREMO READQUIRE SEU PODER

Pós-64: os militares

> No Brasil, há uma distância grande que medeia entre o povo e o seu Poder Judiciário. Esta falta de entrosamento do Poder Judiciário com a soberania popular faz com que ele também não se apresente seguro, com força bastante para pronunciar aquelas decisões que possam efetivamente coibir os desmandos do Executivo, sempre inclinado a ser arbitrário e caprichoso, como todo detentor de poder.

Essas palavras de Celso Bastos sintetizam muito bem os problemas enfrentados pelo Supremo Tribunal a partir de 1964 (Bastos & Martins, 1988, v.1).

Depois do golpe, o poder foi assumido pelos militares, que tentariam resolver os problemas brasileiros à sua maneira. O Legislativo e o Judiciário sofreram profundas alterações. À semelhança do Estado Novo, os poderes do Executivo foram aumentados. Seus atos escaparam ao controle do Judiciário. O Supremo Tribunal Federal foi atingido por várias medidas que interferiram na sua composição e limitaram seus poderes. Os direitos e as garantias dos cidadãos, assim como a liberdade de comunicação, reunião e pensamento, ficaram subordinados ao conceito de segurança nacional. A Constituição de 1946 continuou a vigorar até 1967, quando uma nova Carta Constitucional foi submetida à aprovação da Câmara. Tanto a Constituição de 1946 quanto a Carta Constitucional de 1967 foram sujeitas a transformações, em virtude de Atos Adicionais e numerosas Emendas Constitucionais, que acabaram por torná-las inoperantes em alguns de seus aspectos fundamentais. O país só voltaria à completa normalidade quase 25 anos depois, com a Constituição de 1988, que restabeleceu formalmente a democracia no país.

O governo revolucionário baixou, em 9 de abril de 1964, o Ato Institucional nº 1 (AI-1), que deveria vigorar por dois anos. Assinavam o Ato o general Arthur da Costa e Silva, o tenente-brigadeiro Francisco de Assis Correia de Mello e o vice-almirante Augusto Hamann Rademaker Grunewald. Nos prolegômenos, anunciava-se que a revolução vitoriosa investia-se do exercício de poder constituinte e, portanto, legitimava-se a si mesma:

> Ela destitui o governo anterior e tem a capacidade de constituir o novo governo. Ela edita normas jurídicas sem que nisto seja limitada pela normatividade anterior a sua vitória.

Ao mesmo tempo, no entanto, o governo revolucionário mantinha a Constituição de 1946, alterando apenas a parte referente aos *poderes do presidente da República*, que foram muito ampliados. Justificava-se a necessidade de aumento de poderes para o governo

> cumprir a missão de restaurar no Brasil a ordem econômica e financeira e tomar as urgentes medidas destinadas a drenar o bolsão comunista, cuja purulência já se havia infiltrado não só na cúpula do governo como nas suas dependências administrativas.

Essas palavras indicavam bem as obsessões que os atormentavam. Foi mantido o Congresso Nacional, mas o Ato Institucional deixava claro que o poder do comando revolucionário não emanava dele. O Congresso é que recebia daquele a sua legitimação. Assim, o comando revolucionário manifestava sua decisão de exercer o poder em nome do povo, que dizia representar. Anunciava também o propósito de enfrentar "os graves e urgentes problemas de que depende a restauração da ordem interna e do prestígio internacional". No seu artigo 8º, o AI-1 determinava a apuração de responsabilidades pelos crimes contra o Estado e seu patrimônio e contra a ordem política e social, assim como por atos de guerra revolucionária. A 14 de abril, uma portaria instituiu os inquéritos policiais militares, sob o comando do general Taurino de Resende Neto, substituído, menos de quatro meses depois, pelo general Penasco Alvim.

A eleição do presidente e do vice, cujo mandato, em princípio, se extinguiria em 31 de janeiro de 1966, passou a ser da responsabilidade do Congresso Nacional, devendo ocorrer por maioria absoluta, em sessão pública e com votação nominal. Ficava dessa forma temporariamente suspensa a eleição direta para presidente e vice-presidente da República. Pouco depois, em julho de 1964, uma Emenda Constitucional (nº 9) regulamentou as eleições para presidente, vice-presidente, deputados e senadores; estabeleceu normas para o funcionamento da Câmara e do Senado e alterou o parágrafo único do artigo 132 da Constituição de 1946, que declarava inalistáveis os praças de pré, salvo os aspirantes a oficiais, os suboficiais, os subtenentes, os sargentos e os alunos das escolas militares de ensino superior. O referido artigo passou a ter a seguinte redação:

> Os militares são alistáveis desde que oficiais, aspirantes a oficiais, guardas-marinhas, subtenentes ou suboficiais, sargentos ou alunos das escolas militares de ensino superior para formação de oficiais.

Modificou também o parágrafo único do artigo 138, que considerava inelegíveis os listados no artigo 132, passando a definir como elegíveis os militares alistáveis, obedecendo a algumas limitações que excluíam do serviço ativo o candidato a cargo eletivo com menos de cinco anos de exercício naquela condição. Os demais seriam afastados temporariamente para tratar de interesse particular. O que não fosse excluído e viesse a ser eleito seria transferido para a reserva ou reformado. A Emenda Constitucional estipulou ainda que o presente mandato se estenderia até 15 de março de 1967, quando tomaria posse o novo presidente eleito, com mandato de quatro anos. Uma nova Emenda Constitucional (nº 10), de 9 de novembro de 1965, regulamentava o direito de propriedade, determinando que, em caso de expropriação por necessidade pública, o proprietário deveria receber justa indenização em dinheiro, com exceção do previsto no artigo 147, que foi modificado, criando-se títulos especiais da dívida pública com correção monetária, segundo índice fixado pelo Conselho de Economia Nacional. Os títulos seriam resgatáveis em vinte anos e aceitos como pagamento de até 50% do imposto territorial e das terras públicas. Abriam-se, assim, condições para a reforma agrária.

Pouco depois de sua posse, o presidente Humberto Alencar Castelo Branco visitou o Supremo Tribunal Federal, onde foi recebido pelo ministro Ribeiro da Costa. No discurso com que saudou o presidente, o ministro, depois de afirmar que a sobrevivência da democracia nos momentos de crise se havia de fazer com o sacrifício transitório de alguns de seus princípios e garantias constitucionais, acusou o governo deposto de ser responsável pela situação em que se encontrava o país (o que era também a opinião dos militares e dos que os apoiavam), mas ressalvou que a Justiça, quaisquer que fossem as circunstâncias políticas, não tomava partido, não era a favor ou contra, não aplaudia nem censurava. Mantinha-se eqüidistante, acima das paixões políticas (Vale, 1976). Em pouco tempo ficaria evidente a impossibilidade de conciliar, na prática, os dois pressupostos defendidos pelo ministro. Como seria possível a um Judiciário que se queria independente e acima das paixões políticas sacrificar princípios e garantias constitucionais que deveria defender? Como poderia o Tribunal cooperar com o Executivo, mantendo sua neutralidade, autonomia e independência? Como exerceria sua função de defensor da Constituição, se esta a cada passo sofria alterações que modificavam o seu texto?

Os direitos do cidadão

Um dos principais empecilhos a essa colaboração surgiu logo de início em conseqüência dos atos arbitrários do governo, que mandou prender adversários políticos, cassou mandatos, removeu funcionários estáveis, aposentou compulsoriamente outros, submeteu civis a inquéritos policiais militares e à Justiça Militar, dando origem a numerosos pedidos de *habeas corpus*. Um dos casos que chegaram ao Supremo foi o do professor Sérgio Cidade de Resende, incurso na Lei 1.802, de 5 de janeiro de 1953, que definia os crimes contra o Estado e a ordem política e social. Resende, acusado de ter distribuído em aula um manifesto contrário à situação vigente, com a intenção de subverter a ordem política e social, teve sua prisão preventiva decretada. Em seu favor, foi impetrado um *habeas corpus* no Supremo Tribunal Federal, invocando a liberdade de pensamento e de cátedra, garantida pela Constituição. O pedido foi julgado a 24 de agosto de 1964, tendo sido relator o ministro Hahnemann Guimarães. O julgamento trouxe à baila o problema da liberdade de expressão, defendida galhardamente pelos ministros. O relator não encontrou no referido manifesto nada que se pudesse considerar propaganda de processos violentos para subversão da ordem política e social ou instigação à desobediência coletiva ao cumprimento da lei de ordem pública. Foi acompanhado no seu voto pelo ministro Evandro Lins, que fez longas citações de autores norte-americanos em defesa da tese da liberdade de expressão e de cátedra. Votou também a favor o ministro Hermes Lima.

O ministro Pedro Chaves acompanhou o relator no terreno legal, mas ressalvou que divergia no terreno político-ideológico, estando em completo desacordo com as idéias emitidas pelo ministro Evandro Lins e Silva. Apontou a contradição entre as idéias de *revolução* e *Constituição*. Na sua opinião, a Constituição de 1946, inspirada nos princípios da liberal-democracia, mantida pelo governo revolucionário, não oferecia *meios de defesa às instituições nacionais*. Havia abuso de liberdade de imprensa, de liberdade de pensamento, de imunidades parlamentares, de liberdade de cátedra. Os que abusavam da liberdade eram, na sua opinião, os maiores responsáveis pela situação do país. Depois de uma diatribe contra os comunistas, que lhe pareciam implicados nessa subversão da ordem, terminou, no entanto, por conceder o *habeas corpus*. Falou a seguir o ministro Vítor Nunes Leal, que também concedeu a ordem, aproveitando a ocasião para relatar vários casos resolvidos nos Estados Unidos em favor da liberdade de cátedra, o que provocou um aparte do ministro Pedro Chaves. Este afirmou a inaplicabilidade desses exemplos ao Brasil, por ser a "cultura norte-americana absolutamente diversa da nossa cultura, dos nossos meios e dos nossos hábitos". Seguiu-se uma troca de apartes em que o ministro Hermes Lima apontou a falácia do argumento culturalista (muito em moda no Brasil entre os conservadores):

> Será que a diferença cultural autoriza a falta de liberdade no Brasil? Aonde iríamos com esse raciocínio, que regime adotaríamos aqui? Por que haveríamos de adotar regime democrático, se este País pode não estar maduro para a democracia como os Estados Unidos?

Sua intervenção apontava os riscos de uma argumentação que invocava diferenças culturais para justificar o cerceamento da liberdade pública e a prática de todos os tipos de arbitrariedade.

A discussão revelou o grau de tensão instalado no Supremo em virtude dos acontecimentos políticos. Prosseguindo a votação, o *habeas corpus* foi concedido com os votos favoráveis dos ministros Vítor Nunes, Gonçalves de Oliveira, Vilas Boas e Cândido Motta Filho. O acórdão irritou o governo, que, no entanto, respeitou a decisão do Supremo. Casos semelhantes multiplicaram-se desde então, até que o Tribunal se viu privado da sua competência de julgá-los, passando-os para a atribuição exclusiva da Justiça Militar. Enquanto durou o governo Castelo Branco, que se orgulhava de ser um legalista, a situação perdurou, dando origem a uma hostilidade crescente dos militares em relação ao Supremo. Este, apesar de todas as pressões e das diferenças ideológicas entre os ministros, prosseguia inabalável no exercício da função que lhe competia, de acordo com a Constituição de 1946. Suas decisões desencadeariam novas críticas.

Pouco tempo depois, em novembro de 1964, o Supremo Tribunal Federal julgava um pedido de *habeas corpus* em favor do governador Mauro Borges Teixeira, do Estado de Goiás, submetido a inquérito policial militar, quando tinha prerrogativas de foro de acordo com a Constituição Estadual. De fato, esta estipulava que nos crimes de responsabilidade o governador do Estado seria submetido a processo e julgamento perante a Assembléia Legislativa. Respondendo ao relator, que solicitara informações antes de emitir seu parecer, o ministro da Justiça, Milton Campos, justificou o processo em nome de dispositivos estabelecidos pelo Ato Institucional de

9 de abril de 1964 e pela portaria nº 1, que criara a abertura de inquérito policial militar para

> todos aqueles que, no País, tenham desenvolvido ou ainda estejam desenvolvendo atividades capituláveis nas leis que definem os crimes militares e os crimes contra o Estado e a ordem política e social.

O ministro Gonçalves de Oliveira, na qualidade de relator, concedeu a liminar em virtude de notícias sobre movimentação de tropa federal para Goiás e da prisão iminente do governador. A ordem foi acatada pelo auditor em exercício da 4ª Região Militar. Na discussão do *habeas corpus*, o ministro Gonçalves de Oliveira argumentou que a Constituição limitava a competência da Justiça Militar. Esta só poderia se estender aos civis em casos de crimes contra a segurança externa do país ou das instituições militares. Por duas vezes, tentara-se acrescentar a expressão *interna* ao dispositivo legal, mas ambas, felizmente, haviam falhado, caso contrário, no dizer do ministro, "a propósito de simples revolta, poder-se-ia arrastar os civis à barra das cortes especiais para as forças armadas". Ao encerrar, o ministro relator fez um discurso que merece ser transcrito pela sua coragem. Suas palavras evidenciam o desejo, tantas vezes expresso por outros ministros em circunstâncias semelhantes, de manter a independência do Poder Judiciário em tempo de crise:

> A Constituição é o escudo de todos os cidadãos, na legítima interpretação desta Suprema Corte. É necessário, na hora grave da história nacional, que os violentos, os obstinados, os que têm ódio no coração, abram os ouvidos para um dos guias da nacionalidade, o maior dos advogados brasileiros, seu maior tribuno e parlamentar, que foi Rui Barbosa: Quando as leis cessam de proteger nossos adversários, virtualmente, cessam de nos proteger.

O *habeas corpus* foi concedido por unanimidade. No entanto, o presidente Castelo Branco decretou intervenção em Goiás e Mauro Borges foi deposto.

Quase um ano depois, em 19 de abril de 1965, voltou o Tribunal a se manifestar em um caso de grande repercussão. Tratava-se do governador de Pernambuco, Miguel Arraes de Alencar, que, deposto e preso em 31 de março de 1964, fora denunciado perante a Justiça Militar por crime de "tentativa de mudança da ordem política e social mediante ajuda de Estado Estrangeiro". Em seu favor, fora impetrada uma ordem de *habeas corpus* no Supremo Tribunal Militar, que o negou, em contraste flagrante com decisão anterior, quando julgara incompetente a Justiça Militar para processar o governador do estado de Sergipe, João Seixas Dória. Recorreram os impetrantes ao Supremo Tribunal

Federal, solicitando *habeas corpus* para que o paciente fosse solto, pois se achava preso havia mais de um ano. Alegava-se no pedido a incompetência da Justiça Militar, princípio firmado nas decisões do Supremo nos casos de Plínio Coelho, Parsifal Barroso e Mauro Borges, governadores dos estados do Amazonas, do Ceará e de Goiás, respectivamente.

Tendo o relator solicitado as informações devidas ao Superior Tribunal Militar, foi informado de que o paciente figurava como *cabeça da subversão* no Nordeste, sendo apontado como "ativista da linha comunista, orientação chinesa, juntamente com o ex-deputado Francisco Julião, Gregório Bezerra e outros conhecidos comunistas".

O paciente era acusado de ter colaborado na promoção de desordem na zona rural de Pernambuco, instigando os camponeses a quebrar a resistência patronal e impor o regime comunista. O paciente fora deposto e preso, perdendo seus direitos políticos por dez anos. Havia sido denunciado pelo Ministério Público Militar e enquadrado nos artigos que definiam crimes contra a segurança do Estado. O procurador-geral da República, Osvaldo Trigueiro de Albuquerque Melo, manifestou-se a favor do indeferimento do pedido.

Revendo um grande número de casos julgados pelo STF entre 1964 e 1965, e examinando os dispositivos constitucionais relevantes, concluiu o relator em favor da competência do Tribunal de Justiça e não da Justiça Militar para julgar o paciente. O *habeas corpus* foi concedido por unanimidade, embora o ministro Luís Gallotti o concedesse apenas em virtude do excesso de prazo de detenção, tendo externado, na ocasião, um ponto de vista diverso dos demais, justificando a competência da Justiça Militar em casos análogos.

Outro caso que revela bem o espírito dos tempos e o importante desempenho do STF, antes de ser tolhido por novo Ato Institucional, foi o julgamento de um *habeas corpus* em favor de Francisco Julião, um dos líderes das Ligas Camponesas. Ele tivera seu mandato de deputado federal cassado e fora preso e submetido com outros 38 indiciados a inquérito policial militar, sob acusação de prática de atos considerados criminosos pela Lei de Segurança Nacional. O pedido de *habeas corpus*, alegando o excesso de prazo da prisão e a incompetência da Justiça Militar, fora denegado pelo Superior Tribunal Militar. Em favor do paciente foi requerida ordem de *habeas corpus* no STF sob os mesmos fundamentos, tendo sido concedida apenas pelo excesso de prazo de prisão, contra o voto do relator, ministro Luís Gallotti.

Essas e outras decisões, resistindo às pressões dos militares e concedendo *habeas corpus* a presos políticos que supostamente teriam cometido crimes contra a segurança nacional, acabaram por levar o governo a interferir no STF em flagrante violação dos dispositivos constitucionais (Costa, 1967, v.5).

O Ato Institucional nº 2 e a intervenção no Supremo

As relações do Supremo Tribunal Federal com o Executivo tornaram-se cada vez mais problemáticas, a ponto de este considerar um aumento do número de ministros. Uma entrevista do presidente do Supremo, publicada a 20 de outubro de 1965, desencadeou a crise e determinou a intervenção no Tribunal. Nela, o ministro Ribeiro da Costa, defendendo um princípio caro ao liberalismo, condenava a interferência do Executivo e do Legislativo no Judiciário e observava que o aumento de seus membros só poderia ocorrer por recomendação do Supremo e votação do Senado. Criticando a projetada reforma, em discussão na Câmara, repudiava o envolvimento dos militares, equiparando-os aos agitadores do período Goulart:

> Já é tempo de que os militares se compenetrem de que nos regimes democráticos não lhes cabe o papel de mentores da Nação, como há pouco fizeram, em estarrecedora quebra de sagrados deveres, os sargentos, instigados pelos Jangos e Brizolas.

A atividade civil pertence aos civis, declarou o ministro. Lembrou aos militares que eles tinham jurado fidelidade à disciplina, às leis e à Constituição, e que ao Supremo cabia o controle da legalidade e da constitucionalidade dos atos dos outros poderes, sendo por isso investido de excepcional independência. Portanto, considerava intolerável a alteração do número de juízes por iniciativa do Executivo e chancela do Legislativo. A entrevista teve enorme repercussão nos meios militares, no Congresso e na imprensa. A crise levaria à promulgação de novo Ato Institucional (Vale, 1976).

Em resposta às declarações do presidente do Supremo Tribunal, o ministro da Guerra, Arthur da Costa e Silva, convocou reunião do alto comando do Exército, onde teceu críticas ao ministro Ribeiro da Costa, cujo nome foi vaiado pela oficialidade reunida, e afirmou que as tropas não voltariam aos quartéis. A reação da imprensa foi dividida. O *Correio da Manhã* denunciou a gravidade da situação e a indisciplina do ministro da Guerra, que colocava o presidente em posição difícil. Acusou o governo de atentar contra o princípio da independência e harmonia dos poderes. O *Jornal do Brasil* divulgou a existência de um projeto de novo Ato Institucional, que permitiria novas cassações de mandatos, e relatou os incidentes relativos ao Supremo sem tomar partido. O jornal *O Globo* apoiou o governo, afirmando que a continuidade da revolução estava em jogo. Para atingir os seus fins, ela tinha que ser una, não podendo existir um Executivo pró-revolucionário, um Legislativo ambivalente e um Judiciário neutro. A crise agravava-se. Costa e Silva fazia novo discurso na Escola de Aeronáutica a propósito do assunto. A imprensa continuava se manifestando. O Supremo preparava-se para considerar um pedido de *habeas corpus* em favor do ex-presidente Juscelino Kubitschek, alvo de inquérito policial militar. A 25 de outubro, em sessão plena, os ministros aprovaram, em emenda regimental, o prolongamento do mandato do ministro Ribeiro da Costa até o término de sua judicatura, medida obviamente de desagravo pelas críticas que ele vinha sofrendo por parte de militares e de alguns setores da imprensa.

Dois dias depois, a 27 de outubro de 1965, o presidente Castelo Branco emitiu o Ato Institucional nº 2, que veio atingir diretamente o Supremo Tribunal Federal, alterando a sua composição. O número de ministros foi aumentado de onze para dezesseis, tendo sido nomeados cinco ministros com militância partidária na UDN, mais adequados, portanto, à política do momento. Foi mantido o Tribunal de Recursos e criada novamente a Justiça Federal, institucionalizada na Emenda Constitucional nº 16, de 1965.

O novo Ato Institucional extinguia também os partidos políticos existentes e permitia a criação de novos. Reservava ao presidente o direito de remeter ao Congresso os projetos de emenda da Constituição, que deveriam ser apreciados em trinta dias e aprovados, desde que obtivessem a maioria dos votos das duas casas do Congresso, ou por decurso de prazo. Estipulava ainda que cabia ao presidente decretar o estado de sítio, submetendo-o, posteriormente, à aprovação do Congresso Nacional. Ficaram suspensas por seis meses as garantias constitucionais de vitaliciedade e estabilidade. Os titulares dessas garantias poderiam, mediante investigação sumária, ser demitidos, aposentados, transferidos ou reformados, desde que tivessem atentado contra "a segurança do País, o regime democrático e a probidade da administração". O controle jurisdicional desses atos se limitaria a *formalidades extrínsecas*, ficando vedada a apreciação dos fatos que os motivaram. Era ainda atribuída ao governo a faculdade de suspender os direitos políticos pelo prazo de dez anos e a cassação de mandatos legislativos federais, estaduais e municipais, sendo "excluída a apreciação judicial desses atos". O AI-2 institucionalizava o arbítrio sob a fachada de legalidade.

Pouco mais de um mês depois, aprovava-se a Emenda Constitucional nº 16, de 1965, que introduziu cláusula no artigo 101, parágrafo 1º, da Constituição de 1946, pela qual ficava permitido ao Supremo Tribunal julgar, em tese, as leis e os atos normativos federais mediante representação do procurador-geral da República. Por meio dessa emenda, depois incorporada à Carta de 1967, o controle de constitucionalidade ganhou plenitude total (Senado Federal, 1986, v.1).

O enrijecimento da linha dura, com a edição do AI-2, fora determinado em grande parte pela derrota do movimento revolucionário nas eleições diretas em vários Estados, principalmente em Minas Gerais, com a vitória de Negrão de Lima, e na Guanabara, com a de Israel Pinheiro, políticos ligados ao PSD. Para a emissão do Ato Institucional nº 2 também haviam contribuído os vários conflitos surgidos desde o

Figura 58. O presidente Costa e Silva visita o Supremo Tribunal Federal, sendo recebido pelo ministro Luís Galotti (1967).

Figura 59. O *habeas corpus* na percepção da imprensa alternativa da época. Desenho de Ziraldo.

golpe militar entre o Supremo Tribunal e o Executivo. Medidas tomadas pelo comando militar e pelo presidente Castelo Branco entravam freqüentemente em choque com a Constituição de 1946. Esta continuaria em vigor até o governo determinar a elaboração de uma nova Constituição, promulgada em 24 de janeiro de 1967. Em março de 1967, Costa e Silva substituiu o presidente Castelo Branco, cujo mandato tinha sido prorrogado até aquela data. (Figura 58)

Entre 1964 e 1968, em virtude das intervenções nos Estados, da prisão de um grande número de cidadãos, da suspensão e demissão de funcionários e da cassação de mandatos de governadores, deputados e vereadores, o Supremo viu-se inundado por pedidos de *habeas corpus* e mandados de segurança. Vários atos institucionais e emendas à Constituição complicaram o quadro jurídico, tornando a posição do Tribunal cada vez mais insustentável. Além de tudo, promulgada a Constituição de 1967, novas emendas e atos institucionais viriam cercear mais ainda sua atuação. (Figura 59)

A Constituição de 1967: consolidação do autoritarismo

A Constituição de 1967, que vigorou até 1988 com várias emendas, era essencialmente autoritária e, em alguns aspectos, fazia lembrar a do Estado Novo, o que não deixa de ser uma ironia, tendo em vista o horror que os militares, então no poder, tinham de Vargas e de seus sucessores. Como aquela, foi uma Constituição extremamente centralizadora, trazendo para o âmbito da União competências que anteriormente pertenciam aos estados e municípios. Seguindo os passos da Carta de 1937, reforçou os poderes do presidente da República, ampliando enormemente a sua esfera de ação, enquanto o Legislativo e o Judiciário tiveram suas atribuições ainda mais limitadas. Ao presidente era concedido o direito de governar por decretos-leis, freqüentemente justificados por expressões vagas como urgência, interesse público ou matéria de segurança nacional, aumentando mais ainda a competência do Executivo. Autorizou também desapropriação mediante pagamento de indenização por títulos da dívida pública, para fins de reforma agrária.

O texto revelava uma preocupação imensa com o que se definia como *segurança nacional*. As garantias dos cidadãos apareceram diminuídas, ou ressalvadas. Estas poderiam ser suspensas a critério do governo. Repetia-se a situação experimentada por muitos durante o Estado Novo. A Emenda nº 1 criou um Colégio Eleitoral para a escolha do presidente da República, composto de membros do Congresso e delegados das Assembléias Legislativas dos Estados (Bastos & Martins, 1988, v.1).

Novamente se repetiria a discrepância, tantas vezes denunciada na história do país, entre o que afirmava o texto constitucional e o que sucedia na prática. O artigo 150 da Constituição assegurava o recurso ao Poder Judiciário em casos de lesão de direito individual, a plena liberdade de consciência, a liberdade de manifestação de pensamento, de convicção política e filosófica. No entanto, muitos cidadãos foram presos e submetidos a inquéritos militares por suas convicções políticas e filosóficas, em nome da segurança nacional, sendo-lhes vedado o recurso ao Judiciário. A Constituição autorizava a publicação de jornais e periódicos, independentemente de licença de autoridade, não sendo tolerada a propaganda de guerra, nem subversão da ordem, nem preconceito de raça ou de classe. Mas várias publicações foram apreendidas e suspensas sob alegação de subversão. Editores foram presos e a censura, restabelecida. A Constituição garantia a inviolabilidade da correspondência e o sigilo das comunicações telegráficas e telefônicas, mas esses direitos foram freqüentemente desrespeitados. A casa era definida como o asilo inviolável do indivíduo, mas as residências de indivíduos suspeitos de subversão foram inúmeras vezes invadidas pela polícia. Segundo a Constituição, não haveria pena de morte, banimento e ninguém seria preso, senão por ordem escrita de autoridade competente. Impunha-se a todas as autoridades o respeito à integridade física e moral do detento. A partir do aparecimento da guerrilha, no entanto, não só a tortura foi usada contra presos políticos como a pena de morte foi instituída e vários presos foram mortos ou desapareceram sem deixar traços. A lei assegurava ao acusado plena defesa. Concedia *habeas corpus* sempre que alguém sofresse ou se achasse na iminência de sofrer violência ou coação em sua liberdade de locomoção por ilegalidade ou abuso de poder. Mas os *habeas corpus* ficariam suspensos em casos de "crime contra a segurança nacional".

O clima de perseguição desencadeado pelo governo permitiu que, por toda parte, aparecessem indivíduos que se aproveitaram da situação para afastar desafetos e competidores, denunciando colegas e conhecidos. Na prática, o que se viu foi um desrespeito total a esses dispositivos constitucionais, que foram sendo qualificados e ressalvados em novas emendas constitucionais e atos institucionais. Ao mesmo tempo, ocorreu o cerceamento crescente do Poder Judiciário. A partir de 1968, com o aumento da resistência ao governo militar no país, novas limitações foram impostas à Constituição.

Analisando as vicissitudes do Supremo Tribunal naquele período, o ministro Paulo Brossard dizia, por ocasião das comemorações do centenário da Proclamação da República, em 1989:

> As garantias individuais e liberdades pessoais reduzidas a nada. Novos exílios. Prisões cheias. Violências sem conta. Muitos presos não voltaram à luz do dia. Torturas. O *habeas corpus* e o mandado de segurança mutilados. O Poder Executivo pôs-se acima da lei e vedou a apreciação judicial de determinados atos seus.

De fato, as perseguições políticas estenderam-se não só a pessoas de esquerda, como também a conhecidos nacionalistas, a liberais, a democratas-cristãos, a governantes de períodos anteriores, como João Goulart, Jânio Quadros, Juscelino Kubitschek, e até mesmo aos que, como Ademar de Barros e Carlos Lacerda, haviam inicialmente apoiado a Revolução. (Figuras 60 e 61)

Respondendo à crescente onda autoritária e repressiva, a sociedade civil organizava-se. Os estudantes e setores da Igreja manifestavam-se contra atos arbitrários do governo. Os trabalhadores movimentavam-se e as greves em São Paulo recomeçaram com maior intensidade. Embora bastante limitado nas suas prerrogati-

Figura 60. Manifestações em solidariedade às reivindicações dos estudantes universitários. A famosa Passeata dos Cem Mil, no Rio de Janeiro, em 26 de junho de 1968.

Figura 61. "Feijão sim, bala não!". Nova passeata de estudantes no Rio de Janeiro, em 4 de julho de 1968.

vas, o Supremo Tribunal continuava a tomar decisões que desagradavam a setores de linha dura das Forças Armadas. No dia 10 de dezembro de 1968, o Supremo ordenou a libertação de 81 estudantes, detidos desde junho. Dois dias depois, o Congresso, onde a resistência também se esboçava, recusou-se a atender à solicitação do presidente para processar o deputado Márcio Moreira Alves, que fizera críticas consideradas ofensivas pelos militares. A situação ficou ainda mais tensa no decorrer de 1968 com o aparecimento de ações guerrilheiras em assaltos a bancos, roubo de armas e explosão de bombas em alguns pontos de valor mais simbólico do que estratégico, como os escritórios do Peace Corps, no Rio de Janeiro.

O Ato Institucional nº 5

A 13 de dezembro de 1968, o governo do presidente Costa e Silva baixou o Ato Institucional nº 5, outorgando ao presidente da República poderes excepcionais que lhe permitiriam atuar na ordem institucional sem apreciação do Judiciário. Dessa forma, o Ato se sobrepôs mais uma vez à Constituição vigente. Justificava-se o Ato em nome da ordem, segurança e tranqüilidade, do desenvolvimento econômico e cultural, da harmonia política e social do país, "comprometido por processos subversivos e de guerra revolucionária".

Embora mantivesse a Constituição de 1967, o Ato determinava, entre outras coisas, que o presidente da República poderia decretar, por tempo indeterminado, o recesso do Congresso Nacional, das Assembléias Legislativas e Câmaras de Vereadores, a intervenção nos estados e municípios, bem como a nomeação de interventores. Conferia ainda ao presidente, consultado o Conselho de Segurança Nacional e sem as limitações constitucionais, autoridade para suspender todos os direitos políticos de quaisquer cidadãos pelo prazo de dez anos, cassar mandatos eletivos federais, estaduais e municipais, sendo que o ato que decretasse a suspensão dos direitos políticos poderia conter "restrições ou proibições relativamente ao exercício de quaisquer outros direitos públicos ou privados". Suspendia ainda as garantias constitucionais ou legais de vitaliciedade, inamovibilidade e estabilidade, podendo o presidente da República, mediante decreto,

> demitir, remover, aposentar ou pôr em disponibilidade quaisquer titulares das garantias referidas neste artigo, assim como empregado de autarquia, empresa pública ou sociedade de economia mista, e demitir, transferir para a reserva ou reformar militares ou membros das polícias militares, assegurados, quando for o caso, os vencimentos e vantagens proporcionais ao tempo de serviço.

Ficava, ainda, suspensa a garantia de *habeas corpus* nos casos de crimes políticos contra a segurança nacional, a ordem econômica e social e a economia popular. Excluíam-se de qualquer apreciação judicial todos os atos praticados de acordo com esse Ato Institucional.

Um Ato Complementar (nº 38), da mesma data, declarou o recesso por tempo indeterminado do Congresso Nacional, ficando o Poder Executivo incumbido de legislar por decreto (Senado Federal, 1986, v.1).

Enfrentando o aumento da mobilização de vários setores contra a suspensão das garantias constitucionais e a instalação progressiva de um regime ditatorial no país, o governo militar, sob o comando de Costa e Silva, tornou-se cada vez mais repressivo. Novas cassações atingiram o Congresso, e mais de oitenta deputados perderam seus mandatos. Carlos Lacerda, um ardente defensor da Revolução em 1964, que gradualmente passara a criticar o governo, teve seus direitos políticos suspensos por dez anos. A censura foi implantada em todo o país. As polícias estaduais ficaram subordinadas ao Ministério da Guerra. Vários professores universitários foram demitidos ou aposentados compulsoriamente. Uma Comissão Geral de Investigação destinada a julgar casos de corrupção foi criada.

Novo ato atinge o Supremo

Em 1969, sucederam-se novos Atos Institucionais e Emendas Constitucionais. O Ato Institucional nº 6, de 1º de fevereiro de 1969, atingiu novamente o Supremo

Tribunal Federal, reduzindo de dezesseis para onze o número de ministros. Estendia novamente a jurisdição da Justiça Militar aos civis nos casos expressos em lei, para repressão de crimes contra a segurança nacional ou instituições militares, competindo ao Supremo Tribunal Militar julgar os governadores de Estado e seus secretários nos crimes acima referidos. Como de costume, excluíam-se de qualquer apreciação judicial todos os atos que infringissem o disposto no novo ato.

A partir do AI-6, três dos dezesseis ministros em exercício, Evandro Lins, Hermes Lima e Vítor Nunes Leal, foram aposentados compulsoriamente. O ministro Gonçalves de Oliveira renunciou ao cargo em solidariedade aos colegas demitidos e Lafayette de Andrada aposentou-se. Com a nomeação para o Supremo Tribunal de cinco ministros em 1965, quando o seu número fora aumentado de onze para dezesseis, as aposentadorias compulsórias dos três ministros nomeados por Jânio Quadros e João Goulart, a renúncia do ministro Gonçalves de Oliveira, as aposentadorias dos ministros Antônio Carlos Lafayette de Andrada em 1969, Antônio Martins Vilas Boas em 1966, Pedro Rodovalho Marcondes Chaves e Álvaro Moutinho Ribeiro da Costa em 1967, e a redução do Tribunal novamente para onze ministros, o Supremo encontrava-se em 1969 quase totalmente renovado. As vagas foram preenchidas por ministros da confiança do regime.

Os ministros da Revolução

O governo militar nomeou para o Supremo Tribunal Federal os ministros:

- Adalício Coelho Nogueira, nascido na Bahia, em 1902. Cursou direito na Universidade da Bahia, fez carreira na magistratura, foi nomeado pelo presidente Castelo Branco e empossado em 12 de novembro de 1965. Aposentou-se em 1971.
- Aldir Guimarães Passarinho, nascido no Piauí, em 1921. Formou-se pela Faculdade Nacional de Direito da Universidade do Brasil. Nomeado pelo presidente João Batista Figueiredo. Tomou posse em 1982 e se aposentou em 1991.
- Alfredo Buzaid, nascido em São Paulo, em 1914, formou-se pela Faculdade de Direito de São Paulo. Foi reitor da Universidade de São Paulo e ardente suporte dos militares. Nomeado pelo presidente Figueiredo em 1982 para o Supremo Tribunal Federal, aposentou-se dois anos depois.
- Antonio Néder nasceu em 1911, em Minas Gerais. Formou-se pela Faculdade de Direito da Universidade do Brasil. Foi nomeado para o Supremo Tribunal Federal em 1971. Presidiu o STF de 1979 a 1981, quando se aposentou.
- Carlos Fulgêncio da Cunha Peixoto, nasceu em Minas Gerais em 1911, formou-se pela Faculdade de Direito da Universidade de Minas Gerais. Foi nomeado para o

STF pelo presidente Ernesto Geisel. Tomou posse em 1974 e se aposentou em 1981.
- José Eduardo Prado Kelly, filho do ministro Otávio Kelly, nasceu no Rio de Janeiro em 1904 e formou-se pela Faculdade de Direito da Universidade do Brasil. Exerceu o cargo de deputado em várias legislaturas, desde 1933. Nomeado pelo presidente Castelo Branco, assumiu suas funções no Supremo em virtude das vagas criadas pelo Ato Institucional nº 2, tomando posse em 21 de novembro de 1965. Aposentou-se em 1968.
- Osvaldo Trigueiro de Albuquerque Melo, natural da Paraíba, onde nasceu em 1905. Bacharel em Ciências Jurídicas e Sociais pela Faculdade de Direito de Recife, foi deputado, prefeito de Recife e governador do Estado de Pernambuco durante o governo Dutra, além de procurador-geral da República. Tomou posse no Supremo Tribunal Federal ocupando uma das vagas criadas em 1965, tendo sido nomeado pelo presidente Castelo Branco. Foi presidente do STF de 1969 a 1971. Aposentou-se em 1975.
- Aliomar de Andrade Baleeiro, nascido na Bahia, em 1905, diplomou-se pela Universidade da Bahia e durante muitos anos dedicou-se ao jornalismo. Foi deputado estadual e federal, exerceu o magistério superior, lecionando matérias relativas ao Direito. Foi empossado no Supremo em 1965. Nomeado pelo presidente Castelo Branco para o Supremo Tribunal Federal, foi seu presidente de 1971 a 1973. Aposentou-se em 1975. (Figura 62)
- Carlos Medeiros Silva, mineiro de Juiz de Fora, nascido em 1907, graduou-se pela Faculdade Nacional de Direito. Foi redator da *Revista Forense*. Fez carreira na magistratura, tendo ocupado cargos importantes na administração pública. Procurador-geral da República de 1957 a 1960. Nomeado pelo presidente Castelo Branco, tomou posse no Supremo Tribunal Federal em 1965, deixando o cargo no ano seguinte para assumir a pasta da Justiça.
- Carlos Thompson Flores, natural do Rio Grande do Sul, onde se formou em Direito pela Faculdade de Direito de Porto Alegre. Nomeado pelo presidente Costa e Silva, tomou posse no STF em 1968. Foi presidente do Supremo de 1977 a 1979. Aposentou-se em 1981. (Figura 63)
- Clóvis Ramalhete Maia, nascido em 1911, no Espírito Santo, formou-se pela Faculdade de Direito da Universidade do Brasil. Nomeado para o Supremo pelo presidente João Batista Figueiredo, tomou posse em 1981, aposentando-se no ano seguinte.

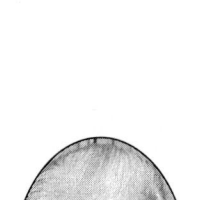

Figura 62. Ministro Aliomar de Andrade Baleeiro (1905-1978).

Figura 63. Ministro Carlos Thompson Flores. Tomou posse em 1968 e aposentou-se em 1981.

- Décio Meireles de Miranda, nasceu em 1916, em Minas Gerais. Formou-se pela Faculdade Nacional de Direito da Universidade do Brasil. Foi nomeado ministro do Supremo Tribunal Federal em 1978, aí permanecendo até 1985, quando se aposentou.
- Elói José da Rocha, natural do Rio Grande do Sul, fez carreira na magistratura. Professor na Faculdade de Direito de Porto Alegre, foi indicado para o Supremo Tribunal Federal em substituição ao ministro Carlos Medeiros Silva. Nomeado pelo presidente Castelo Branco, tomou posse no Supremo Tribunal Federal em 15 de setembro de 1966, tendo sido seu presidente de 1973 a 1975. Aposentou-se em 1977.
- Firmino Ferreira Paz, natural do Piauí, formou-se pela Faculdade de Direito de Fortaleza. Foi nomeado pelo presidente João Batista Figueiredo em 1981 e se aposentou no ano seguinte.
- Djaci Alves Falcão, natural da Paraíba, formado pela Faculdade de Direito do Recife, ingressou na magistratura. Foi professor da Faculdade Nacional de Direito de Pernambuco e da Universidade Católica, tendo sido indicado para o Supremo Tribunal Federal pelo presidente Castelo Branco, em substituição ao ministro Antônio Martins Vilas Boas, que se aposentara em novembro de 1966. Tomou posse em 22 de fevereiro de 1967. Foi presidente do STF de 1975 a 1977. Aposentou-se em 1989. (Figura 64)
- João Batista Cordeiro Guerra, natural do Rio de Janeiro, nasceu em 1916. Formou-se pela Faculdade de Direito da Universidade do Brasil. Foi nomeado para o Supremo Tribunal Federal pelo presidente Geisel em 1974 e se aposentou em 1986. Foi presidente do Supremo de 1983 a 1985.
- João Leitão de Abreu nasceu no Rio Grande do Sul, em 1913. Formou-se pela Faculdade de Direito de Porto Alegre. Foi nomeado ministro do Supremo Tribunal Federal pelo presidente Geisel em 1974. Aposentou-se em 1981.
- José Geraldo Rodrigues de Alckmin, natural de São Paulo, nasceu em 1915. Formou-se pela Faculdade de Direito da Universidade de São Paulo. Foi nomeado pelo presidente Garrastazu Médici para o Supremo Tribunal Federal em 1972, tendo falecido no cargo em 1978.
- Luis Otávio Pires e Albuquerque Gallotti, natural do Rio de Janeiro, nasceu em 1930. Formou-se pela Faculdade Nacional de Direito da Universidade do Brasil. Foi nomeado pelo presidente João Batista Figueiredo em 1984 e se aposentou em 2000. Presidiu o STF de 1993 a 1995.
- Luis Rafael Mayer nasceu na Paraíba, em 1919. Formou-se pela Faculdade de Direito de Recife. Foi nomeado para o Supremo pelo presidente Geisel em 1978. Aposentou-se em 1989. Presidiu o STF de 1987 a 1989.

Figura 64. Ministro Djaci Alves Falcão, condecorado pelo presidente Geisel em 1974.

- Moacir Amaral Santos, nascido em São Paulo, em 1902, formou-se pela Faculdade de Direito de São Paulo, tendo sido nomeado ministro do Supremo pelo presidente Costa e Silva em 1967. Aposentou-se cinco anos depois. Faleceu em 1983.
- Oscar Dias Correia nasceu em Minas Gerais, em 1921. Formou-se pela Faculdade de Direito da Universidade de Minas Gerais. Foi nomeado para o Supremo Tribunal Federal pelo presidente João Batista Figueiredo em 1982, tendo se aposentado em 1989.
- Pedro Soares Munõz nasceu em 1916, no Rio Grande do Sul. Formou-se pela Faculdade de Direito da Universidade Federal do Rio Grande do Sul. Em 1977 foi nomeado ministro do Supremo Tribunal Federal pelo presidente Geisel. Aposentou-se em 1984. Faleceu em 1991.
- José Carlos Moreira Alves nasceu em São Paulo, em 1933. Formou-se pela Faculdade Nacional de Direito da Universidade do Brasil. Foi nomeado pelo presidente Geisel para o STF em 1975. (Figura 65)
- Sydney Sanches nasceu em São Paulo, em 1933. Formou-se pela Faculdade de Direito da Universidade de São Paulo. Foi nomeado ministro do Supremo pelo presidente João Batista Figueiredo em 1984. Presidiu o STF de 1991 a 1993.
- Temístocles Cavalcanti nasceu no Rio de Janeiro, em 1899. Formou-se pela Faculdade de Direito da Universidade do Rio de Janeiro. Nomeado em 1967 pelo presidente Costa e Silva para o Supremo Tribunal Federal, aposentou-se dois anos depois em 1969. Faleceu em 1980.
- Adauto Lúcio Cardoso, mineiro, nasceu em 1904. Formou-se pela Faculdade Nacional de Direito da Guanabara. Ingressou na magistratura e fez carreira política, tendo participado como deputado federal de várias legislaturas. Integrou o Conselho de Administração e exerceu o cargo de procurador da Companhia Lóide Brasileiro. Foi indicado pelo presidente Castelo Branco para o Supremo Tribunal Federal para substituir o ministro Ribeiro da Costa, tomando posse em 9 de março de 1967. Aposentou-se em 1971.
- Rafael de Barros Monteiro nasceu em São Paulo, em 1906. Bacharelou-se pela Faculdade de Direito de São Paulo e ingressou na magistratura. Era presidente do Tribunal de Justiça de São Paulo quando foi indicado para o Supremo Tribunal Federal, pelo presidente Costa e Silva, na vaga deixada pela aposentadoria do ministro Pedro Rodovalho Marcondes Chaves. Tomou posse em 7 de julho de 1967 (Baleeiro, 1968). Veio a falecer sete anos depois, no exercício do cargo.
- José Neri da Silveira, natural do Rio Grande do Sul, nasceu em 1932. Cursou a Faculdade de Direito e Filosofia da Pontifícia Universidade Católica. Foi nomeado para o Supremo pelo presidente João Batista Figueiredo e tomou posse em 1981. Presidiu o STF de 1989 a 1991.

Figura 65.
Ministro José Carlos Moreira Alves.

• Olavo Bilac Pinto nasceu em 1908, em Minas Gerais. Formou-se pela Faculdade de Direito da Universidade de Minas Gerais. Fez carreira como político e advogado. Foi nomeado em 1970 para o Supremo Tribunal Federal pelo presidente Garrastazu Médici, mas se aposentou no prazo de dois anos. Faleceu em 1985.

Além dos ministros nomeados pelos presidentes militares houve alguns que, embora tivessem sido nomeados por governos anteriores, permaneceram no Supremo. Alguns, como Evandro Lins, Hermes Lima e Vítor Nunes Leal, como vimos, foram removidos de seus postos pelo governo militar em 1969; outros como Antônio Carlos Lafayette de Andrada e Antônio Gonçalves de Oliveira, renunciaram ao cargo na mesma época em protesto pelas arbitrariedades cometidas por aqueles ou em solidariedade com colegas afastados. Isso explica em parte a rotatividade dos ministros nesse período. Os Estados mais representados foram os de Minas Gerais, São Paulo e Rio Grande do Sul, seguidos por Rio de Janeiro e Bahia. Pela primeira vez o Norte e o Nordeste tiveram maior número de ministros. Três eram originários da Paraíba e dois do Piauí.

Guerrilhas e repressão

As medidas de exceção, em vez de produzirem o resultado esperado, acabaram provocando a intensificação da guerrilha, o que ocasionou um recrudescimento da repressão. Ficando o presidente Costa e Silva impossibilitado de exercer o cargo em virtude de um derrame ocorrido no final de agosto de 1969, foi substituído por uma Junta Militar, que assumiu o governo, transgredindo mais uma vez a nova Constituição, que indicava como substituto o vice-presidente. A junta era composta dos ministros Lira Tavares, Augusto Rademaker e Márcio de Sousa e Mello, respectivamente do Exército, da Marinha e da Aeronáutica. Quatro dias após a posse da Junta, o embaixador dos Estados Unidos era seqüestrado por um grupo de guerrilheiros. Intensificaram-se, a partir daí, os confrontos entre militares e guerrilheiros, com assaltos a bancos, seqüestros de embaixadores, prisões, torturas e novas medidas de exceção. (Figura 66)

Novos atos institucionais

O Ato Institucional nº 10 consolidou as várias disposições de atos anteriores relativas à suspensão de direitos políticos,

Figura 66. A censura, na charge de Jaguar (1970).

perda de mandatos, cargos ou funções na administração pública, transferência para a reserva, demissão, aposentadoria ou reforma de militares. O AI-11 dispôs sobre eleição de prefeitos e vices, cujos postos estavam vagos por terem seus ocupantes sido atingidos por atos institucionais. O AI-12, de 31 de agosto de 1969, autorizava a substituição temporária do presidente por uma junta que deveria governar até o restabelecimento do marechal Costa e Silva. A 5 de setembro de 1969, foi decretado o Ato Institucional nº 13, que concedeu ao Poder Executivo o direito de banir do território nacional o brasileiro que comprovadamente se tornasse inconveniente, *nocivo ou perigoso* à segurança nacional. No mesmo dia, outro Ato modificava a Constituição de 1967, estabelecendo que, nos casos de guerra externa psicológica adversa, revolucionária ou subversiva, era permitida a pena de morte, a prisão perpétua e o banimento ou confisco. Prosseguiam assim os atos institucionais com uma regularidade impressionante.

Como Costa e Silva continuasse impedido de assumir suas funções, declarou-se vaga a presidência e a vice-presidência, suspendendo-se a vigência do artigo 80 da Constituição até nova eleição, que foi antecipada. O presidente e o vice seriam escolhidos pelo Congresso. Ficava dessa forma superado o dispositivo constitucional que estipulava que, em caso de impedimento, deveria assumir o presidente da Câmara dos Deputados. Os ministros militares continuariam no poder até 30 de outubro de 1969, quando tomariam posse o presidente e o vice eleitos, cujos mandatos terminariam em 15 de março de 1974. A junta apressou-se em decretar a Emenda Cons-

Figura 67. A Junta Militar baixa emenda à Constituição em 17 de outubro de 1969. Da esquerda para a direita, sentados, o general Lira Tavares, o almirante Augusto Rademaker e o brigadeiro Márcio de Sousa e Mello.

titucional nº 1, de 17 de outubro de 1969, que fez extensas modificações na Constituição de 1967, fixando, entre outras coisas, o período de mandato presidencial em cinco anos. (Figura 67)

O governo Médici e o milagre econômico

De 1969 a 1973, o país viveu um período de grande prosperidade econômica. Os capitais estrangeiros afluíram em grande quantidade, principalmente sob a forma de empréstimos. O PIB cresceu uma média anual de 11,2%. A taxa de inflação passou de 47,4%, em 1964, para 19,5%. As exportações aumentaram 126% entre 1970 e 1973. As reformas tributárias implementadas pelos governos militares ampliaram a capacidade de arrecadação, contribuindo para a redução da inflação e do déficit público. A indústria automobilística liderou o desenvolvimento. O setor da construção civil foi estimulado pelos recursos oferecidos pelo Banco Nacional de Habitação (BNH). Houve grande expansão e diversificação do comércio exterior, com os incentivos oferecidos pelo governo. O setor das grandes empresas industriais e agrícolas, em grande parte dominado por multinacionais, integrou-se definitivamente ao mercado mundial. A concentração de renda aumentou. Simultaneamente, a dívida externa brasileira cresceu a ponto de preocupar vários setores no final do governo Médici. A população continuou aumentando em ritmo acelerado, assim como a concentração urbana. Nas eleições de 1966 para a Câmara dos Deputados e o Senado, registraram-se 23 milhões de eleitores em uma população de cerca de 85 milhões. A crise do petróleo em 1973 viria alterar o quadro otimista e revelar a vulnerabilidade da economia brasileira.

Aproveitando-se da fase expansionista, o governo Médici deu apoio à Assessoria Especial de Relações Públicas, criada em 1968, que passou a fazer intensa propaganda do governo, visando a melhorar a imagem prejudicada por suas tendências autoritárias e notícias sobre a repressão. Para isso, o governo recorreu à televisão como seu meio de comunicação favorito. Entre 1960 e 1970, a porcentagem de casas com televisores passara de cerca de 10% para 40%. A televisão começou a exercer uma poderosa influência política. Com ela vieram os anúncios. Os valores da sociedade de consumo penetraram mais profundamente na sociedade. Ao mesmo tempo, o governo promoveu a liquidação dos núcleos de guerrilha e continuou a política de repressão iniciada em 1964. Quando o general Geisel assumiu o poder, em 15 de março de 1974, o país estava aparentemente sob controle. Entretanto, a despeito da sua declarada intenção de propiciar uma abertura política gradual, as perseguições políticas continuaram.

Durante o período anterior, setores da Igreja haviam-se incompatibilizado com o governo e suas críticas às prisões e torturas tiveram divulgação internacional. A resposta dos setores de linha dura foi aumentar a perseguição ao clero.

Geisel, Figueiredo e o retorno à democracia

A derrota do partido do governo (Arena) nas eleições de 1974 teve grande impacto. A despeito de novas medidas governamentais para garantir o resultado favorável nas eleições, com nova onda de cassação de mandatos parlamentares e alterações no sistema eleitoral, o MDB venceu as eleições. Os grupos de extrema-direita responsabilizaram os comunistas pelo resultado e intensificaram seus ataques à oposição. Àquela altura, o governo parecia ter perdido o controle dos vários órgãos de segurança, que passaram a atuar por sua própria conta, ajudados por organizações terroristas paramilitares, como o Comando de Caça aos Comunistas (Gaspari, 2002b).

Além disso, a Ordem dos Advogados do Brasil começou a se manifestar, juntando às manifestações da Igreja os seus protestos contra a tortura, a detenção arbitrária e o desaparecimento de prisioneiros políticos. Em 1974, a OAB reuniu-se no Rio de Janeiro, com o propósito de levar o governo a restaurar o *habeas corpus* e revogar o AI-5. Tal atitude provocou reação negativa de setores militares contrários à abertura.

Apesar dos protestos e das anunciadas intenções do governo em liberalizar o regime, a polícia continuava a prender dirigentes sindicais e líderes comunistas, muitos dos quais morreram em suas mãos. Os casos mais conhecidos foram o do líder metalúrgico Manuel Fiel Filho e o do diretor da TV Educativa, Vladimir Herzog, mortos na prisão. A morte dos dois presos teve repercussão imediata e, em conseqüência, Geisel foi levado a demitir o general Ednardo D'Ávila Melo, comandante do Segundo Exército, sediado em São Paulo. O gesto do presidente não conseguiu deter as forças repressivas, que continuaram a cometer atos de violência contra estudantes e religiosos durante todo o ano de 1976. Um relatório de rotina, preparado pelo Departamento de Estado e divulgado em 1977, criticando a situação dos direitos humanos no Brasil, gerou uma crise nas relações com os Estados Unidos. Quatro tratados militares entre o Brasil e os Estados Unidos foram anulados, inclusive o que determinava a participação americana no levantamento aerofotográfico do Brasil.

Em abril de 1977, o Congresso foi dissolvido, editando-se novas medidas. Diminuiu-se de dois terços para maioria absoluta da Câmara e do Senado o número necessário para aprovar emendas à Constituição; criou-se também a figura dos senadores *biônicos* nomeados pelas Assembléias Legislativas, nas quais o partido do governo (Arena) tinha a maioria. Prorrogou-se o mandato presidencial para seis anos e alterou-se a proporcionalidade de deputados no Congresso, favorecendo os estados menores, onde o governo tinha maior apoio.

Criação do Conselho Nacional da Magistratura

Criou-se o Conselho Nacional da Magistratura, com jurisdição em todo o território nacional. Este seria composto de sete ministros do Supremo Tribunal Federal, escolhidos por seus pares. A Emenda Constitucional nº 7 aumentou a competência originária do Supremo Tribunal Federal, introduzindo nele a representação "para interpretação de ato normativo federal ou estadual e a avocatória de causas processadas perante quaisquer juízos ou Tribunais". A Emenda atribuiu ao Supremo competência para a concessão de medida liminar em representação de inconstitucionalidade, permitindo, como lembrou o ministro Moreira Alves durante as comemorações do centenário do Supremo, "a adoção do instituto da argüição de relevância da questão federal " (Moreira Alves, *Discurso*).

Revogação do Ato Institucional nº 5

Prosseguindo no seu objetivo de promover a reabertura política e respondendo às pressões internas e internacionais, o governo revogou, em junho de 1978, o Ato Institucional nº 5 e as suspensões de direitos políticos dele decorrentes. Não concedeu, entretanto, a anistia ampla reclamada pela sociedade. Manteve ainda a legislação eleitoral, os senadores *biônicos* e reservou-se o direito de decretar o estado de emergência. A Emenda Constitucional nº 11, de outubro de 1978, garantiu a imunidade parlamentar a deputados e senadores por suas opiniões, palavras e votos, salvo no caso de *crime contra a segurança nacional*, não podendo eles ser presos, exceto em caso de crime inafiançável, nem processados sem prévia licença da Câmara respectiva. Nos casos de crime contra a segurança nacional, o processo independeria de licença prévia, podendo o procurador-geral requerer a suspensão do exercício do mandato parlamentar até a decisão final de sua representação pelo Supremo Tribunal Federal. A emenda reorganizou também o sistema partidário. Aboliu as penas de morte, a prisão perpétua e o banimento. Dispôs sobre o estado de sítio e de emergência. Não entanto, apesar dos avanços do governo no sentido da liberalização, os grupos extremistas de direita continuaram agindo durante todo esse período.

Novo choque do petróleo afeta a economia

Enquanto Geisel fazia progressos lentos em direção à abertura, a situação econômica se deteriorava em virtude dos altos preços do petróleo. Para compensar a crise causada pela nova alta provocada pela Opep, houve várias tentativas de incrementar a extração de petróleo brasileiro e desenvolver o potencial de energia elétrica, construindo a hidroelétrica de Itaipu. Negociações foram feitas para promover a utilização de energia nuclear. O governo também fez concessões a companhias estrangeiras, como a British Petroleum e a Shell, para exploração de petróleo no Brasil. Ao mesmo tempo, o governo se lançava em outros projetos, tais como o da construção da Rodovia do Aço e da Açominas. Todas essas estratégias, no entanto, eram de longo prazo e consumiam recursos vultosos. Apesar desses obstáculos, o produto interno bruto cresceu a uma média anual de 7% entre 1973-1978, ainda que evidenciasse certo declínio em 1977 e 1978. A inflação continuava subindo: chegou a 40,8% em 1978. Houve crescimento das exportações e as importações foram mantidas sob controle. Pela primeira vez, os produtos industrializados atingiram 50% do total da exportação nacional. O crescimento do país, no entanto, se fizera à custa de empréstimos, que aumentaram a dívida externa e tornaram a economia brasileira mais dependente e mais vulnerável às flutuações do mercado internacional.

Lenta e difícil transição para o regime democrático

As eleições para a substituição de Geisel provocaram uma divisão profunda nas Forças Armadas, resultando na demissão do ministro do Exército, Sílvio Frota, de linha dura, que se candidatara à sucessão presidencial. A campanha em favor da

Figura 68. "Não tem conversa, não tem papo, 20% de aumento", um dos *slogans* da grande greve do ABC em 1978.

redemocratização do país continuava. A OAB, sob a direção de Raimundo Faoro, assumia uma posição de destaque nas manifestações em favor do estado de direito. Até setores da indústria e do comércio, que inicialmente haviam dado apoio à Revolução, começaram a se manifestar em favor da abertura. Em 1978, sob a direção de Luís Inácio da Silva (Lula), os operários metalúrgicos da *Saab-Scania* fizeram uma greve que em poucos dias atingiu outras indústrias, reunindo cerca de quinhentos mil operários. A greve teve ampla cobertura da imprensa. Pouco a pouco a nação se preparava para a volta do regime democrático. Essa transição, entretanto, ainda se revelaria bastante difícil em virtude da resistência de alguns setores das Forças Armadas. (Figura 68)

Figueiredo e a reabertura

Durante o governo de João Batista Figueiredo, que tomou posse em março de 1979, o processo de abertura prosseguiu. Um dos primeiros atos de seu governo foi conceder anistia aos condenados por crimes políticos, excluídos os atos de terrorismo, assaltos, seqüestros e assassinatos. Novas medidas foram tomadas a fim de assegurar a vitória do governo nas eleições. Em outubro de 1979, a Arena e o MDB foram dissolvidos e regulamentou-se a criação de novos partidos. Surgiram o Partido Democrático Social (PDS), o Partido do Movimento Democrático Brasileiro (PMDB), o Partido Trabalhista Brasileiro (PTB) e o Partido dos Trabalhadores (PT). Impôs-se aos partidos a apresentação de candidatos a todos os cargos, proibindo-se as coligações e estabelecendo-se o voto vinculado.

A linha dura continuava a se opor ao processo de abertura, fazendo explodir bombas em sedes de jornais da oposição, na OAB, no Rio Centro e seqüestrando figuras da Igreja ou ligadas à Comissão de Justiça e Paz.

A situação econômica era grave. Enfrentava-se mais uma crise internacional. As taxas internacionais de juros aumentavam e a obtenção de empréstimos tornava-se cada vez mais difícil. O governo foi obrigado a diminuir gastos. A expansão da moeda foi limitada e as taxas de juros subiram. A recessão de 1981 a 1983 atingiu setores de bens de consumo duráveis. A inflação oscilava em torno de 100%. Com suas reservas em dólares esgotadas, o governo recorreu ao FMI. A manutenção do serviço da dívida externa consumia as escassas reservas. A compressão do salário aumentava e o desemprego crescia. Apesar das medidas recessivas adotadas, a inflação chegou a 223% em 1984. A dívida externa dobrara entre 1978 e 1985 (Fausto, 1995).

As dificuldades financeiras não chegaram a atrapalhar o processo de distensão. Cerca de 48 milhões de pessoas compareceram às urnas, em novembro de 1982, para

Figura 69. Manifestação popular de repúdio ao atentado contra a Ordem dos Advogados do Brasil em agosto de 1980. Entre outras, a faixa do Comitê Brasileiro pela Anistia.

Figura 70. Comício pelas eleições diretas, na Candelária, Rio de Janeiro, em 11 de abril de 1984.

eleger governadores, deputados, senadores e vereadores. Era a primeira vez, em muitos anos, que se realizava uma eleição direta. Logo depois, iniciava-se o movimento pela eleição direta do presidente da República, com comícios populares que chegaram a atrair milhares de pessoas. No entanto, apesar da pressão popular, o Congresso rejeitou a Emenda Constitucional que estabeleceria a eleição direta. (Figuras 69 e 70)

Tancredo Neves, do PMDB, e José Sarney, do Partido da Frente Liberal (PFL), ganharam as eleições, a 15 de janeiro de 1985, no Colégio Eleitoral, derrotando os candidatos do governo. Tancredo Neves, entretanto, não chegou a tomar posse, tendo falecido após uma cirurgia. José Sarney assumiu a Presidência da República. Em maio, o Congresso votou uma série de medidas, visando ao restabelecimento da democracia. A primeira eliminou o Colégio Eleitoral e introduziu a eleição direta para presidente e depois para prefeito. Também foi aprovado o voto dos analfabetos e legalizados os partidos de esquerda, entre os quais os dois partidos comunistas, o Partido Comunista Brasileiro (PCB) e o Partido Comunista do Brasil (PC do B). Questões fundamentais para a criação de uma República democrática, no entanto, foram deixadas de lado. Persistia ainda, na sua maior parte, a Constituição de 1967, com suas emendas e seu resquício autoritário. Permaneciam os dispositivos que regulavam a imprensa, a censura e a Lei de Segurança Nacional. Permanecia o problema dos "desaparecidos". O grande desafio que o governo enfrentava era a institucionalização do regime democrático. Para isso seria necessário elaborar uma nova Constituição.

Na política externa, prosseguia a abertura em relação aos países socialistas, iniciada no período Geisel, que restabelecera relações com China e Angola. Em julho de 1986, o Brasil reatou relações com Cuba.

Inflação e Plano Cruzado

A inflação e a dívida externa continuavam a preocupar o governo. A dívida brasileira era, na época, a maior do mundo. Mais uma vez, o aumento dos juros no mercado internacional tinha agravado as condições de pagamento. O Brasil vinha rolando a dívida e reescalonando seu pagamento, tornando-a, assim, cada vez maior. A inflação continuava a subir de forma incontrolável. Crescia o déficit público. O Plano Cruzado, adotado por Dílson Funaro, presidente do Banco Nacional de Desenvolvimento que assumiu o posto de ministro da Fazenda em meados de 1985, foi a princípio um grande sucesso no controle da inflação. Aboliu a indexação, adotou uma nova moeda, substituindo o cruzeiro pelo cruzado, congelou os preços e criou o gatilho salarial, dispositivo que ligava automaticamente o aumento dos salários à inflação, todas as vezes que ela atingisse 20%. Passado o momento de euforia nacional, o plano começou a revelar suas fraquezas. Um ano depois, o Brasil era forçado a declarar a moratória no pagamento de juros da dívida externa. Nessas circunstâncias, reunia-se a Assembléia Constituinte a 1º de fevereiro de 1987, completando seus trabalhos em outubro de 1988. Com a aprovação da nova Constituição, terminava o governo de exceção e instalava-se novamente o estado de direito no país. (Figura 71)

A volta ao estado de direito

A Constituição de 1988 manteve basicamente a estrutura do Supremo Tribunal Federal, herdada do passado. Ampliava, porém, sua competência no terreno constitucional, criando o mandado de injunção e alargando o rol das autoridades e instituições autorizadas a propor ação de inconstitucionalidade, admitida até mesmo nos casos de omissão. Retirou-

Figura 71. Visão interna do Congresso: o ministro Moreira Alves na presidência dos trabalhos da Constituinte.

lhe, porém, a função que o Tribunal desempenhara desde a sua criação, de *aplicação do direito federal infraconstitucional*, que passou para a alçada do Superior Tribunal de Justiça, criado nessa ocasião. De suas atribuições saíram também a representação de interpretação e a avocatória, mas, em contrapartida, atribuiu-se-lhe competência para julgar originariamente as causas que interessam direta ou indiretamente à magistratura (Moreira Alves, *Discurso*).

Uma comparação entre as Constituições de 1946, 1967, 1969 e 1988 revela que o Poder Judiciário sofreu modificações importantes, que acabaram por redefinir as funções do Supremo Tribunal Federal. As Constituições de 1946 e 1967 incluíam cinco órgãos do Poder Judiciário. Na de 1946 constavam: o Supremo Tribunal Federal, o Tribunal Federal de Recursos, juízes e Tribunais Militares, juízes e Tribunais Eleitorais, juízes e Tribunais do Trabalho. A única diferença introduzida na Constituição de 1967 foi a alteração do item referente ao Tribunal Federal de Recursos, que foi substituído por Tribunais Federais de Recursos e juízes federais. A Constituição de 1969 (que segundo alguns não chega a ser uma verdadeira constituição, não passando da Emenda Constitucional nº 1, de 17 de outubro de 1969) incorporou novos órgãos. O artigo 113, parágrafo 6º, contém todos os órgãos mencionados na de 1967, mas acrescentou os Tribunais e juízes estaduais. Finalmente, a de 1988 definiu como órgãos do Poder Judiciário: o Supremo Tribunal Federal, o Superior Tribunal de Justiça (instituído em 1988), os Tribunais Regionais Federais e juízes federais (que substituíram os Tribunais Federais de Recursos e juízes federais), os Tribunais e juízes do Trabalho, os Tribunais e juízes eleitorais, os Tribunais e juízes militares, os Tribunais e juízes dos Estados, do Distrito Federal e dos Territórios. O aumento de órgãos e sua distribuição regional são indicativos da importância crescente da matéria judiciária.

Os artigos da Constituição de 1988, que enumeram as competências do Supremo Tribunal Federal, reproduzem muitas das igualmente presentes nas Constituições anteriores, mas apresentam alterações importantes. Por exemplo, o artigo 102 declara: "Compete ao Supremo Tribunal Federal, precipuamente, a guarda da Constituição". O parágrafo 1º, alínea *a*, afirma que cabe ao Tribunal processar e julgar originariamente a ação direta de inconstitucionalidade de lei ou ato normativo federal ou estadual. Essas disposições estão ausentes nas Constituições anteriores e reforçam o papel de corte constitucional conferido ao Supremo. No mesmo parágrafo, a alínea *d* inclui a competência para processar e julgar o *habeas corpus*, o mandado de segurança e o *habeas data* contra atos do presidente da República, das Mesas da Câmara dos Deputados e do Senado Federal, do Tribunal de Contas da União, do procurador-geral da República e do próprio Supremo Tribunal Federal. A menção ao *habeas data* apareceu pela primeira vez em 1988. A Constituição confere também ao Supremo Tribunal

Federal, como já visto, a competência de julgar originariamente a ação em que todos os membros da magistratura sejam direta ou indiretamente interessados e aquela em que mais da metade dos membros do Tribunal de origem estejam impedidos ou sejam de modo direto ou indireto interessados (alínea n), assim como os conflitos de jurisdição entre o Superior Tribunal de Justiça e quaisquer Tribunais ou entre os Tribunais em geral. Cabe ainda ao Supremo processar e julgar originariamente o pedido de medida cautelar das ações diretas de inconstitucionalidade e o mandado de injunção, quando a elaboração da norma regulamentadora for atribuição do presidente da República, do Congresso Nacional, da Câmara dos Deputados, do Senado Federal, das Mesas de uma dessas Casas Legislativas, do Tribunal de Contas da União, de um dos Tribunais Superiores, ou do próprio Supremo Tribunal Federal. Pela primeira vez o mandado de injunção foi incorporado à Constituição.

A partir de 1988 coube ao Supremo processar e julgar em recurso ordinário os *habeas corpus*, os mandados de segurança, os *habeas data*, os mandados de injunção decididos em única instância pelos Tribunais Superiores, se denegatória a decisão, bem como o crime político. Com exceção dos dois primeiros, os demais não constavam nas Constituições anteriores. O artigo 103 definiu as instâncias autorizadas a promover a ação de inconstitucionalidade: o presidente da República, as Mesas do Senado e Câmara dos Deputados, a Mesa da Assembléia Legislativa, o governador de Estado, o procurador-geral da República, o Conselho Federal da Ordem dos Advogados do Brasil, partido político com representação no Congresso Nacional, confederação sindical ou entidade de classe de âmbito nacional. Finalmente, o parágrafo 1º estabeleceu que o procurador-geral da República deveria ser previamente ouvido em todos os processos da competência do Supremo Tribunal, dispositivo presente em Constituições anteriores. O parágrafo 2º introduziu, no entanto, uma inovação, ao estipular que,

> declarada a inconstitucionalidade por omissão de medida para tornar efetiva a norma constitucional, será dada ciência ao Poder competente para a adoção das providências necessárias e, em se tratando de órgão administrativo, para fazê-lo em trinta dias. Quando o STF apreciar a inconstitucionalidade em tese, de norma legal ou ato normativo, citará previamente o advogado-geral da União, que defenderá o ato ou texto impugnado.

No decorrer da longa caminhada percorrida, o Supremo Tribunal Federal, desde sua criação, lutou para defender os direitos e as garantias constitucionais conferidos aos cidadãos, para manter o estado de direito e o equilíbrio entre os poderes. Várias vezes foi atacado e até mesmo vilipendiado por aqueles que encontraram nele uma barreira à sua arbitrariedade ou ambição. Gerações de ministros fizeram ouvir suas vozes nos momentos mais difíceis da instituição, resistindo às pressões e críticas da imprensa e às interferências do Executivo e do Legislativo. Durante seu longo percurso, a instituição não pôde deixar de sofrer as influências autoritárias e antidemocráticas que caracterizaram o processo histórico brasileiro. No próprio Supremo, essas idéias encontraram guarida entre alguns ministros. Assim como houve ministros liberais ou progressistas, também houve os conservadores e até os retrógrados. Inevitavelmente, reproduziriam no Supremo as linhas dominantes na política brasileira do século XX e operaram dentro dos limites definidos pelo Executivo e pelo Judiciário. Com o crescimento da população, sua incorporação aos núcleos urbanos e à economia de mercado, as estruturas autoritárias começaram a ceder. O número dos que sempre haviam lutado a favor da criação de um regime mais democrático foi acrescido de novas adesões. Mais uma vez o país voltou a trilhar o caminho da democracia, constantemente ameaçado pelas tendências autoritárias e elitistas herdadas do passado próximo e pela permanente instabilidade econômica do país.

A partir dessas condições, o Supremo Tribunal Federal assumiu uma nova função, como muito bem caracterizou o ministro José Paulo Sepúlveda Pertence em 19 de setembro de 1988, no plenário do Supremo Tribunal Federal:

> Hoje, nenhuma ordem constitucional se pode reduzir à estrutura de poderes, que reciprocamente se controlem, e ao plexo de normas voltadas unicamente à contenção do Estado, em maior ou menor grau; toda Constituição contemporânea — de modo especial, mas não exclusivamente, as do mundo subdesenvolvido — veicula um projeto de transformação da sociedade, centrado, quase necessariamente, no objetivo de redução da iniqüidade da distribuição dos bens da vida.

O problema central da Justiça de nossos tempos, portanto, é assegurar a eficácia da Constituição. Prosseguia afirmando que a tarefa é hoje tecnicamente mais difícil e politicamente mais árdua: compelir o Estado a agir e garantir que a ação estatal se conforme à orientação finalística das normas constitucionais diretivas.

> Para alcançar essa realização concreta do projeto de uma sociedade mais democrática e mais justa, poucos textos constitucionais terão confiado tanto no Poder Judiciário e nele, de modo singular, no Supremo Tribunal Federal

Essas palavras, pronunciadas um mês antes da aprovação da Constituição de 1988, são, no novo século, mais do que nunca verdadeiras. Esperamos que os ministros do Supremo Tribunal consigam cumprir a tarefa que hoje se lhes impõe.

FONTES CONSULTADAS

Documentos primários

— Atas das sessões do Supremo Tribunal Federal.
— Constituições, atos institucionais e emendas constitucionais.
— Leis e decretos do governo federal.
— Jurisprudência (publicada na *Revista do Supremo Tribunal Federal*, na *Revista de Jurisprudência Brasileira* e na *Revista Trimestral de Jurisprudência*).
— Discursos pronunciados por ministros em sessões especiais.
— Arquivo do Supremo Tribunal Federal.
— *Regimento Interno e Súmulas do Supremo Tribunal Federal.* 12.ed. São Paulo: Atlas, 1996.

BIBLIOGRAFIA

ALMINO, J. *Os democratas autoritários:* liberdades individuais de associação política e sindical na Constituinte de 1946. São Paulo: Brasiliense, 1980.
ARANTES, R. B. *Judiciário e política no Brasil.* São Paulo: Educ/Fapesp/Idesp Editora Sumaré, 1997. (Justiça).
BALEEIRO, A. *O Supremo Tribunal Federal, esse outro desconhecido.* Rio de Janeiro: Forense, 1968.
BANDEIRA, M. *Presença dos Estados Unidos no Brasil:* dois séculos de história. 2.ed. Rio de Janeiro: Civilização Brasileira, 1978.
BASTOS, C.; MARTINS, I. G. da S. *Comentários à Constituição do Brasil promulgada em 5 de outubro de 1988.* São Paulo: Saraiva, 1988-1997.
BENEVIDES, M. V. de M. *O governo Jânio Quadros.* 2.ed. São Paulo: Brasiliense, 1982. (Tudo é História, 30).
CARNEIRO, G. *História das revoluções brasileiras.* Rio de Janeiro: O Cruzeiro, 1965. 2v.
_____. *Revoluções do Brasil contemporâneo:* 1922-1938. São Paulo: Desa, 1965. (Buriti, 11).
CARONE, E. *A Primeira República:* texto e contexto (1889-1930). São Paulo: Difusão Européia do Livro, 1970a. (Corpo e Alma do Brasil).
_____. *A República Velha:* instituições e classes sociais. São Paulo: Difusão Européia do Livro, 1970b. (Corpo e Alma do Brasil).
_____. *A República Velha:* evolução política. São Paulo: Difusão Européia do Livro, 1971. (Corpo e Alma do Brasil).
_____. *A Segunda República:* 1930-1937. São Paulo: Difusão Européia do Livro, 1973. (Corpo e Alma do Brasil).
_____. *A República Nova:* 1930-1937. São Paulo: Difusão Européia do Livro, 1974. (Corpo e Alma do Brasil).

_____. *A Terceira República:* 1937-1945. São Paulo: Difusão Européia do Livro, 1976a. (Corpo e Alma do Brasil).

_____. *O Estado Novo:* 1937-1945. São Paulo: Difusão Européia do Livro, 1976b. (Corpo e Alma do Brasil).

_____. *A Quarta República:* 1945-1964. Documentos. São Paulo: Difusão Européia do Livro, 1980. (Corpo e Alma do Brasil).

_____. *A República liberal:* evolução política (1945-1964). São Paulo: Difusão Européia do Livro, 1985a. (Corpo e Alma do Brasil).

_____. *A República liberal:* instituições e classes sociais (1945-1964). São Paulo: Difusão Européia do Livro, 1985b. (Corpo e Alma do Brasil).

CARVALHO, J. M. de. *Os bestializados:* o Rio de Janeiro e a República que não foi. São Paulo: Companhia das Letras, 1987.

COSTA, E. *Efemérides judiciárias.* Rio de Janeiro: Instituto Nacional do Livro, 1961.

_____. *Os grandes julgamentos do Supremo Tribunal Federal.* Rio de Janeiro: Civilização Brasileira, 1964-1967. 5v. (Retratos do Brasil, 24).

FAUSTO, B. *História do Brasil.* 2.ed. São Paulo: Edusp, 1995.

FLYNN, P. *Brazil:* A Political Analysis. Boulder (Colorado): Westview, 1979.

FRANCO Filho, G. de S. *Direito do trabalho no STF.* São Paulo: LTR, 1998.

GASPARI, E. *A ditadura envergonhada.* São Paulo: Companhia das Letras, 2002a.

_____. *A ditadura escancarada.* São Paulo: Companhia das Letras, 2002b.

JANOTTI, M. de L. M. *Os subversivos da República.* São Paulo: Brasiliense, 1986.

KOERNER, A. *Judiciário e cidadania na Constituição da República brasileira.* São Paulo: Hucitec/ Departamento de Ciência Política — USP, 1998.

LAGO, L. *Supremo Tribunal de Justiça e Supremo Tribunal Federal:* dados biográficos: 1828-1978. Rio de Janeiro: Biblioteca do Exército, 1978.

LOPES, R. P. *Constituição dos Estados Unidos do Brasil:* interpretada pelo Supremo Tribunal Federal. Rio de Janeiro: Editora Nacional de Direito, 1944.

LYRA, R. *A liberdade e a jurisprudência do Supremo Tribunal Federal.* Rio de Janeiro: Liber Juris, 1977.

MARINHO, J.; ROSAS, R. (Coords.). *Sesquicentenário do Supremo Tribunal Federal:* conferências e estudos realizados na Universidade de Brasília de 11 a 14 de setembro de 1978. Brasília: Editora da Universidade de Brasília, 1982. (Temas Brasileiros, 25).

MARQUES, J. F. *Observações e apontamentos sobre a competência originária do Supremo Tribunal Federal:* dissertação para concurso de livre-docente de Direito Constitucional da Faculdade de Direito da Universidade de São Paulo. São Paulo: Saraiva, 1961.

QUEIROZ, S. R. R. de. *Os radicais da República.* São Paulo: Brasiliense, 1986.

REIS, D. A. *O Supremo Tribunal Federal:* notas e recordações. Rio de Janeiro: Mabri, 1968.

RODRIGUES, L. B. *História do Supremo Tribunal Federal.* Rio de Janeiro: Civilização Brasileira, 1965-1991. 3v.

SENADO FEDERAL. *Constituições do Brasil.* Brasília: set. 1986. 2v.

SILVA, H. *1964:* golpe ou contragolpe. Rio de Janeiro: Civilização Brasileira, 1975.

SILVA, H.; CARNEIRO, M. C. R. *1945:* por quê depuseram Vargas. Rio de Janeiro: Civilização Brasileira, 1976.

SINGER, P. *Desenvolvimento econômico e evolução urbana.* São Paulo: Companhia Editora Nacional, 1968.

Impressão e acabamento

psi7 | book7

SKIDMORE, T. E. *Politics in Brazil, 1930-1964:* an Experiment in Democracy. Nova York: Oxford University Press, 1967.

SKIDMORE, T. E. *The Politics of Military Rule in Brazil:* 1964-1985. Nova York: Oxford University Press, 1988.

SODRÉ, N. W. *História da burguesia brasileira*. 3.ed. Rio de Janeiro: Civilização Brasileira, 1976. (Retratos do Brasil, 22).

_____. *Memórias de um soldado*. 2.ed. Rio de Janeiro: Civilização Brasileira, 1986.

_____. *Vida e morte da ditadura: 20 anos de autoritarismo no Brasil*. Petrópolis: Vozes, 1984.

SOUZA, C. A. M. de. *O papel constitucional do STF:* uma nova aproximação sobre o efeito vinculante. Brasília: Jurídica, 2000.

SUPREMO TRIBUNAL FEDERAL. *Sesquicentenário do Supremo Tribunal Federal:* Comemorações. Brasília, 1978.

TOLEDO, C. N. de. *O governo Goulart e o golpe de 64*. São Paulo: Brasiliense, 1982. (Tudo é História, 48).

VALE, O. T. do. *O Supremo Tribunal Federal e a instabilidade político-institucional*. Rio de Janeiro: Civilização Brasileira, 1976. (Retratos do Brasil, 97).

VIEIRA, O. V. *Supremo Tribunal Federal:* jurisprudência política. São Paulo: Revista dos Tribunais, 1944.